行思集

XING SI JI

瞭望波澜壮阔的民政改革新征程
为首都民政改革建设鼓与呼
为社会主义文化大繁荣大发展歌与舞
一枝一叶总关情

姚昌德 著

中国社会出版社
国家一级出版社 · 全国百佳图书出版单位

图书在版编目（CIP）数据

行思集／姚昌德著．—— 北京：中国社会出版社，2020.12（2024.7 重印）
ISBN 978-7-5087-6431-3

Ⅰ．①行… Ⅱ．①姚… Ⅲ．①民政工作－中国－文集 Ⅳ．① D632-53

中国版本图书馆 CIP 数据核字（2020）第 207547 号

行思集

出 版 人：程　伟
终 审 人：尤永弘
责任编辑：马潇潇
策划编辑：马潇潇
责任校对：刘海飞
封面设计：时　捷
出版发行：中国社会出版社
（北京市西城区二龙路甲 33 号　邮编 100032）
印刷装订：河北鑫兆源印刷有限公司
版　　次：2021 年 6 月第 1 版
印　　次：2024 年 7 月第 7 次印刷
开　　本：145mm×210mm　1/32
字　　数：280 千字
印　　张：12.75
定　　价：68.00 元

作者近照

作者感悟：

习近平总书记指出，“民政工作是‘菩萨’事业。做‘菩萨’事业，就要怀着菩萨之心，怀着大爱之心、爱民之心”，我一定要牢记践行。

序言

《行思集》这本用时十年而成就的著作的出版问世，实在是一件颇有意义的事。

这本集子付梓出版之际，适逢北京市委社会工委市民政局合署办公两周年。为大幅提升困难群众保障水平和社区工作者待遇水平，使老年人、残疾人、儿童、低收入群众等近400万服务对象享受到党和政府的温暖，该委局将更好地履行基本民生保障、基层社会治理、基本社会服务等职责，始终牢记习近平总书记关于“北京民政要在全国干得最好”的嘱托，坚定信心，砥砺前行，把建设最有温度、最接地气、响应群众诉求最快的部门，加快建设人民满意、规范高效、安全廉洁、充满活力的首都民政，放在“四个全面”战略布局中来思考和谋划，更加扎实地推进民政社会治理体系和治理能力现代化，构建大民生格局，勇立时代潮头，瞭望波澜壮阔的民政改革新征程，为首都民政改革建设鼓与呼，为社会主义文化大繁荣大发展歌与舞，一枝一叶总关情，是贯穿于该书的一条红线。同时，这个集子也是对党的十八大以来首都民政工作的阶段性总结，反映了北京民政建设发展的最新成果，许多文章有情况、有分析、有对策、有建议，前瞻性和操作性都很强，较好地顺应了经济社会发展的规律和趋势，反映了作者深沉的思考、宽广的视野和高尚的价值取向。可谓应时而作，适时而出，可喜可贺！

据我所知，昌德同志自投身民政事业后，就没有离开过民政新闻报道和民生理论研究。自20世纪80年代走进战略导弹部队，后来转换到民政民生领域，他一直纵横在二炮部队（火箭军）和民政新闻工作的天地里，以一支记者之笔，凭一颗赤诚之心，歌二炮和民政所爱，采写了不少有影响的反映中国战略导弹部队和首都民政工作地位作用、训练发射、保障和改善民生，以及广大基层官兵、干部职工崭新精神面貌的理论文章和新闻作品。在百余家媒体发表各类大作千余篇共百万字，其中有近百篇作品在军内外获奖，培养了大批报道和写作人才，也为第二炮兵和北京民政的宣传工作作出了重要贡献。从把握正确舆论导向、全方位反映部队和民生的中心工作，讴歌火箭兵和民政人的精神风貌和文化品质等足以反映昌德同志对政治、军事、民生等方面，都有充足的知识准备、思想准备和心理准备，有着透彻的了解和悉心的研究。

我和昌德同志熟识交往多年，又是同乡，知道和了解他的一些情况。他为人爽直、性格执着，真诚做人、厚道做事，懂得感恩、懂得珍惜，虽已过知天命之年而未有丝毫改变，岁月在他所固有的澎湃激情中又注入了豁达流畅的理性思辨。与他交往接触中，他很容易让人忽略了曾经军人的身份，对人永远保持着激情洋溢的热情，像是遇到了一位多年没见的老朋友。也曾阅读他写的一些文章，更因为他的人生旅途有些与众不同，故而还是应下了作序一事。

我读昌德同志的《行思集》，有一种亲切和亲近之感，字里行间折射出许多宝贵的精神，而这些精神值得我们不断弘扬。书中所写的人物和事件，大都是我们大家所熟悉的。昌德同志热爱自己所做的民政事业，在自己的领域里辛勤耕耘。能够围绕民政工作的各个侧面，用工作通讯的形式，深入采访，大胆聚焦，大力宣传首都民政工作的新亮点、改革的新进展、涌现的新人物，多角度、多侧面地展示首都民政系统广大干部职工团结拼搏、奋发有为的精神风貌，彰显了一大批鲜活的人物形象，为我们讲述了这么多有温度的中国故事和民政故事。这种坚持弘扬真善美、传递正能量为主的作品，林林总总，方方面面，以人物的高尚情怀为魂，以首都民政火热生活作景衬，构成了一幅新时期波澜壮阔、栩栩如生的民政人物英雄群像，从中折射出首都民政创新发展壮大的辉煌历史。这些作品牵着读者的情感，走回昨天，有一种时代风云扑面而来的厚重和雄浑，读过之后，给人一种积极向上的信念和力量。尤其值得称道的是，昌德同志的作品具有很强的导向性、针对性、时效性、准确性、说理性、生动性、鲜明性，体现出新、深、高、实的清新文风，对于壮大主流舆论，提高舆论引导的及时性、权威性和公信力、影响力发挥了重要作用，对于宣传党和政府的主张、弘扬社会正气、通达社情民意、引导社会热点、疏导公众情绪起到了不可低估的作用，为投身首都改革发展稳定大局、实施创新驱动战略、推进结构调整、促进经济转型升级等方面发挥了示范引领作用。

“欲穷千里目，更上一层楼”。希望昌德同志在写作的道路上百尺竿头更进一步！站在时代高度和新的历史起点上，在全面落实好中央提出的经济建设、政治建设、文化建设、社会建设、生态文明建设等“五位一体”总体布局中，继续奋力前行，实现伟大的中国梦，探讨新问题，审视新情况，分析新苗头，更好地把握工作通讯和理论研究的时代性、探索性和实践性，更好地把握主题主线、导向基调和工作重点，书写无愧于时代特征和具有首都现代民政特质的精品力作，为首都民政改革发展、聚力建设责任民政提供有力的法治保障、营造良好的法治环境和思想舆论支持。

昌德同志的作品是如此动情地牵引着我的思绪和情感，我读他的人，也读他的文，关注他，关注他的创作，将会是我一生的情缘和心结。记得他说过这样的话：“做文先做人。”在做人中学作文，在作文中学做人。难怪他的为人和他的文章一样让人称道。作者是民政系统写作者中的佼佼者，虽无波澜壮阔的人生经历，但有一颗积极进取的心。因此，他的文章少了些寻章摘句，多了些直白坦诚，读来更觉亲切自然。应该说，步入中年之后的他才真正进入了人生的黄金时期，不但积累雄厚、经验丰厚、学养深厚，而且还在孜孜不倦地学习、钻研与创作。凭着这些，今后，姚昌德一定能够创作出更有分量的大部头作品，给喜爱他的读者奉献出更多更好的精神食粮。

为此，将《行思集》推荐给大家，也以此为序。

中华慈善总会前副会长　张汉兴

贺《行思集》出版

攻读在卧龙，报国毅从戎；
驭箭冲霄汉，邀月张弯弓。
笔耕民生路，著书慈善情；
成就归一卷，朝阳起长虹。

昌德者，中州南阳人士，少耕读于卧龙躬耕之地，汲华夏文明，集诸子百家。戊子冬月，承北京民政宏图伟业之感召，立“生不用封万户侯，但愿一识韩荆州”之宏愿，毅然解甲投奔。然诗仙自荐未果，昌德颖脱而出矣。

君十余载笔耕不辍，洋洋数十万言，集《行思集》之大成。文稿言之有据，论点鲜明，评时政切中要害，叙历史脉络清晰，述变迁维系经纬，敌古人颂评有度；于今人可做范本，留后世可谓局训。

嗟乎！酿醇厚琼浆者，定怀揣信念默默淬炼；铸文坛宏业者，必惜时奋笔孜孜以求。十余载，昌德无论寒暑，每每披星戴月，伏案笔耕，且时常深入坊间倾听民间疾苦，力争文字鞭辟入里，匡扶时政。阅其文，深感文到画龙点睛处，升腾飘逸潇洒风雅之绰姿；语评民生广厦时，尽显亭榭楼台书斋文轩之梁栋；章节之浩然媲美千娇百媚牡丹之情，评论之精准堪比出污不染芙蕖之洁。宏著处群芳敢夺子安，置百花不羡青莲焉！文卷聚天地之灵气，凝日月之精华，集山川之峻秀，酿人世之芬菲。有诗云：文风飘姚气自横，洋洋万言颂群英；豪情唯有军旅壮，大爱当在民政倾；史册今朝添昌德，江天明岁授殊荣；雄歌一曲奋进路，好似隆隆鼓角声。

若夫为官，昌德坚鄙结党营私买官鬻爵之垢弊，甘为书生，为人励清抚拍舔痔奉迎巧取之佞臣，不断有理论文章及文学作品问世。其奋发不求索取，居功不为觅爵，堪称比伍之楷模矣。

平日居所邻仁之相处，常闻诗歌雅唱之鸿韵；交友推盏之周遭，均为儒士贤良之濡染。大庭广众之区常谦逊待人，似含绣阁香闺之矜持；庙堂奉公之所皆业业兢兢，不沾文人雍容之奢侈。

姚氏奉墨，无心争宠素雅坚贞之菊，昌德润笔，有志斗艳踏霜傲雪之梅。文山路漫漫其修远兮，奉劝我友：舟行于海少一帆风顺，人生于世多坎坷维艰；落地之谷须万分努力，处山之巅当百倍虚谦；楼千尺必固基石，业万世定苦当年之劝宜，不懈奋斗，再创辉煌。

祝鸿篇巨制《行思集》早日刊行。

北京市粮食与物资储备局

赵志强

目　录

民生福祉篇

民心之道篇

民情经纬篇

民政文化篇

民本思想篇

民生福祉篇

作者（中）为军旅作家张国领补发结婚登记证

2011 年 10 月 16 日，北京市民政系统全民健身徒步走活动在奥林匹克公园启动

北京市民政系统举行万人红歌会喜迎国庆 60 周年

全新的视角捕捉呼伦贝尔大草原辽阔的自然风光

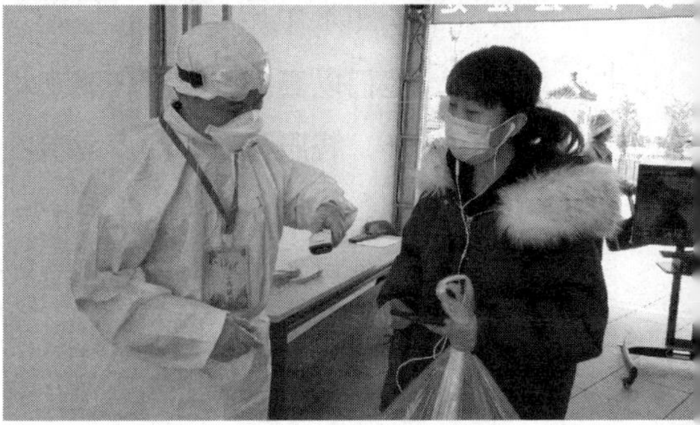
预约祭扫的市民验证预约二维码

把初心使命写在抗疫一线

——北京社会事务领域广大工作者奋力阻击疫情纪实

北京市社会事务领域民政机构服务对象多、分布广、人员杂，是疫情防控的重点和难点。面对疫情，全市社会事务领域广大工作者在防控一线服务窗口和关键岗位上，恪尽职守，坚守一线，把初心写在行动上，把使命落在岗位中，站好第一道服务岗，确保服务对象和广大员工的生命健康安全。

主动夯实防控责任　婚姻登记收获爱情

社会事务工作关系民生，服务对象面广量大，落实任务十分繁重。他们以高度政治责任感和勇于担当精神，强化宗旨意识和为民情怀，将服务对象的安危放在心上，成立新冠肺炎疫情防控领导小组，“一把手”亲自抓，班子成员挂帅各专项组组长，迅速行动、各司其职，保证贯彻落实上级决策部署有力有序。

为做好“20200202”千年一遇特殊日期婚姻登记工作，市委领导针对网民热议该天为“最佳领证日”问题作出批示，强调要本着满足群众需求、体现北京包容的理念，开放业务通道，把好事办好。为此，他们起草《关于落实蔡奇书记批示精神的报告》和《关于落实陈吉宁市长批示精神的报告》，向市委市政府领导认真汇报批示精神的落实情况，最终取消对称日登记服务。为防止集中办理婚姻登记引发疫情，制定《北京疫情期间婚姻登记高峰日工作方案》《北京疫情期间婚姻登记高峰日应急预案》，草拟《新冠肺炎疫情期间全市婚姻登记工作温馨提示》，完善防范措施和流程，实施预约登记、测量体温、分时叫号、前置审核和定时消毒、亲人不陪伴和取消拓展服务等应急举措。业务量较大的区及时预警，调整办理流程，细化防控措施，做到科学有序防控、依法施策办理。主动扛起责任，积极运用网站公告、微信公众号、短信通知和电话访谈等服务方式，通过设置临时等候区、电话叫号、提前办公、分批分时分段、增设办理窗口等方式受理业务。要求当事人在大厅外办理身份核验和申请材料预审，并在室外等候，叫号进入，一对一引导，将登记手续、注意事项提前告知当事人，减少脸对脸审批的次数，即办即走，缩短等候时间。

2020年2月3日复工后，工作日只受理网上预约业务，包括结婚登记、离婚登记、补发证件和婚姻档案查询等，暂停婚姻家庭辅导、结婚宣誓和新婚讲堂等选择性服务，降低滞留时间，减少人员围集扎堆，确保当事人自身安全和现场秩序。通过召开视频会、微信群通知、闪电邮转发和电话交代等方式，持续抓好防控部署工作。每天定期对场所及室内物品、设施设备等进行消毒，工作完成后对场所进行全面消毒。协调北京长江脉医药科技有限责任公司为7个婚姻登记机构大厅实行消毒作业，为一线人员营造安全保障环境，既避免面对面接触与聚集，又方便办事群众和服务对象。

他们协调公安、城管、社区和属地街道等力量，为其维护现场秩序、咨询解答，保证婚姻登记场所秩序井然、空气流通，减少交叉感染，做到排查全覆盖、全天候、全过程。邀请卫生专业人士开展疫情防护事前培训，提醒做好自我防护，有效预防传染和突发事件的发生。严格执行日报告制度，每天统计婚姻登记机构在岗及返京隔离人员，开放窗口和提高业务办理数量，确保底数清、情况明、作风实。在大厅入门处设置体温测量区，要求当事人必须接受体温检测；对发烧人员按规定流程处置并上报属地卫生防疫和市区民政部门；机关干部全体深入基层，指导做好疫情婚姻登记工作，发现问题现场及时指导解决，精准守好防控责任田。先后发放消毒酒精20桶、口罩4000个、红外线体温枪33把，确保督导人员到岗、防控责任到位、防疫物资充分，做到工作不松劲、服务不断线、效果不打折。

对于年轻人喜欢选个好日子如“2 · 14”“2 · 20”“2 · 22”，他们合理安排，科学调度，进行现场检查，将婚登领域疫情防控措施真落地，使当日登记工作忙而有序，确保特殊日子的工作安全、精准、高效地开展。仅三天，全市共办理结婚登记2191对，做到平稳顺利无差错，没有发生一例投诉，提升了群众认知度和满意度。

落实落细防控措施　殡葬管理赢得赞誉

“我们工作做得再细致一点，想得再周到一点，家属的内心也好受一些。”疫情当前，只要接到丧属、医院等电话通知，北京市殡葬服务人员根据急事急办、特事特办的原则，及时准确地做好每一具遗体的处置，主动与家属确认清楚进度，用周到细致的专业服务，展现殡葬行业的责任担当。

“请测量一下您的体温！”“请站在1米线外排队等候！”每天一大早，抬头放眼望去，洽谈处、办理处、登记处、打印处、告别厅、休息厅，前来办理丧事的家属便会看到门口站着的殡服人，他们尽心竭力为大家登记信息、测量体温、手脚消毒……正是这点滴细节，直抵亲属内心最柔软之处，让其感受到殡服人的真情。

在疫情阻击战中，他们全面布防、严阵以待，制订完善防控工作预案，严格执行领导带班值守制度，落实“日常情况一日一报、重大情况及时报告”制度。控制治丧人数，派责任心较强的人员在门口检查、测验，严把出入口关。进馆后，宣讲疫情防控知识，规定行走路线、活动区域、保持距离。在服务上，第一时间暂停遗体守灵、告别、安葬、祭祀等活动，有序开展遗体接运、存放、火化、骨灰寄存等基本殡仪服务。对正常火化的遗体，预约时详告丧属办丧业务指引，不举行守灵和悼念仪式，严格控制来殡仪馆吊唁人数，老人和小孩不得参加丧事活动；患有感冒、咳嗽、发烧症状和不戴口罩者不得参加，确保办理丧事从简从快、随唁随离，晓之以理、动之以情。在工作中，组织人员打扫卫生、清除垃圾、开窗通风，公共场所定时喷洒消毒液，尤其是厕所、垃圾桶、停车场、取灰处等区域卫生。对遗体冷藏柜、冷藏棺、停尸床、灵车等进行不间断消毒，待消完毒后抬遗体，然后对灵车车厢及棺内进行预防性消杀，形成真正有效的健康管理，织网布阵构筑联防联控、群防群治精细防线。为减少丧属聚集和保障人身安全，当接到电话预约后，殡服人便会开展不厌其烦、耐心细致的解释、沟通、劝导和说服等精神慰藉活动。每次瞻仰、整理遗容的家属仅限5人，凡与亡者无亲属关系的人员不能参与治丧，取得了家属和亲友的理解。业务大厅、洽谈室、取灰处等部位防控，设立专门接待台，一次不超3人办理业务，减少馆内人流密度。在疫情面前更是硬核执行规定，只准一个门出入，其他门全部封死并张贴通告，派人看管，努力劝返、削减或不到公墓等人员密集场所集中祭扫。倡仪采用家庭追思、网上祭祀等方式寄托哀思，缅怀故人，主动做到不参加或少参与丧事群体活动。

指定殡仪馆按照就近就便原则，就地组织处置新冠肺炎患者遗体（含疑似）。开通疫情遗体火化绿色通道，设立临时殡仪服务专班专人、专用通道、专用殡仪车、专用火化炉、一次性防护隔离服、医用口罩和隔离区等，按操作流程提前做好遗体处置相关准备工作，做到“宁可十防九空，不能失防万一”。在办理死亡证明、遗体交接和同意火化等手续后，将逝者遗体直接运送火化间火化，免去火化费和骨灰存放费。在交接遗体时，确认医疗机构进行卫生防疫处理，保证工作场所、接运车辆全面消毒到位。同时，加大对大兴区殡仪馆等3家火化定点殡仪馆防控督导力度，推动各项防控措施落地落实。

通过电话询问、随机暗访、现场巡查等方式，对各馆每日消毒、安全巡查、设备检查等工作进行督促。检查上岗人数、遗体火化、夜间值守等情况，建立日报告和突发事件报告机制，做到殡葬防控数字准、责任清、作风正。将各区殡葬机构纳入管理范围，优先保障所需防控物资供应，每周了解各馆物资储备情况，统计汇总防护物品供货渠道，积极协调请领物资，发放消毒酒精15桶、配发口罩40850个。突出强调规范殡葬价格和服务收费标准，不许随意提高价位，切实做到明码实价、诚信经营。把巡查中的进展情况和存在的问题，通过防控工作简报及时进行信息反馈，以起到优势互补、相互促进和资源共享的作用。

携手传递家庭温暖　特殊群体倾情相助

疫情无情，人间有爱。在北京，一个个救助管理机构以对救助对象生命健康高度负责的态度，逆向而行，同心战疫，全力坚守疫情防控中流浪乞讨救助管理这块阵地，用责任和爱心尽最大所能给救助人员搭建一片安全避风港，筑起特殊时期一道克敌制胜的铜墙铁壁，凝聚着澎湃奔涌的“首都力量”，用实际行动彰显使命担当。

“您是哪里人，在这儿冷不冷，需要救助吗？给您量个体温吧！”……针对战疫期间外地来京人员务工不着、无法返乡等问题，他们加强街面救助和政策宣传，引导其进站接受救助，坚决遏制疫情通过人流传播扩散。

寒冷雪夜，全市救助管理机构的救助专用车又出动了。进入2月后，北京地区降雪和寒潮频发等极端天气多，依托集中救助工作机构，加强与公安、城管、卫健和属地政府部门进行联动，开展防控巡查，发现和救助街面流浪乞讨人员。各救助站深入偏僻街巷、过街天桥、地下通道、车站、涵洞、公园等重点区域和地段，集中巡视救助，发现流浪露宿街头并根据意愿同意者，接受救助；对不愿进站者，发放必要的口罩、棉被、棉衣、食品等用品，并交代防控注意事项，降低受助人感染疾病危害。各级领导多次带队深入城六区参与一线拉网式救助和督导检查，确保应发现尽发现、应救助尽救助，让流浪乞讨露宿人员安全温暖过冬。

各救助管理机构、托养机构及合作医疗机构，对于受助人发热、咳嗽等症状，实行快速筛查、分类处置，对入站人员进行体温检测，对来京时间、来源地及户籍地等重点信息问询记录，采取分区隔离、防护宣传、分类管理等流程，保障受助人员和机构安全。求助者须经身体状况检视后，按临时救助和站内人员分区隔离救助原则，进行救助。如受助人来源地为疫发地出现发热症状，应先报告并联系本区卫健部门救助救治；若受助人员虽来自疫区但身体状况正常，应及时安排专门房间隔离观察，不与人混住一起，独处留观14天，确认无异常后纳入正常管理，协调属地卫生防疫部门完成甄别工作。流浪乞讨救助战疫最大的风险是输入风险，最有效的防控措施是严格封闭管理。在落实“外防输入、内防扩散”方面，从严从细落实人员、车辆等进出规定，全面做好排查、监测等工作，坚决切断病毒输入渠道，做到无盲区、无疏漏、无死角，守住零感染底线。自1月下旬至3月初，共救助流浪乞讨人员910人次，累计隔离观察328人次，隔离观察74人，街面劝导377人，发放防控物品955件。

（载于2020年3月12日《中国社会报》头条并登上“学习强国”全国平台）

疫情防控下的北京清明祭扫

新冠肺炎已成为席卷全球的大流行病，让2020年的清明与以往不同，能否外出去现场祭扫成为人们关心的问题。北京市采取网约祭扫、核验身份、检测体温等举措，提供代祭服务、开通云祭扫平台，满足群众多样化需求，保证疫情防控和清明祭扫齐头并进，唯有下足更精准的“绣花”功夫，才能让疫情下的“非传统方式”扫墓更加“清明”。

网络技术护航抗疫情

为做好清明祭扫服务保障工作，北京市民政局多点发力、精准施策，积极会同有关部门研究提出网上祭扫和预约祭扫技术方案，沟通论证预约系统设计、网络安全防护和应急处置预案等，多维度、宽领域、全方位做好疫情下清明祭扫服务保障。

北京依托“互联网+民政服务”平台，树立大数据思维，让百姓办事更快捷；借助北京通、微信公众号、微服务等成熟技术及其信息资源，快速完成清明祭扫预约系统和网上祭扫平台的搭建，使大家可以通过扫码验证后入园祭扫和网上祭扫；围绕安全防护、使用培训和客服咨询等方面，建立全覆盖、立体化、信得过的服务保障机制；与首都之窗共同推出网站专栏，共同宣传清明祭扫限流措施；秉承安全为本理念，推行多层级防护措施，为祭扫系统穿上安全“防护服”，顺利通过攻防技术和渗透性测试；采用人机结合模式，全时域全过程严密监控网络平台运行情况，确保各类问题第一时间得到有效解决；利用视频会议系统为全市千余名殡葬职工进行远程培训，通过微信群、热线电话等方式，搭建起大疫当前服务群众平台，在线为大众提供祭扫技术指导和服务。

数据分析核对助力精准施策，凭借“健康宝”或“疫情防控行程卡”，对三类人员（集中观察、居家观察、14天内进京）的健康信息进行筛查。建立数据日报机制，发挥数据分析优势，从多角度综合分析全市各主要墓园的网约、代祭、云祭等数据并形成日报，为领导决策和基层工作提供数据支持。委托太极集团有限公司等进行系统开发，开设“清明节网络祭扫”专栏，通过寄语、献花、点烛、上香、祭酒等形式，让市民在疫情之下足不出户就可以表达对亲人的思念之情。

截至2020年4月6日，全市223处祭扫点共接待群众68.08万人，1.08万人次选择代为祭扫，1.47万人完成网上祭奠。从现场来看，全市各扫墓点有条不紊，秩序良好。群众进入墓地时，都能执行预约祭扫规定，井然有序地出示身份证并接受测温、二维码核验等，无缝衔接每个环节，祭扫活动快捷、顺畅、文明、安全。由于受疫情影响，现场祭扫人数明显下降，而网上祭扫流量却明显加大。

科学分流人数防疫情

针对疫情之下市民祭扫需求，北京市倡议“理性追思 · 文明祭扫”，少出门不聚集，尽量不到陵园、公墓、骨灰堂现场祭扫，尽可能选择家庭追思、网上和代为祭扫服务。倡导市民待到疫情结束后，再来现场祭扫。对确有到现场祭扫需求的群众，实行预约登记，分时限流新模式。

北京推出“清明祭扫预约系统”和“清明网上祭扫服务”平台。在首都之窗、市民政局官方网站上线运行。此平台链接至各区人民政府官方网站，为群众提供寄语、献花、点烛等网上祭奠服务，方便群众于线上追思和悼念先人。

为有序祭扫，全市殡仪馆骨灰堂、经营性公墓和规模较大的公益性陵园，实行按日分时段预约祭扫，共有两种预约方式。

一则手机预约。可关注“北京社会建设和民政”微信公众号，点击“祭扫预约”按钮，提前预约祭扫日期和时段。预约人在入门处设立的通道进行核验后方可入园祭扫。实行网上预约须遵守五条新规：即祭扫实行实名预约登记，预约人应准确完整如实填写个人信息；每个预约人只限预约3人，凡因疫情而隔离未满时间的，不能参与祭扫；预约成功后，应按预约时间到达，凭二维码核验入园；预约人进入殡葬服务机构，应做好个人防护、戴口罩，未戴口罩的将禁止入内；承诺要自觉遵守疫情防控规定，对个人故意隐瞒病情、拒绝接受核验、居家或集中隔离未满之行为，将承担相应法律责任。

二则电话预约。祭扫服务电话通过“北京社会建设和民政”微信公众号、市民政局官方网站和媒体予以公布。电话预约主要是方便老年人和不会使用手机微信的人群。开发了预约墓园代为祭扫功能，墓园免费提供擦拭墓碑、敬献鲜花等服务。将全市68家规模较大殡仪馆骨灰堂、经营性和公益性公墓纳入预约服务系统。各殡葬单位开通并公布祭扫服务预约电话，登记身份信息，入门处设立预约扫码核验通道。登记完成预约人信息后，告知预约人当日预约序列号，入园时报号核验身份。没有预约的不安排祭扫。

凡不能到场祭扫的群众，可通过清明节祭扫预约登记系统，申请由墓园代为祭扫。其他拓展服务项目可与墓园商定，代扫服务实行实名预约登记，预约人应准确完整如实填写个人和逝者信息。除了预约之外，还对有关道路实施交通管制。

走访宣传督导显温情

清明节群众祭扫服务活动，是北京市领导在科学研判形势下作出的决定，也是疫情下举办的首次全市性的重大活动，难点问题涉及面广、影响力大、关注度高，是重要的民生工程。他们以检查督导为指引，强化宣传发动，营造浓厚氛围，确保各项工作落实到位。

为做到疫情防控和满足群众祭扫需求两不误，北京市成立清明节群众祭扫服务工作临时指挥部，由23个成员单位组成，指挥部下设办公室，具体负责祭扫期间的联络协调工作。起草了《2020年清明群众祭扫服务工作方案》，明确了暂停群体性祭扫、骨灰海撒、集体告别、骨灰集中安放等活动，骨灰海撒推迟到疫情结束后举行，停止组织开放日、现场宣传展示等活动。实行分时段限流、定时做环境消杀、提供代为祭扫服务和隔离未满时间不入园等创新祭扫服务举措。草拟印发了未纳入预约祭扫系统扫墓点的补充通知，对做好集体埋葬点、散葬坟墓祭扫疫情防范等进行再部署，得到了广大市民的理解和配合。

为强化群众祭扫防范意识，北京市发出《“理性追思 · 文明祭扫”倡议书》，起草《清明祭扫须知》《清明祭扫宣传口号》《清明祭扫服务指南》和《网络及电话预约须知》《网上祭扫须知》，编辑《清明临时指挥部工作手册》，印发各类宣传材料50多万份，确保清明各项宣传“入村到户、人人皆知”。协调市应急办通过北京移动、联通、电信运营商，免费向市民发送清明祭扫公益告知短信和宣传口号，制作微信小视频在多个媒体播放，扩大市民的知情度，确保全市清明祭扫服务保障工作平稳有序。他们的经验做法，在全国清明祭扫电视电话部署会上得到推广，还被《中国社会报》《公益时报》《北京日报》、北京广播电视台等20余家媒体进行报道，登上“学习强国”全国平台，受到读者和网民的热议。

精准防控既要到位，也要防止过犹不及。领导干部亲临一线，靠前指挥，组成14个清明工作检查组督导疫情防控和祭扫工作，发现问题当场解决。机关干部身着防护服下沉到祭扫最前沿，奔走在抗“疫”现场，以实际行动践行初心使命、书写责任担当，全系统共上岗服务达1.3万人。各殡葬服务机构全力做好祭扫保障，切实履职尽责，从祭扫群众入园到离开，开展全流程的服务管理。特别是对较为分散的农村公益性墓地、集体埋葬点、散坟，压实街道、乡镇使命，调动专人负责祭扫安全管理，避免群众扎堆聚集，严防使用明火引发火灾事故，实行“五严禁一停用”，从源头上预防发生火灾。累计为职工配发口罩30万个、测温枪422个、消毒剂50千克，调拨帐篷50顶，在17家市属殡葬服务机构入口等重点部位设置现场调度处置室、更衣室、隔离点以及防疫物资储存间等，做深做实做细各项疫情防控工作，确保全天候、无死角、无盲区，护佑人民群众的生命安全和身体健康。

（载于2020年4月8日《中国社会报》头条并登上“学习强国”全国平台）

扬帆击水砥柱中流

——首都民政改革深度破冰扫描

编者按：回眸刚刚过去的一年，“匆匆那年”给我们留下了太多深刻而精彩的记忆。这一年中，北京市民政局在市委市政府、民政部的坚强领导和有力指导下，本着改善民生、发展民生的大政方针，倾情关注民生，保障民权，维护民利，用好改革“金钥匙”，瞄准制约发展“民生事”，狠抓任务落实，增创发展优势，全面深化改革实现良好开局，整体水平继续走在全国前列，多项工作发挥了引领示范作用。在全国落实重点工作综合评估中，以优秀成绩通过验收。

2014年是首都民政改革元年，按照《首都民政事业改革发展纲要》，深化民政社会化、产业化、体系化和信息化改革，主动适应新常态，积极应对复杂严峻形势，统筹改革、发展和稳定，各项事业一路高歌猛进，密集出台40多项预调微调利好政策，50余项惠民改革举措……助力百姓幸福民生，各项工作全线飘红。政策创制、机制创新，成为过去一年民政改革重要引擎，呈现出全面播种、多点开花的生动景象，为首都经济社会提速发展提供了和谐稳定的民生保障环境。北京民政进入加速转型、加快发展的新阶段，人心思进、蓄势崛起的局面正在形成。

服务：创新服务理念 拓宽服务渠道

为了让城乡居民生活得更美好，市民政局紧紧围绕解决困难群众和特殊群体基本生活问题，主动顺应人民群众对精神生活的新期待新追求，积极服务首都经济社会发展，多措并举提升城乡居民幸福感。坚持便民利民惠民，创新服务方式，拓展服务内容，加快完善社会服务体系，实现民政工作由注重管理向管理服务并重转变，增强服务意识，提高服务质量，营造和谐稳定的社会生活环境。

托老所全托床位可获300元月补。随着老年人口数量日益剧增，单纯的机构养老已不能满足老年人多方面的养老需求。社会养老服务体系的加快建设，使养老服务水平不断提升。为缓解社区托老所设施不足的问题，北京市将社会办社区托老所全托型床位纳入政府补贴范围，为全市2152张托老床位发放补贴774.72万元。目前全市养老基础设施进一步增强，养老床位按每年开工建设1万张速度增长，基本形成了以民政部门牵头，发改、财政、规划、国土等部门共同参与，分工有序、齐抓共管，社会积极参与的有利局面，养老设施不断改善，养老服务水平不断提高，养老服务创新成效初步显现。创新优质便民，提供婚登服务。推进网络预约登记，优化登记流程，建立婚姻登记与公安、司法、住建等部门的信息共享机制。2014年4月，在全市启动和谐婚姻家庭辅导公益服务项目，招募55名专职辅导员，进入12个区县的婚登机关，为市民提供专业有效的婚姻家庭辅导服务。截至9月底，已对全市3877对夫妻进行了构建和谐婚姻家庭的辅导，同时开展和谐婚姻大讲堂20多场，有万余人受益。完成了中华人民共和国成立以来600余万条历史婚姻登记档案补录和导入工作，建成了年代完整、全国领先的省级婚姻登记数据库。免收婚姻登记工本费，涉外、涉华侨、涉港澳台婚姻登记下放到区县，实现与法院共享婚姻登记信息。创新见义勇为人员权益保障机制。弘扬社会正气，倡导见义勇为，对见义勇为人员权益进行保护，规范认定程序、加大奖励力度、取消等级差别，见义勇为牺牲人员的奖励为29万元，比原来政府给予的20万元奖励多出9万元。稳妥推进社会组织直接登记管理，依法加强对社会组织的监管工作。率先建立中关村社会组织直接登记体系，丰富中关村社会组织直接登记的类型，对产业技术联盟按社团法人进行登记，将社会力量举办的实验室纳入民办非企业单位法人登记范围，鼓励民间资本成立各类科技创新主体。一年间，中关村登记社会组织132家，覆盖社会团体、民办非企业单位、基金会3种类型。全年新增社会组织736家，其中市级共登记社会组织268个，有194个社会组织为直接登记，直接登记数量占登记总数的72.4%。16个区县民政部门登记社会组织468家。建立政府购买服务机制，以市政府办公厅名义出台《关于政府向社会力量购买服务的实施意见》，提出政府购买服务的“1+4”机制设计。制定《北京市承接政府购买服务社会组织资质管理办法（试行）》《政府购买社会组织服务项目管理办法》，建立购买服务项目第三方立项评审、支持性监测评估工作机制，对项目实行市场化运作、契约式管理、第三方监测评估和社会化监督。加大农村公益性公墓建设力度，农村公益性公墓建设无疑代表着未来殡葬改革的方向，目前全市已建成农村公益性骨灰安置设施近110处，有效地缓解了农村群众的安葬需求，城乡居民率全国之先同享5000元丧葬补助，享受“零百千万”惠民殡葬实惠。骨灰撒海补贴增加，提高骨灰撒海补贴标准，将原有每份京籍逝者骨灰随行2位家属增加到6位，每份骨灰补贴金额由2000元提高到4000元。确保福利彩票公益金管理规范、资金使用公正高效，制订《北京市2014年福利彩票公益金资助社会组织开展公益服务项目工作方案》，落实福彩公益金2492万元，重点资助143个社会组织公益项目，资金支持数额和项目数量均创历年之最。如今，北京市16个区（县）基本实现社区服务站城乡全覆盖，形成了辐射周边的96156社区公共服务品牌，年呼叫量突破50万人次。

回首过去，笑看百舸争流，北京民政奋勇争先；面对机遇集成，乘改革之东风，扬起的征帆必定到达彼岸。这一年，为民办实事明确了10个重点领域、40多个关键环节，都是与群众生活密切相关、百姓呼声较高的事项，涵盖了民众生活方方面面，体现了市委市政府以人为本，实实在在的举措和坚定不移的决心，重视民生、服务百姓，让广大人民群众过上好日子、幸福生活的追求。

改革：把握重点改革 完善顶层设计

中流击水，浪遏飞舟。作为与民生工作息息相关的政府职能部门，面对新问题、新要求时，民政部门勇于破旧立新、革故鼎新，用新观念、新视野和新方法，以睿智犀利、敢想敢干、敢打敢拼的特质，确立遵循规律和尊重群众首创精神的新思路，做改革的参与者、执行者和担当者。

不断完善推进机制，政策创制成为民政改革的强力引擎。为了推动组织架构改革工作顺利进行，2014年初，市民政局党委专门成立了改革领导小组和10个专项小组推进机制，建立健全深化民政事业改革的领导体制和工作机制，统筹推进各项改革。坚持定期研究、建立工作“计划书”、工作进度月通报、试点推进、高位督导等制度，促进了全市民政系统改革工作规范有序进行。由分管副局长牵头开展研究，谋划改革发展思路。各区县、各部门细化改革任务，分工落实改革举措。按照市委市政府部署，市民政局快速组建城市管理体制改革专项小组，高效履行办公室职责，牵头拟定《关于深化城市管理体制改革推进城市管理现代化的意见》，协调推进城市管理体制改革。随即，《关于深化街道社区管理体制改革的意见》《北京市社区服务事业总体改革方案》出台，旨在加快管理重心下移、职能下沉，理顺条块关系。北京市推进96156便利服务项目率先实现社会化运营，同时试点改革了西城和海淀2个区县级社区服务中心、建国门街道等13个街道社区服务中心；制定《关于改革创新社会组织管理制度的意见》，完善社会组织管理体制改革的总体设计，成立首都慈善公益组织联合会、慈善协会、社区服务协会、社会工作者协会等局属社会组织。先后启动了街道社区管理体制、养老服务业等50多项改革，涉及体制机制、重点业务、基础保障等方方面面，改革理念深入人心，改革成效十分明显，改革大势在民政系统已经基本形成。

积极创新社会力量参与养老服务改革，满足老年人多层次、多样化的养老服务需求。会同市发改委等10部门联合下发《关于进一步推进本市养老机构和养老照料中心建设工作的通知》，提出对无房产证和土地证的现有养老机构，由区县民政部门对具体情况进行核实，并委托社会专业机构出具实地勘测的建筑物实际面积、结构和安全度的房屋检测报告。从而使全市无房产证和土地证的现有养老机构，在保证自身安全运营的情况下，能重新获得养老机构设立许可，使这一瓶颈问题得以突破解决。支持企事业单位利用闲置设施开展养老服务，鼓励社会力量兴办养老服务企业，开展连锁经营，为老年人提供多层次、多样化养老服务。如湘鄂情、净雅等餐饮公司，尝试“远郊中央厨房+冷链输送+社区配送站”的服务模式，建立社区老年配餐体系。北京瑞普华老年救助基金会通过向社会筹集80辆救护车，定点上门为丰台区13家养老服务机构内的老年人提供医疗服务。充分运用市场机制，最大限度地吸引社会力量参与养老服务业，如首钢集团、北控集团、金隅集团等一批国有企业，利用自有土地和设施，启动30余个养老机构建设项目，将投入资金75亿元，预计可新增养老床位2.5万张。

积极推行生态葬法，完善殡葬长效管理机制。以市委办公厅和市政府办公厅名义下发《关于党员干部带头推动殡葬改革的实施意见》，提出党员干部要自觉做到“四禁止”“五提倡”。即禁止大操大办，禁止迷信活动，禁止乱埋乱葬，禁止超标建墓；提倡节约简朴治丧，提倡节地生态安葬，提倡不保留骨灰，提倡采用环保殡葬用品，提倡文明低碳祭扫。2014年清明节期间，全市163处扫墓点共服务扫墓群众345.9万人次，疏导机动车63.6万辆次，祭扫人数和车辆数均创历史新高，未发生火情和安全事故。

重抓重推社会工作改革，促进首都和谐社会建设。一方面，转移政府职能、动员社会力量。简政放权，将服务性、事务性工作委托社会工作行业组织开展。另一方面，开展援建工作，加强民政干部队伍的培养。全市民政系统遴选出20名社工骨干，组成“北京民政援疆社工小组”，分派到新疆9个单位开展援建工作。再则，出台实施办法，推动民政领域社会工作发展。制定《关于加强民政事业单位社会工作岗位设置管理的实施办法（试行）》，全市事业单位共设置社会工作岗位314个，其中10家试点单位设置社会工作岗位190个，聘任到岗45人。再有，发布首都社工徽章，树立专业形象。面向全国开展“首都社会工作徽章”征集活动，共收到来自全国22个省份的153份作品，宣传了首都社会工作。

强力推进慈善和捐赠工作改革。研究制定《北京市民政局关于慈善力量参与社会救助的意见》等措施，充分发挥慈善力量在社会救助中的作用，建立起慈善力量参与社会救助机制，实现政府救助与慈善救助的有效衔接。积极创建慈善超市“北京模式”，确定北京慈善超市“社会化”管理运营模式。打造公益活动品牌，组织开展传统的“扶贫济困送温暖”募捐月活动，明确“春风送暖”“冬衣送暖”的公益活动主题。募捐月全市共募集资金1267.3万元，衣物16万件。救灾捐赠工作实现新变化，由突击性、活动性捐赠向经常性捐赠转变、由捐款为主向捐款捐物转变、由组织动员向自愿捐赠活动转变，倡导市民通过捐赠二手物品奉献爱心。确立每月25日的“爱心捐赠日”，打造“旧是爱公益”品牌公益捐赠活动。

统筹推进行政区划管理社会化改革。实行政社分开，所有现职公务员不再在研究会兼任职务，理事会领导机构成员和常务理事基本上由社会专家学者担任。委托北京、天津、河北三省市测绘部门联合编制《京津冀行政区划图》。主动围绕行政区划对京津冀协同发展的作用问题，组织召开京津冀区划管理部门和社会专家学者专题研讨会，在搭建三省市平安边界建设平台、三地区划地名信息服务平台等方面开展务实合作。

探索三社联动机制，创新社会治理方式。制订《北京市开展2014年专业社工助推社区社会组织发展（1+1）行动方案》，形成以社区为平台、社会组织为载体、专业社工人才为支撑的“三社联动”运行机制，推进了社区、社工、社会组织融合发展，重点支持35个专业社工机构面向16个区县助推100个社区社会组织发展，增强了基层社会治理能力。开展“六型社区”示范单位创建活动。加强第三方评估工作，帮助申报社区查找问题，推动创建工作持续改进，全市共建成1484个市级“六型社区”示范社区。探索推行社区参与式协商民主模式，在全市160个街道587个社区进行试点，对社区参与式协商民主的具体程序进行完善和细化。探索人才队伍培养新途径，着力打造高素质执政队伍。对包括街乡镇的全市民政队伍进行统一教育培训，开展“立体式”大规模干部挂职锻炼，涵盖16个区县、48个市局系统单位，推动形成忠诚担当、团结干事、落实求效、真心为民的政治生态和作风常态。努力建设一支深怀爱民之心、恪守为民之责、善谋惠民之策、多办利民之事的民政干部队伍，树立民政工作良好形象。

围绕重大决策落实、重大项目落地、重点工作推进，围绕落实八项规定、执行工作纪律，加大督查和追责力度，治平庸、提效能，进一步创优发展环境，形成以上率下、上下联动、合理推进的良好局面，推动思想作风建设健康发展。强化绩效评价，科学设置评价体系，突出差异化考评，对各县区民政部门、市直属单位绩效评价情况进行排序通报，对县区差异化及重大专项工作进行排队公示，充分发挥“指挥棒”作用，引导各县区民政部门、各单位形成了既有共同取向又有差异化发展、全市民政系统“一盘棋”的发展格局。

一项项改革的顺利推进和平稳过渡，离不开民政人的参与和支持。改有所进、改有所成，在不断解决问题中深化改革，以改革的实绩赢得民心，有效地彰显和践行了“民本、务实、平等、奉献”的民政核心理念，迈出了“让首都人民生活得更加美好”的重要一步，激发出巨大的生机与活力。

民生：真心实意重民生 求真务实惠群众

话及民生，化作老百姓身边一缕温情暖意，恰如一股裹挟着暖流的春风，细致入微地穿掠过百姓“油盐柴米、衣食住行”的生活。从社会救助、士兵安置、抚恤补助、居家养老、首都平安等方面着手，件件实事直指百姓最为关心的民生热点。随着经济、社会事业的不断发展，民生问题受到越来越广泛的关注。回望这一年，北京保障和改善民生的力度在增加，各种民生善举所迸发的力量，足以击退“严寒”，化解危难，人民生活水平稳步提高，社会大局和谐稳定。该局致力于民生改善，靠一件件实事好事，让群众实实在在地得到更多实惠。

加快出台利好政策，民生福祉持续改善。认真落实《社会救助暂行办法》，率先出台《开展“救急难”工作的实施意见》，对含外省户籍在内因遭受突发事件致困人员进行救助。出台《北京市城市特困人员供养办法》，对城市特困人员的供养范围、内容、方式和标准以及审批程序、资金保障等问题作出具体规定，填补了政策空白。修订《北京市城乡居民基本生活消费品价格变动应急救助预案》，提高城乡低保和低收入家庭认定标准，加快城乡统筹，并在8个区县统一了城乡低保标准；推出《关于调整完善北京市城乡医疗救助制度的意见》，扩大救助范围和重大疾病救助病种，缩短了审批时限；发布《关于进一步加强烈士纪念工作的实施意见》《关于印发烈士纪念设施消防安全标准化管理规定的通知》和《关于烈士纪念设施配套建筑管理办法（试行）》等文件，烈士纪念工作逐步走上制度化、规范化道路；颁布《关于加快推进光荣院社会化建设的通知》，扩大收养服务范围，在确保满足优抚对象入院需求的基础上，逐步向社会开放。同时，对创新服务管理模式、加强经费收入管理等方面作出明确规定。以市民政局、市人保局等4家单位名义联合下发《关于下达2014年度符合政府安排工作条件退役士兵安置指标的通知》；制定《关于进一步做好退役士兵安置工作的意见》，会同市教委、市人保局等部门研究制定给予自主就业退役士兵创业就业税费优待以及退役士兵参加中等职业及高等教育优待等文件。在北京民政信息网上开设退役士兵教育培训网页，与市教育考试院会商明确参加高等教育学习报名程序。在校大学生高学历青年入伍人数不断增加、有意愿参加教育培训退役士兵人数逐年减少的情况下，退役士兵参加教育培训人数有所提高。门头沟、昌平等区民政局专门设立了退役士兵培训学校。

组建核对组织机构，促进核对规范运行。为了提高城乡低保、医疗救助、教育救助、保障性住房等社会救助对象认定的准确性，北京市打通部门间信息壁垒，成立了市、区县居民经济状况核对中心，建起跨部门、信息共享的社会救助家庭经济状况核对机制规范社会救助管理，形成政策完善、机制健全、管理规范、城乡统筹的首都特色社会救助体系。核对机构实现了市、区县全覆盖，核对工作联席会议机制基本形成，核对平台初步运行，核对成效初步显现，为核对工作提供法律依据。2014年11

月，根据市核查中心提供的低保人员车辆违规信息反馈，西城区某街道享受低保待遇的王某名下拥有别克牌小型汽车1部，石景山区某街道一家2人享受城市低保，每月共1200元，该家庭名下有本田牌小型汽车1部，经入户核实，按照认定标准要求，均于当月撤销其低保待遇。各地通过开展信息核对工作，极大地减少了"人情保""错保"等不公平、不公正问题的发生，确保了城乡低保清理规范活动取得群众满意的实效。由此可见，建立信息共享互查机制十分重要。

构建普惠制民生保障格局，困难群体帮扶实现全覆盖。近年来，我国社会福利政策不断完善，受惠范围逐渐由孤寡老人、残疾人、孤儿、弃婴等特殊群体向全社会拓展，市民政局全程参与《北京市居家养老服务条例（草案）》制定工作，从立法层面推进居家养老服务发展；普惠型儿童福利制度建设试点由一点向全市拓展；优抚对象定期抚恤补助和义务兵优待金标准得到进一步提高。与此同时，家庭救灾物资储备清单向社会发布，中关村智慧减灾救灾产业技术创新战略联盟应声成立；修订《北京市见义勇为人员奖励和保护条例实施办法》，取消申请见义勇为的时限限制；市民政局引入社会力量探索建立了"三师一员"信访工作机制，仅2014年上半年就救助9169人次，接待上访群众25万人次，将矛盾化解在基层和萌芽状态。上线了民政、公安、交管、工商、税务、住建等多部门共享数据平台等。全市福利制度正在由补缺型向适度普惠型转变，管理水平和服务质量明显提高。至此，一个政策完善、机制健全、管理规范、城乡统筹的首都特色社会救助体系逐步丰满起来。

民生至，心所向。民生无小事，每一个社会现象背后都是民众需求的导向。一年来，利好政策之多是空前的。这些民生工程，都是关系群众切身利益、带有共性的大事。不管从任何角度出发，落脚点都在着力改善民生，惠及百姓，真正把党和政府的惠民政策落到实处上，改善中低收入群众的生存发展条件，给居民实实在在的政策帮助和制度关爱，让更多人享受到改革发展的红利，让老百姓尝到生活甜头，觉得人生有奔头、工作有劲头，心里充满希望。这种帮助和关爱看得见、摸得着，使居民们的生活得到了切实改变。回眸2014年，实现精彩收官；面对2015年，务须扬帆致远。我们期待，首都民政为大家创造更美好的新生活，为加速推进民政“四化”改革增姿添彩。

（载于2015年2月5日《中国社会报》、2015年1月23日《北京社区报》）

政策创制成为首都民政改革强力引擎

——出台40多项预调微调政策，部署35项改革举措

2014年是首都民政改革之年，按照《首都民政事业改革发展纲要》，北京民政系统这一年密集出台40多项预调微调政策，35项改革举措，并首次编制完成《北京市2015—2020年民政公共服务设施建设专项规划》……政策创制、机制创新，成为2014年度民政改革强力引擎，北京民政工作呈现出多点开花、整体推进格局。

顶层设计——成立改革领导小组和10个专项小组

改革，非图一时之利，而须牵系全身。

为了推动组织架构改革工作顺利进行，北京市民政局党委于2014年上半年专门成立了改革领导小组和10个专项小组，建立健全深化民政事业改革的领导体制和工作机制，统筹推进各项改革。

由分管副局长牵头开展研究，谋划改革发展思路。各区县、各部门细化改革任务，分工落实改革举措。启动的35项年度重点

改革项目，涉及机构设置、干部人事制度、基础设施建设、殡葬管理体制、社会治理创新、养老服务、社会救助、慈善事业、财务审计等多个领域，包括了民政工作各方面。

按照市委市政府部署，北京市民政局快速组建城市管理体制改革专项小组，高效履行办公室职责，牵头拟定《关于深化城市管理体制改革推进城市管理现代化的意见》，协调推进城市管理体制改革。随即，《关于深化街道社区管理体制改革的意见》《北京市社区服务事业总体改革方案》出台，旨在加快管理重心下移、职能下沉，理顺条块关系。北京市推进96156便利服务项目率先实现社会化运营，同时试点改革了西城和海淀2个区县级社区服务中心、建国门街道等13个街道社区服务中心；制定《关于改革创新社会组织管理制度的意见》，完善了社会组织管理体制改革的总体设计，成立了首都慈善公益组织联合会、慈善协会、社区服务协会、社会工作者协会等局属社会组织；完成了《加快推进公办养老机构体制改革的意见》《养老机构“公建民营”实施办法》等政策拟制，成立了“北京一福养老服务中心”，养老机构社会化改革取得新进展。下发《关于加快推进光荣院社会化建设的通知》，改革光荣院管理体制，推动了光荣院功能转型。实施了市社会福利事务管理中心“扁平化”改革，研究制订局建设处系统改革方案，进一步理顺内部管理体制，切实增强事业发展的内生动力。一石激起千层浪，一项项改革的顺利推进和平稳过渡，让北京民政机构办理业务更精简高效，激发出巨大的生机与活力。

砥砺前行——找准保障改善民生切入点和着力点

民生保障是系统工程，找准工作切入点和着力点，方能取得事半功倍的效果。

为了给首都经济升级版提供示范作用，北京市民政局因势而谋、顺势而为。该局运用科学的路径方法，努力从纷繁复杂的表象中把准改革脉搏，大胆探索，稳妥审慎，力求以较小代价实现最大成效，齐心协力推进改革，努力让人民群众共建共享改革发展成果。

北京市民政局把保障改善民生作为民政部门最核心的职责任务，加快出台惠民政策，提高民生服务保障水平，得到国务院督查组的充分肯定。认真落实《社会救助暂行办法》，制定出台了《开展“救急难”工作的实施意见》，并在16个区县开展试点；修订《北京市城乡居民基本生活消费品价格变动应急救助预案》，提高城乡低保和低收入家庭认定标准，加快城乡统筹，并在8个区县统一了城乡低保标准。出台《关于调整完善北京市城乡医疗救助制度的意见》，扩大救助范围和重大疾病救助病种，缩短了审批时限；成立市、区居民经济状况核对中心，规范了社会救助管理，形成了政策完善、机制健全、管理规范、城乡统筹的首都特色社会救助体系。上线了民政、公安、交管、工商、税务、住建等多部门共享数据平台……至此，一个政策完善、机制健全、管理规范、城乡统筹的首都特色社会救助体系逐步丰满起来。

经济实力日益雄厚，首都民政也开始加速由福利型向普惠型过渡。北京市民政局全程参与《北京市居家养老服务条例（草案）》的制定工作，从立法层面推进居家养老服务发展；普惠型儿童福利制度建设试点由一点向全市拓展开来；优抚对象定期抚恤补助和义务兵优待金标准得到进一步提高。与此同时，家庭救灾物资储备清单向社会发布，中关村智慧减灾救灾产业技术创新战略联盟应声成立；全市从2014年3月1日起一律免收婚姻登记工本费，涉外、涉华侨、涉港澳台婚姻登记下放区县业已完成；以市委办公厅、市政府办公厅名义出台《关于党员干部带头推动殡葬改革的实施意见》，扎实推进八宝山革命公墓全市示范性生态墓园建设，树立文明殡葬的新风尚；修订《〈北京市见义勇为人员奖励和保护条例〉实施办法》，取消申请见义勇为的时限限制；市民政局引入社会力量探索建立了“三师一员”信访工作机制，仅2014年上半年就救助9169人次，接待上访群众25万人次，将矛盾化解在了基层和萌芽状态。

长远布局——政策、项目、资金、队伍四轮驱动

政策、项目、资金、队伍，是缔造现代民政的四要素，缺一不可。

用改革推动发展，以发展展示成果，首都民政改革与民政事业的发展历程相依相伴。全市民政系统坚持一手抓政策制定，一手抓改革试点，市级下放职能、区县积极承接，市区两级通过左右联动，上下结合，形成上有政策支撑、下有探索实践、相互促进、整合力量、联动协作的良好局面。

为了加大对区县民政工作的支持，北京市民政局针对16个区县的各自特点，确定了养老服务、社区建设、社会救助、基层政权建设、社会组织培育发展、双拥、减灾、婚姻、殡葬等18个方面的品牌创建目标，并签订了“一区一品”框架协议。各区县民政部门则不断加大创新力度，踊跃先行先试，打造了各具特色的民政品牌：东城区积极培育发展社会组织，推进民政服务网格化；海淀区养老助残券变卡开始试运行，初步实现了扩大服务范围、精准服务流程、丰富服务内容的目标；房山区全力打造九大

民生工程，极大地提升了民政基础设施服务能力和水平；西城区、延庆县着力打造富有特色的综合防灾减灾体系；朝阳区、石景山区、门头沟区加快推进养老服务“一区一品”建设；顺义区创建了立体化社会救助品牌；通州区、怀柔区探索了多元协商共建的新型农村社区治理模式；密云县率先试点建立了村民代表履职量化管理制度……目前，在市、区两级共同努力下，五批共计90余个项目的补助资金已全部拨付到位，累计拨付近2亿元。

为了践行群众路线、锻造一支扎实务实的工作队伍，北京市民政局广泛开展了全市民政系统大规模干部挂职锻炼，其规模涵盖全市16个区县、48个市局系统单位。按照依法治国的目标，全市民政系统建立了执法人员数据库，落实了区县执法人员在市民政局备案制度，实行二级单位纪委书记派驻制，创新并加强了巡视工作。在市民政局开展的党的群众路线教育实践活动“回头看”活动中，8项36个重点整治内容在规定时间内全部完成整改，推动了现代民政由治标向治本转变。

持正方向搏激流，云帆直挂济沧海。随着改革不断推进和深化，长期积淀的体制性、结构性、机制性等深层次矛盾不断显现，民政工作越来越成为群众和舆论关注的焦点。面对重重藩篱，只要勇往直前，涉险滩、过激流，就一定能够创出新天地。目前，首都民政改革取得了阶段性成果，适应市场经济体制要求的民政体制正在形成，民政事业焕发出的生机与活力，奏响了履职为民、务实创新、力促发展的时代强音。

（载于2014年11月12日《中国社会报》头版头条，与王宇晓合作）

首都大民政赢得众民心

——北京市民政事业实现跨越式发展的经验与启示

2011年2月，在北京市政风行风社情民意调查中，北京市民政局力拔头筹。这是他们继去年之后又一次获此殊荣，意味着该市大民政建设真真切切赢得了民心。

近年来，首都民政人抓住发展、改革、惠民、利民等工作重点，服务大局，维护稳定，敢于创新，积极作为，创造了一个个“北京经验”“北京模式”“北京体系”“北京标准”，担当起了时代赋予的历史重任。

民生福利向适度普惠目标发展

为了顺应人民群众过上更好生活的期待，北京市民政局积极争取市政府的支持，在重点保障特殊对象的基础上，大幅增加对各项民生领域的财政投入，一大批有关群众切身利益的项目列入折子工程，民政民生福利向适度普惠加快发展，有效地提高了百姓的幸福指数。

目前，北京市已为42万多80岁以上老年人、残疾人发放4亿多元养老（助残）券；建立挂牌养老（助残）餐桌近4600个，发展托老（残）所5305个，聘用2000名养老护理（助残）员；为全市所有街乡配备养老（助残）无障碍服务车，对3.2万户残疾人家庭实施无障碍设施改造；配备便携式“小帮手”电子服务器8万余台。

在北京，65岁以上老年人免费乘坐公交车、游览公园、参观博物馆，80岁以上老年人每月享有100元养老券；90岁以上老年人每月发给100元至200元的高龄津贴，惠及35万老年人。同时，全市养老床位7.2万张，每百名老人拥有养老床位由1.5张增长到2.8张。

此外，北京市共有22.7万城乡困难群众享受低保待遇。城市低保标准为500元／月，农村低保最低标准为340元／月。根据《北京市农村住房救助实施办法（试行）》，农村困难家庭、优抚对象危房翻建补助标准分别由2.1万元、3万元提高到4.5万元、5.4万元，一次性解决了6500户农村特困家庭和优抚对象的住房困难。

推动民政工作城乡统筹协调发展

按照“大民政”建设的要求，北京市民政局在整体推进城市民政工作发展的同时，继续在政策制定、资金投入、设施建设等方面向农村、城乡接合部重点倾斜，加大农村低保、养老、社区建设工作力度，进一步缩小城乡差距，实现农民和城市居民享受同等待遇，推动民政工作城乡统筹协调发展。

针对朝阳、海淀、丰台等区域经济发展程度高、农村人口减少的现实，北京市在这些地方率先建立城乡一体化的低保制度，并实施农村低保分类救助，使农村低保对象中无劳动能力的重残人享受到城市低保待遇。率先实现抚恤补助标准城乡并轨，建立城乡一体的优抚标准科学增长机制，农村优抚对象定期抚恤补助标准全部按城镇标准执行，平均涨幅达65%。率先统一城乡义务兵优待金标准，每年人均为1.8万元。

在统筹推进城乡社区服务设施建设方面，在城市社区服务站实现全覆盖的基础上，重点完成41个街道社区服务中心和1294个农村社区服务站建设任务，实施“小帮手”社区便民服务工程。此外，出台《北京市城乡无丧葬补助居民丧葬补贴办法》，城乡居民同等享受5000元的丧葬补助，实施殡仪服务“零百千万”工程，建成首个市级公益性公墓，对低保对象、重点优抚对象实行免费安葬，对其他市民实行低偿服务，加快殡葬基础设施向农村延伸，建成50个农村公益性公墓，率先实现了城乡同标准、全覆盖。

变“管字当头”为“服务为先”

加强和创新社会管理，重点在于转变管理方式。北京市民政局领导认为，必须按照以人为本、执政为民的要求，变“管字当头”为“服务为先”，努力实现管理与服务的有机统一。把服务的重点放在改善民生上，将更多的力量向民生倾斜，优先保证民生开支，优先抓好民生工程，优先完善社会保障体系，不断提高人民群众的生活品质。

一是村务公开民主管理，“难点村”得到较好治理。在全市2536个社区推行社区议事协商会议制度，运用民主自治方式解决管理难题，维护首都基层稳定。二是打造了120个首都特色精品社区和66个新型农村典型示范社区。通州成为首个“全国农村社区建设实验全覆盖”示范区，探索建立推进首都特色精品社区和农村典型示范社区向更高层次发展、推进首都和谐社区建设在范围上拓展、在质量上提升，为创新社会管理方式、促进城乡社区一体化发展搭建沟通交流的平台。三是在中关村推行社会组织由民政部门直接登记管理体制改革试点。探索建立政府购买社会组织服务制度，广泛开展社会组织服务民生行动，共有1867个社会组织申报了2735个项目，开辟了社会组织参与社会管理、社会建设的新模式。四是积极开展社工人才队伍建设试点，全市共有5612人获得了社工资格，公开招聘大学毕业生到城乡社区就业，社区志愿者注册登记达52万人，为社会建设储备了大量人才。五是推进“爱心家园”及捐赠站点建设。广泛开展“十元慈善”捐赠活动，成功举办每年“12 · 3”慈善晚会，首都慈善联合会募捐款物近5亿元，仅去年就销售福利彩票38亿元，筹集公益金12.5亿元，社会动员能力不断提高。六是每年累计接待外地来京上访人员14万人次，救助流浪乞讨人员1.8万人次，有力地维护了首都社会稳定。

建立机制激发队伍活力

为激励先进，北京市民政局党委在调查研究的基础上制定了《关于进一步加强和改进全局民政队伍建设的实施意见》等制度，推出了与之相配套的六项工作机制，有效地激发了队伍的活力。

——优化人才配置机制。在行政编制仍然偏紧的情况下，增加了适应民政工作需要的机关和事业编制岗位。并对局机关和事业单位的人员实行统一调配，向重要、繁重工作岗位倾斜，不拘一格使用人才。由于合理配置了人力资源，尽可能地满足了岗位需求，重点突出、布局均衡，保证了局系统岗位设置到位、人员利用到位、队伍建设到位、职能发挥到位，整体推进了民政工作。

——强化能力培训机制。提高统一培训频率，由上级民政部门根据基层需要，分类举行业务或规范管理培训，在短期内将在职行政事业人员普遍培训了一遍。加大内部培训力度，在确保完成任务的基础上，采取多种形式进行业务、法律、科技培训，提升工作效率和服务能力。扩大工作经验交流，充分利用上级组织的现场会、交流会等契机，认真学习吸收外地先进经验。通过培训，民政干部职工队伍素质明显提高，积极性空前高涨，主人翁意识、团队意识和大局观念、纪律观念明显增强，形成了心齐、气顺、风正、劲足的良好干事创业氛围。

——完善队伍管理机制。实行目标管理，明确局属处室和所辖单位的工作目标，完善和健全有关制度，做到以制度管人管事，促使队伍努力争创一流业绩，更好地服务改善民生。推行岗位目标责任制，将民政工作尽可能地细化和量化，把工作责任按处室和岗位分解，明确责任，强化管理，推动各项任务的完成。创新队伍管理模式，对市社会福利事务管理中心在管理体制上进行改革，实行人财物垂直管理，将工作人员纳入事业性管理，实行聘任制，解决好待遇问题，以提高服务质量。推进规范化建设，不断加大科技投入，积极推进民政工作信息化、标准化、规范化建设，提高干部科技素质和信息化水平。

——创新民政文化机制。广泛开展主题突出的大型文化活动，先后举办了“歌颂新中国、唱响大民政”万人大合唱活动；

“民政之春”文艺会演、“五月的鲜花”合唱大赛、“永远跟党走”文艺演出和承办全国民政系统书法绘画摄影展；启动了“全市民政系统春季健身活动日”、首都民政系统职工运动会等活动；编撰了《北京民政年鉴》；建成了局荣誉展览室、图书室和文化展室。这一系列活动，为国庆60周年和建党90周年营造了浓厚氛围，用民政文化展现大民政建设。既增强了民政荣誉感、职业认同感，又展示了民政队伍良好形象。

——建立绩效考核机制。按照岗位目标责任制，建立健全绩效考核办法，坚持对机关和所属单位进行绩效考核，并根据年度工作要求，动态调整考核标准，以保证绩效考核客观公正。坚持经常性检查、随机抽查与年度考核相结合，以考核为手段，将综合考评结果与工作实绩挂钩，促进民政各项工作的落实力度。通过考核，营造比工作能力、比服务能力、比工作作风、比工作创新、比社会形象的良好氛围，不断提高民政队伍服务民生的能力。

——健全典型激励机制。通过工作考核和总结，注重发现培养先进典型，并注重发挥典型的引领作用，激励大家创先争优，增强品牌意识和责任意识。对成绩突出的单位和个人，在评先树优时优先考虑，以带动民政队伍建设。先后推出了“市劳动模范”“首都十佳民政青年”和“全国敬老好儿女金奖”获得者闫立杰，全国“五一”劳动模范刘瑞安等一大批先进典型，全局上下形成了比学赶帮超的热潮。

北京大民政建设经验的有益启示

北京民政事业快速发展，取得了一系列令人瞩目的成绩，也给我们的工作带来许多有益的启示。

第一，必须用大民政理念统一新时期民政工作的认识。大民政理念的提出，体现了首都民政人对时代发展和公众需求的清醒认识，是民政工作核心价值观的具体体现。这一理念引领首都民政工作从传统型向现代型、从封闭型向开放型、从管理型向服务型、从经验固守型向科学发展型、从城乡“二元结构”向城乡一体化等民政工作的转变。彰显的是一种更强烈的为民情怀，协调社会各领域、各部门达成共识与合力，在政府大统筹下，通过社会大联动，实现资源大整合，促进首都民生和社会建设的创新发展。所有这些，得益于局党委班子前瞻性的发展决策、前沿性的工作思路和现实性的工作实践，是局党委用发展决策、发展实践和发展前景，把全市民政系统凝聚在“服务发展大局，保障改善民生”的宏伟目标周围，不断实现一个个新跨越、一项项新突破、一宗宗新业绩，使北京民政在转型发展、跨越发展、科学发展的征途上不断迸发出源源不断的生机和活力，托举起了首都经济社会快速发展的新希望。

第二，必须打牢“民生为先”的思想基础。民生为先，就是以国为根、以民为本，不断丰富为民的情感，切实增强为民的责任，为人民提供公共产品，为人民搞好公共服务，让人民富裕起来，不断提高人民群众的生活质量和水平，不断满足人民群众的物质和精神需求，走共同富裕的道路。为天地立心，就得以百姓之心为心。民政事业的服务对象是广大人民群众，只有实实在在解决人民群众最关心、最直接、最现实的问题，才能充分体现党和政府的爱民之心、利民之意、为民之举。大民政理念就是“民生为先”的理念。大民政带来了全新理念、整体合力和广泛参与。在工作上更加注重普惠全民，从为困难群体、特殊群体、优抚群体等传统民政对象提供基本生活保障，转向为全体社会成员提供福利服务。在工作作风上更加注重为民服务，提高了办事效率，增强了服务意识，形成了深入群众、主动服务、“马上就办”的良好氛围。正因为如此，北京市民政局才在全市群众中树立了良好的形象和口碑。

第三，必须把围绕中心、服务大局作为开展民政工作的基本前提。首都民政工作紧紧围绕北京市委、市政府工作大局，从巩固党的执政地位的高度出发，从促进经济发展和维护首都稳定的大局出发，把民政工作的职责与任务置于社会建设的大格局中进行统筹谋划，寻找民政工作与党委、政府全局工作的结合点，不断增强社会管理和公共服务功能，不断解决民生工作中出现的新情况、新问题，充分发挥民政工作在构建和谐社会中的基础作用。根据市委、市政府“保持首都民生工作继续走在全国前列”的要求，集中出台350多项惠民利民政策，实施了28个重点项目，民政民生惠及全体，满足人民群众的新要求新期待。千方百计为群众办好事、办实事，不断提高人民群众对民政工作的满意度。既解决了当前普遍关注的民生问题，也探索出了解决、保障、改善民生的发展方向，充分发挥了民政工作在构建和谐社会中的基础作用。实践证明，只有围绕中心，服务大局，才能保证民政事业又好又快的发展。

第四，必须始终抓住改善民生这个推进民政事业快速发展的关键工程。民政工作业务多元，头绪复杂，突出主题至关重要。以人为本是发展的出发点和最终落脚点。党的十七大把解决好、落实好民生工作作为检验各级干部工作绩效的重要依据，这也充分体现了我们党执政为民的理念。在新形势下保障民生、改善民生，是党和政府重点关注、感情所系，也是民政工作职责所在、使命所系。我们只有把握民政工作发展规律，紧跟时代前进步伐，突出民生工作主题，始终坚持“关注民生、情系民生、改善民生”的理念，忠实履行“解决民生、落实民权、维护民利”的职责，优先安排民生工作，着力解决民生问题，切实把困难群体、特殊群体、优抚群体的基本生活保障好，民政工作才能得到社会的认可、人民的满意。有了这些大力度基本生活保障的支撑，人民群众将更好更快地走向新生活。不能仅在口头上强调，停留在决定决议的下发上，重要的是要真正尽心尽力、尽职尽责。通过一系列惠民举措，足以说明“解决民生问题不是挂在嘴上的口号，而是需要落实到一个又一个具体行动中去”这样一个朴素而简单的道理。

短评

理念创新彰显为民情怀

近年来，北京市民政事业快速发展，取得了一系列令人瞩目的成绩，也给我们带来有益的启示。

“大民政”理念的提出，体现了首都民政人对时代发展和公众需求的清醒认识，是民政工作核心价值观的具体体现。这一理念引领首都民政工作从传统型向现代型、从封闭型向开放型、从管理型向服务型、从经验固守型向科学发展型、从城乡二元结构向城乡一体化等民政工作的转变，彰显了强烈的为民情怀。在政府大统筹下，通过社会大联动，实现资源大整合，促进民生和社会建设的创新发展。这让北京民政在转型发展、跨越发展、科学发展的征途上不断迸发出源源不断的生机和活力。

理念的创新必然使工作打开新局面、迈上新台阶。在“大民政”理念的指引下，北京市坚持把民政工作置于社会建设的大格局中进行统筹谋划，寻找民政工作与党委、政府全局工作的结合点，不断增强社会管理和公共服务功能。近年来，该市集中出台多项惠民利民政策，实施民生重点项目，千方百计为群众办好事、办实事，既解决了当前普遍关注的民生问题，也探索出了解决、保障、改善民生的发展方向，充分发挥了民政工作在构建和谐社会中的基础作用。实践证明，只有围绕中心、服务大局，才能保证民政事业又好又快的发展。

同时，建设“大民政”必须坚持民生为先。在工作上更加注重普惠全民，从为困难群体、特殊群体、优抚群体等传统民政对象提供基本生活保障，转向为全体社会提供福利服务。在工作作风上更加注重为民服务，提高办事效率，增强服务意识。正因为如此，北京市民政局才在全市群众中树立了良好的形象和口碑。

（载于2011年8月29日《中国社会报》头版头条）

勾绘保障首都民生大画卷

——北京市民政局确立民生工作创先争优长效机制

北京市民政局日前召开创先争优经验交流大会，就两年来的活动开展情况进行了总结梳理，同时确立民生工作创新活动载体，推动首都民政工作创先争优活动常态化、长效化。全市民政系统各级党组织把群众最关心、最迫切需要解决的利益问题摆在重要位置，抓住思想教育、服务群众、模范带头、考评激励等关键环节，努力在民政民生领域创先争优。

建立健全学习教育机制，保证民政队伍作风过硬

坚持政治学习制度。严格落实“三会一课”制度，制订年度学习计划，采取专家辅导、大会交流、专题讨论、参观考察等方式，运用网络媒体拓展学习途径等方法，广泛学习了解国际政治形势、首都经济社会发展形势以及民生建设、社会管理等现代新知识，使各级领导干部始终站在时代前沿，不断开阔视野，更新知识，提高科学决策水平和服务保障民生能力。坚持党委中心

组理论学习制度。一方面，以制度保障学习内容的落实，另一方面，以制度保障学习时间的落实，做到年度有学习计划、每月有实施安排、个人有学习笔记、重要学习有专题活动。再则，以制度保障学习效果的落实。不断完善考核制度，实行述学、评学制度，把运用理论解决实际问题的能力作为年度考核的重要尺度。把理论学习与调查研究、解决问题与促进工作结合起来，努力使党员干部的思想素质和业务能力与大民政建设发展的要求同步。坚持学习成果转化制度，把学习的着力点和落脚点放在破解工作难题和推动工作发展上，努力提高领导班子和领导干部谋划发展、统筹发展、优化发展、推动发展的能力。坚持国民教育育才制度。借助首都丰富的高等教育资源，深化政府与高校合作，在全市民政系统实施“千名硕士研究生人才计划”。通过与高等院校三方合作办学方式，开设“北航软件学院硕士学位班”，为本系统培养政务管理、民政管理、公共管理与信息化技术相结合的复合型人才。依托北京民政干部管理学院等院校，有计划、分层次地对现有工作人员开展全员培训。

建立健全服务群众机制，努力打造民生满意工程

建立社会福利全覆盖服务体系。形成以最低生活保障为基础、专项救助制度相配套、临时救助和社会互助为补充的城乡社会救助体系，覆盖到全市60多万城乡低收入群众；3500余名五保供养对象实现从集体互助向公共财政保障转变。出台老年人优待办法、居家养老助残“九养政策”等20多项养老政策，基本形成以居家为基础、社区为依托、机构为补充，多元化投资、多层次发展、专业化服务的新型社会福利服务格局。健全孤儿养

育、医疗、教育、就业及社会保障成长发展链，建立城乡统一的孤儿基本生活费制度。推进城乡残疾人基本生活保障全覆盖，确保5.5万名残疾人享受最低生活保障，市、区（县）、街乡镇和社区（村）四级残疾人组织体系基本形成。建成覆盖市、区、街、居四级的社区服务中心（站），社区警务站、社区文化站、社区图书馆等综合服务设施。构建领导干部联系困难户帮扶模式。300名处级以上领导干部每人与一个困难户结对，坚持重大节日对困难职工家访送温暖、询困难、解忧愁，采取“一对一”家访包户到人，加大对因病致贫、下岗失业、年老无靠等原因造成贫困的群众帮扶力度；定期上门开展扶盲助哑、帮残敬老、购粮买菜等互助互济义务服务，帮助其转变思想观念，为其提供致富信息和经济支持，帮助贫困群众逐步走上富裕路。构建优质便捷高效的服务平台。建立定期征求意见、公开承诺服务等制度，每周二作为工作联办日，要求机关为民服务部门集中到局机关便民服务大厅办公，提供一站式服务，为群众提供便捷服务和更多的窗口和平台。建立城乡结对共建新农村模式。组织局机关处室党组织与北京市40个经济相对薄弱村，开展“实践大民政、共建新农村”“支部一帮一、党员手牵手”包村帮扶共建活动。通过工作队多次到村办公，排忧解难，帮助村厘清发展思路、制定发展措施、培植主导产业及其抓基层组织领导班子和党员队伍建设，村级组织的创造力、凝聚力和战斗力大大提高。营造亲民便民服务环境。以广泛开展为民办实事为切入点，推行“听呼声、走百家、送服务”为民实践活动工作手册，设立便民综合服务窗口，让群众有说话、有反映问题的地方，有敢说话的制度保证，增加为民办实事项目。通过设置公开意见箱、热线和举报电话，利用电子政务等信息网络手段，方便群众反映情况、发表意见，对涉及多数群众切身利益的大事，广泛征求群众意见，对群众反映的情况，及时反馈意见。坚持领导大接访活动和定期接待基层群众制度，受理群众信访诉求，化解信访难题，变被动服务为主动服务。

建立健全模范带头机制，激发党员队伍生机活力

密切联系群众。坚持重民生、排民忧、解民难，把群众的需求作为一切工作的出发点，制定领导班子下基层工作制度，对困难较多的单位开展重点联系和帮扶，坚持每年公开承诺办一批顺民意、解民忧、惠民生的好事实事。工作求真务实。要求各级机关转变行政职能，简化工作程序，严格控制发文规格、数量和范围，严格控制会议数量、规模和开支，使党员领导干部真正把心思用到干事业上，把功夫下到察实情、出实招、办实事上。办事雷厉风行。群众反映的利益和问题，应作为第一考虑，坚持标准，能办的马上就办，需要一定时间的列出计划限时办，做到件件有着落，事事有回音。强化行为自我约束。严格个人自律，使党员做到自重、自省、自警。加强党内民主监督和党外群众监督，通过群众满意度调查、行风评议、督查通报等方式，把党组织和党员在创争活动中的履诺践诺情况置于群众监督之下。领导干部和领导机关带头厉行节约，深入推进公务消费、公务接待、公务用车制度改革，继续开展“小金库”等专项治理工作，创建“节约型机关”，发扬艰苦奋斗作风。认真开展批评与自我批评。严格执行领导干部双重组织会制度和党员定期党性分析制度，建立通过民意调查等方式征求群众批评意见制度，完善谈心谈话制度。党委主要负责同志与班子成员和下一级正职谈心每年至少一

次，分管领导与所分管部门、单位主要负责同志谈心每年至少一次。

建立健全考评激励机制，强化民政干部队伍建设

建立干部选任机制。围绕贯彻落实《党政领导干部选拔任用工作条例》《北京市处级党政干部选拔任用工作流程（试行）》和《干部选拔任用工作纪实监督系统》，进一步完善干部选任工作机制。出台《北京市民政局竞争性选拔干部工作办法》，加大竞争性选拔干部力度，处级领导干部除特殊岗位外，都通过竞争性选拔产生。按照干部管理权限，加大科级领导职位内部竞争上岗和加大干部跨部门、跨系统交流力度，激发干部队伍的生机与活力。建立工作考评机制。重点对党组织、党员在队伍建设和民政工作中发挥作用情况进行考评，严格落实党建工作责任制和领导干部“一岗双责”，不断提高各级领导班子和领导干部抓党建工作的责任感和自觉性。建立关怀激励机制。采取慰问生活困难党员、建设社区组织活动场所、对符合政策的老党员进行补贴等系列措施，进一步增强党组织的凝聚力、向心力。重视、关怀、爱护基层党员干部，为他们提供广阔的发展空间。多方筹集资金，为下岗失业职工党员和生活困难党员解决实际困难，形成各级组织和广大党员都关心群众的局面。建立党内生活制度。坚持民主集中制原则，完善领导班子民主生活会、党组织生活制度，顺应现代信息化的大趋势，充分利用内部网络、手机报等新兴媒体，进一步完善各类公开、公示制度，保障监督主体的知情权、参与权、表达权、监督权。

（载于2012年10月31日前线网）

用改革思维开启首都现代民政建设

——多层次联动　多视角探索　多元化推进

北京市民政局紧紧围绕服务和保障民生这个根本，以守住底线、保住基本、促进公平，大力提升幸福指数为目标，坚持问题导向、民意引领，不断延伸工作手臂、拓展惠民覆盖，通过多层次联动、多视角探索、多元化推进，构建起以民政事业社会化、产业化、信息化、体系化等“四化”为核心内容，用务实创新的精神加强和改善民政工作，为首都经济社会提速发展提供了和谐稳定的民生保障环境。日前，民政部对首都民政改革工作给予了充分肯定。

不断锐意创新　为民政事业发展增添内在动力

民政工作既事关群众切身利益，又代表党委政府形象。作为与民生工作息息相关的政府职能部门，当面对新问题、新要求时，北京市民政局积极打破习惯思维定式，不断创新机制，用新观念、新视野和新方法，确立遵循规律和尊重群众首创精神的新思路，确立以更加务实的态度、理性的执行，推进首都民政事业转型跨越发展。

一是推进“一区一品”建设。为加强对区县民政工作的指导和服务，推动全市民政工作统筹协调发展，该局建立了局领导对口联系区县工作制度，加大对区县的政策、资金、项目等支持力度，鼓励各区县因地制宜、自主创新，打造各具特色的创新品牌，实现“一区一品”。二是推进民政事业社会化改革。印发《市民政局率先转移职能试点工作方案》，确立11个职能转移试点处室和单位，明确8家局属社会组织作为承接单位，初步梳理出拟转移的职能项目60余个，涉及财政资金上千万元。起草《北京市公建养老机构服务管理体制改革意见》，拟制养老机构“公建民营”管理办法，制定《社区服务中心社会化运营模式试点工作方案》等，以强化社区服务中心管理和服务功能为切入点，积极探索社区服务中心社会化运营模式试点工作。三是改革社会组织管理体制。率先对行业协会商会类、科技类、公益慈善类、城乡社区服务类社会组织实行直接登记，取消了这四类组织成立登记需要业务主管单位前置审批的事项，通过制度松绑，社会组织数量明显增加，全市登记社会组织8438个，备案社区社会组织数量为14653个，每万人拥有登记备案社会组织11.1个。四是推进财务管理和基础设施建设体制改革。针对财务管理中职能分散、层级偏多、管理不规范等问题，建立了驻楼单位一体化的财务管理体制，提高了财务管理效率和质量。为改变基础设施建设缺乏统一规划、资源分散、设施陈旧等问题，整合职能和资源，推进基础设施建设体制改革，实现了项目的“统一管理、统一规划、统一实施、统一协调”，为加快民政服务设施建设奠定了基础。五是深化人事制度改革。开展处级领导干部竞争上岗工作，完善处级后备干部储备库，建立巡视工作制度，实行纪委派驻制，既有效地激发了队伍活力，又使民政队伍管理更加规范。六是用改革的办法解决工作难题。成立北京市居民经济状况核对中心，确保社会救助对象认定准确、高效，打通了部门间信息壁垒，建立了跨部门、信息共享的社会救助家庭经济状况核对机制。全面落实军休人员“两个待遇”，为4892户军休老干部试点安装“服务一键通”，实现老干部服务需求的即时响应，等等。这些改革为民政事业发展探索了新路，增添了内动力。

加强法规建设　为规范民政工作提供制度支撑

为规范内部管理，提升工作水平，坚持把制度建设作为履行职能、推动改革的重要方式，加大对民政事业的制度设计和统筹规划，形成以制度规范行为、以制度衡量工作，覆盖面广、标准化的长效运行机制，出台一批规格高、影响大的法规制度。

首次以政府令的形式颁布《北京市促进慈善事业若干规定》，为首都慈善事业的发展提供了制度保障；在全国率先以市政府名义出台《关于加快推进养老服务业发展的意见》和《关于加快本市养老机构建设的实施办法》，养老工作理念发生重大转变，加快了养老服务社会化、产业化步伐；以市政府或市政府办公厅名义下发《关于进一步加强和改进社会救助工作的意见》《北京市村务监督办法》《关于加强见义勇为人员权益保护意见》等文件，明确了相关业务工作创新发展方向；市民政局还在养老机构许可、光荣院管理、义务兵优待、村民代表会议等方面制发了规范性文件15个，破解了一批工作难题。

这些制度的出台，使工作人员有章可循，填补了民政重点领域制度空白，为首都民政事业快速发展提供了制度支撑。2013年，高标准完成了20项市政府折子工程、1项为民办实事项目和96项民政折子工程，尽最大努力为群众办实事、办好事。

根据经济发展状况和物价变化情况，及时调整和提高城乡低保待遇、优抚对象补助、军休干部生活待遇、征地超转人员补贴等民生保障标准。圆满完成第九届村委会选举，参选率达到96.9%，全市共建成“六型社区”571个，乡镇社区服务中心建设加快推进，有效地提高了基层社会服务管理水平。启动南城养老院、救助管理总站、密云军休服务管理中心等11项建设项目，开工建设养老床位12090张，民政服务设施进一步改善。动员全社会支援四川芦山抗震救灾，在全市组织社区防灾减灾专场活动200多场次，调整了部分街道区划设置，开展了万台洗衣机进军营活动，创立了军休干部接收安置一站式服务大厅，为7万特殊困难老人购买意外伤害保险。通过抓制度提升规范化建设水平，使首都民政事业呈现蓬勃发展的新局面。

坚持多措并举　为群众生活幸福拓展更多渠道

为了让城乡居民生活得更加美好，北京市民政局始终坚持为民服务的宗旨，紧紧围绕解决困难群众和特殊群体基本生活问题，主动顺应人民群众对精神生活的新期待、新追求，不断创新工作方法、健全工作机制、完善工作体系，积极服务首都经济社会发展，多措并举提升城乡居民幸福指数，保障优抚对象及相关群体的生活，使他们生活得更加幸福。

如期开工建设1万张养老床位。出台土地供应、运营补贴、水电气暖和税收等多项新政策，在项目审批、法人登记等方面，协调有关单位给予技术和政策支持，吸引社会资本投入养老床位建设。为缓解社区托老所设施不足的问题，将社会办社区托老所全托型床位纳入政府补贴范围，为全市2152张托老床位发放补贴774.72万元。为保障常住在本市外埠老年人享受“同城优待”，将外埠老年人同等纳入老年优待政策覆盖范围，目前，已有5万名外埠老年人与本市户籍老年人同等享受免费乘坐市域内地面公交车、参观市属公园等9项老年优待政策。认真做好救助管理工作，共救助13903人次，有效地保障了流浪乞讨人员的基本权益。提高婚姻殡葬服务水平，完成了中华人民共和国成立以来600余万条历史婚姻登记档案补录和导入工作，建成了年代完整、全国领先的省级婚姻登记数据库。在清明期间，全市147处扫墓点共接待扫墓群众336.9万人次，圆满实现了“绿色清明·文明祭扫”的工作目标。同时，推进农村公益性公墓建设，已建设农村公益性骨灰安置设施近110处，有效地缓解了农村群众的安葬需求。率先实现城乡居民同享5000元丧葬补助，实施“零百千万”殡葬惠民工程。社区服务站基本实现城乡全覆盖，96156社区公共服务形成品牌，实现热线10秒接通，年呼叫量突破50万人次，基本满足了社区居民日常生活需求。见义勇为牺牲人员抚恤补助形成长效机制，见义勇为精神弘扬四方。一系列的创新举措，有效地彰显和践行了以“民本、务实、平等、奉献”为核心的民政精神，迈出了“让首都人民生活得更加美好”的重要一步，使文明、健康、积极的生活方式在北京蔚然成风，从而提升了广大人民群众的幸福指数，促进了首都各项事业的又好又快发展。

（载于2014年4月17日《中国社会报》一版头条、2014年4月11日《北京社区报》、2014年5月14日《首都之窗》，与王宇晓合作）

从“基层至上”到“职工第一”

——北京市民政局在群众路线教育实践活动中展现新作为

到企业、到班组、到职工中去，接地气、增底气、鼓士气，直面职工听心声，常思发展办实事，做服务广大职工的贴心人和“娘家人”。自活动开展以来，该局工会紧紧围绕市民政局党委和市总工会的工作部署，按照“组织起来，切实维权”的工作方针，扎实开展“面、心、实”活动，使“工会助民”更贴心务实，密切了工会干部同职工的联系，教育活动取得了实实在在的效果，赢得了党政认可和职工信任。

一、做好“面、心、实”服务职工在一线，从通过大走访、解决问题、推进活动上展现新作为

一是要深入走访调研，积极为职工排忧解难。贯彻群众路线是工会组织做好新形势下职工工作、发挥党联系职工桥梁纽带作用的重要举措，也是构建和谐劳动关系、参与社会管理创新、维护职工权益和职工队伍稳定的迫切需要。为把“面、心、实”活

动具体化，局工会坚持把开展“面对面、心贴心、实打实”活动与推进首都民政“四化”的改革目标相结合，广泛开展“走基层、听呼声、解难题、融感情”走访调研活动。活动期间，拉近心与心的距离，捧着一颗心，下企业、走班组、访职工、解忧愁、转作风、长本领，工会干部走出机关，深入一线职工、基层工会干部和职工代表，通过家访、谈心和电话沟通等形式，广泛听取职工代表的意见和建议，了解职工生活情况，并成立相关调研指导工作组，对存在特殊困难的职工群众及时给予帮扶救助，将25.2万元慰问金及时送到了200户困难职工手中。通过活动的开展，他们既深入了解了一线职工需求，也学会了如何用群众语言与职工交流沟通，基本实现了“两摸清”，为工会组织更好地服务基层、服务职工、化解矛盾提供第一手资料。

二是要扎实开展服务职工在一线活动，必须抓好“四个结合”，确保活动取得实效。将活动与下基层和职工交朋友相结合，真正扑下身子，和职工交朋友，为职工办实事，凡是维权帮扶、创先争优、构建和谐劳动关系等工作都要扎根基层，夯实基础。将活动与基层文化建设相结合，加强职工文化阵地建设，通过争取各方面资金支持，建设职工文化活动中心，广泛开展赞美劳动、歌颂劳动的职工宣传和文化活动，开展普通一线职工爱岗敬业的事迹宣传活动，组织职工文艺小分队演出进基层、进班组活动，唱响“劳动光荣，工人伟大”的主旋律，打造文化型企事业、知识型员工。将活动与抓好工会惠民工作相结合，突出就业援助帮扶重点，推进职工互助保障继续扩面，改善民生，实现两促进两不误。将活动与单位中心工作相结合，做好舆情监控和引导，深入开展群众路线教育实践活动和形势政策教育活动，加大职工教育培训力度，推动企事业单位全面发展和进步。

三是要围绕帮扶维权，服务职工，努力提升工会组织的社会影响力。全局企事业单位涉及门类广，具有福利企业多、残疾职工多、困难职工多、下岗职工多的行业特点。局党委通过扶盲助哑帮残敬老活动，建立起领导干部联系困难户制度，设立“大宝助学金”等帮扶机制。为形成社会化帮扶格局，局工会与相关部门共同制定规章制度，建立专项帮扶救助基金；成立了由局领导为组长的助困工作领导小组，在全局范围内形成由处以上领导干部共同参与、有效运行的大帮扶新局面。通过健全三级服务体系，建立起内外结合的社会化大帮扶格局，开展新颖多样的大帮扶活动，为困难职工排忧解难。

二、强化工会职工之家建设，提升干部职工素质，从夯实基础设施上展现新作为

一是推进职工之家建设，增强工会组织活力。局工会坚持重要节日慰问困难职工、劳动模范，坚持对职工的红白喜事进行协助处理和参与操办，坚持发放困难补助并建立了特困救助机制等。工会及时在职工困难之时伸出援助之手，给职工以关怀和帮助，为其解除后顾之忧；为维护女职工的特殊利益，每年对女职工进行分类普查，做到早发现、早治疗；职工过生日，工会都会送上一份精美的生日蛋糕，以及为全局工会积极分子和劳模订阅报刊并送上门，组织劳模赴先进地区考察学习活动，开阔视野，提升综合素质。一系列的“送温暖工程”，既密切了干群关系，又把温暖送到职工的心坎上，赢得了广大职工的称赞，也坚定了职工建功立业的信心。在建好“大家”的同时，工会把重点放在车间、班组的职工小家建设上，以“建小家促大家”，从而达到

促进企事业发展为根本目的。以车间、班组的小家建设为着眼点，不断丰富“小家”建设内涵，做到人人参与、人人负责，把职工的情感、思想、行为紧紧维系在“小家”建设上，从而形成“职工之家职工建”的良好氛围。局工会依托楼域性、行业性单位工会为主体，联合所属机关、基层工会和会员共同开展建家活动，突破了单一基层工会建家的传统模式，探索创建了局机关综合办公楼职工之家委员会治理新架构。

二是从“四抓”入手，强化工会基础设施建设。局工会着力通过“四抓”，使基层工会建起来、转起来、活起来。抓组织规范，实行党工共建、部门联建、制度保建，通过典型带建、氛围营建、依法促建、以情引建、服务助建、上门帮建等有效方法，统分结合、上下联动、集中攻坚等方式，强力推进工会组建。抓标准规范，对基层工会组织建设、队伍建设、阵地建设、维权建设、活动建设、财务建设等明确具体要求；以“党建带工建、三级联创”为抓手，制定出台局级、星级和模范职工之家创建及评比标准，出台了《关于进一步加强和创新“职工之家”建设实施意见》。目前，基层工会基本做到了“七个有”，即有班子、有牌子、有印章、有场所、有经费、有制度、有活动。抓制度规范，认真贯彻《中华人民共和国工会法》《中华人民共和国劳动法》等，对企业工会实行分类指导，逐步健全了劳动合同、集体协商、职代会、厂务公开、劳动争议调解等制度。抓运行规范，有序推行各级工会运作模式，在基层大力开展先进基层工会、模范职工之家、“职工书屋”等创建活动，建好工会教育、文化、宣传三块活动阵地。2013年，又将工会组织建设列入全局工会工作目标管理责任制考核，专门设立年度工会工作奖、项目创新奖，定期考核表彰，促进了基层工会组织规范化建设。

三是深化技术创新，提升干部职工素质。广泛开展行业职工职业技能竞赛，引导广大职工积极参与岗位练兵、技术比武、技能竞赛和技术交流活动，积极开展技术攻关、技术革新、发明创造、合理化建议等职工经济技术创新活动，鼓励职工争当“金牌工人”“首席技师”“创新能手”，努力成为知识型、技术型、创新型职工。以培养“知识型、技能型、创新型、效益型、和谐型”员工为目标，大力推广劳模创新工作室，为职工发明新技术、创造新工作法、培养专业技能人才搭建平台，畅通技能型人才成长通道，通过“比、学、赶、超、帮”，激发干部学以致用，提高职工队伍整体素质。开展四大载体活动，即：创建“模范职工之家”比服务、争创“工人先锋号”比贡献、培养“关心职工”贴心人、弘扬“劳模”精神当标兵，营造尊重技能型人才、鼓励创造性劳动的良好氛围，形成具有示范引领作用和凝聚导向作用的创造群体。

三、完善维权体系，构建和谐劳动关系，从发挥职工主力军作用上展现新作为

第一，加强三方协调机制，帮助指导职工签订劳动合同。坚持政府与工会的联席会议制度，推进完善劳动关系三方协调机制，切实维护职工合法权益。主动协调相关部门，共同开展职工劳动集体合同、工资专项集体合同签订活动，指导职工与单位订立了劳动合同、聘用合同。全局系统临时工签订合同率达80%以上，规模以上企业劳动集体合同、工资专项集体合同签订率达80.1%。

第二，建章立制求长效，确保厂务公开民主管理有效运转。在局党委的坚强领导下，制定下发了厂务公开工作的意见、检查

验收标准和监督检查办法。目前，全局95%以上的单位建立了以职代会为载体的厂（事）务公开民主管理制度，大多数单位实现了“行政主要领导为第一责任人”，且能落实每年一次公开日活动。不少单位在职工收入和住房分配、党员转正、奖金测评、大宗物品采购等职工关心的事项上，采取成立由工会牵头的分房委员会、上网公布等方式予以公开，增加了工作透明度。北京大宝化妆品有限公司在企业转让重大事件中，专门召开职工代表大会，就股份转让、收益分配、职工安置等问题进行民主决策。基层企事业单位民主管理工作不断加强，职工参政议事水平明显提升，有力地推动了基层民主政治建设。

第三，夏送清凉冬送温暖，让困难职工四季如春。局工会不断完善帮扶机制，拓宽帮扶渠道，创新帮扶形式，提高帮扶水平。为让符合条件的困难职工实现应助尽助，各级工会积极完善困难职工动态化管理档案，建立定期检查困难职工档案和情况通报制度，使困难职工信息完整准确。对特困职工实现定人联系、全年帮扶，经常开展走访慰问活动，把食品、衣物和慰问金等送到他们手上，缓解其生活困难；对遭遇突发意外的困难职工进行应急救助和资金帮扶。坚持开展“春送岗位”“夏送清凉”“金秋助学”“冬送温暖”等工会四季服务活动，做到“知情、真心、热心、热情”服务职工群众，以“民本、务实、平等、奉献”的实际行动，赢得各级工会的支持和广大职工群众的拥戴，为维护社会安全稳定、促进福利企业发展、保障困难职工基本生活，发挥了积极的促进作用。

（载于2013年第9期《工会博览》中旬刊、2013年10月18日《北京社区报》）

民政干部职工的爱心奉献

——北京市民政局组织职工全力做好群众救灾善后维稳工作

7月21日，北京遭遇特大暴雨，给首都人民群众的生产生活带来了严重影响。在市委、市政府的坚强领导下，市民政局党委带领民政系统干部职工积极投身救灾善后工作，在救灾、救助、烈士评定、见义勇为行为确认、接受捐赠、遗体火化等救灾维稳工作中发挥了重要的职能作用。

上下齐动　形成合力

强降雨之日，北京市民政局连夜向房山区、通州区、门头沟区调拨价值387万元的市级救灾储备物资。目前，已向房山区、通州区、门头沟区、丰台区调拨价值1239万元的市级救灾储备物资。市社会福利管理处组织干部职工在第一时间排查全市401家养老机构、16家儿童福利机构受损情况，并对9个区县59所受灾福利机构进行救助。市属殡葬系统的领导干部，连夜巡查了分布在全市11个区县的所属陵园、墓地；市八宝山殡仪馆还紧急组建了支援小分队，赴房山区帮助进行遇难者遗体善后处理工作。市直属福利企业面对700毫米的厂内积水，迅即组织员工全力排水，并在最短时间内恢复企业正常生产；冒着暴雨检修残疾职工宿舍、家属院，最大限度地减少困难职工、残疾职工因暴雨造成的不便和损失。市军休办及时慰问了房山区受灾军休干部，并附上慰问金10万元。市救助管理事务中心对全市23家救助机构受损情况进行排查。市接济管理服务中心严格落实责任，确保财产不受损失、地下空间和设施设备不被淹。时隔两天，北京市慈善协会向受灾最严重的房山区慈善协会拨付300万元应急救助款，以援助因灾害需要帮助的困难群众。7月25日，北京市成立“7·21”特大自然灾害善后工作领导小组，在市民政局设立灾害善后工作领导小组办公室，负责组织协调成员单位做好灾后救助，组织社会捐赠，协调救灾物资调配和资金保障、受灾群众安置、烈士评定和见义勇为认定等工作，帮助他们渡过难关。

党员带头冲一线

北京市民政局广大党员干部职工充分发挥先锋模范作用，带头组建救灾善后工作先锋队，主动承担急难险重任务，做到哪里有困难，哪里就有鲜红的党旗飘扬；哪里任务最重，哪里就有党员干部职工忙碌的身影。灾情发生后，市灾害善后工作领导小组办公室主任、市民政局局长吴世民，市民政局党委书记李万钧指示全力救灾，并多次深入一线灾区察看灾情，检查指导救灾善后工作，走访慰问受灾的困难群众，并带去了党和政府对他们的关心和厚爱，鼓励大家在党委政府的领导下，克服困难，开展灾后自救。还语重心长地叮嘱当地乡、村干部，要把群众受灾的实际情况摸清，把群众的疾苦记在心头，帮助群众搞好灾后重建工作，切切实实为他们解决一些在生产、生活中遇到的实际问题，努力把灾害的损失降到最低限度。市接受救灾捐赠事务管理中心应对暴雨袭击，领导干部率全体干部职工争分夺秒，彻夜不休不眠，经连续奋战超负荷、超常规运转，共装运各类救灾物资16辆集装箱车，总重达168.82吨，包括1200顶12平方米帐篷、500顶8平方米帐篷、2900张气垫床、3400张折叠床、1700套折叠桌凳和4000床棉被，总价值387万元，及时保障了当地居民的生活安全。同时，捐赠中心启动全天候轮班制，24小时为市民捐赠提供服务。在灾难面前，各级领导坚守在抗灾一线，各有关部门通力协作，指挥有力，基层党员、职工群众、部队官兵全力做好救灾善后工作，积极帮助群众重建家园。

志愿者服务奉献爱心

在紧张有序地开展救灾善后工作的同时，为帮助受灾群众早日战胜灾害，该局以实际行动带头参与救灾工作中，系统迅速地展开了赈灾捐款活动。市局机关率先开展了捐款活动，市局领导和局机关党员干部带头，民政局系统党员干部和职工自发踊跃来到捐款现场，把饱含着对灾区人民浓浓暖意的爱心善款投入捐款箱。一条条“众志成城，风雨同舟”“一方有难，八方支援”的横幅表达着干部职工对受灾群众的牵挂；一份份善款、一句句话语、一颗颗爱心传递着大家对灾区群众的爱意。截至7月26日，市民政局系统党员干部职工捐款共计409729元。灾情稳定后，北京市民政局团委积极发挥志愿服务组织动员优势，从局机关和96156社区服务中心协调并培训了13名经验丰富的志愿者，连续

10天参与电话接待咨询和现场接收捐赠工作，以实际行动践行了首都民政队伍核心价值观。在此次救灾善后工作中，这支青年志愿者服务队用实际行动诠释了“奉献、友爱、互助、进步”的志愿服务精神，为灾区善后工作奉献了自己的青春和力量！

大灾面前、危难之际，全局各级党组织和广大党员干部职工心系群众、挺身而出、身先士卒。广大基层党组织和党员把抗洪救灾斗争作为创先争优的最大实践，牢记宗旨使命，做到了一个支部就是一个堡垒、一名党员就是一面旗帜、一个干部就是一根标杆，充分发挥了战斗堡垒和先锋模范作用，彰显了新时期共产党员的英雄本色。

（载于2012年第9期《工会博览》上旬刊）

营造和谐温暖的家

家是生活的港湾，是人生的驿站，是在你疲惫、惆怅、无奈时释放心情的场所。我心目中的职工之家犹如一个大家庭，来自五湖四海的工会会员便是家庭成员，而工会工作者就是这个家的守护者。他们不仅要维护家庭和谐，还要为一家生计而筹谋，切实维护职工利益，并通过自己的努力让每一个家庭成员都能开心生活，快乐工作。

为职工心里“减压”

“作为民政职工长期处于生活饮食无规律、精神劳动高强度，造成职工出现睡眠障碍、抑郁、焦虑病症的不断增加，职业倦怠的恶化直接影响着职工身心健康……”在市民政局机关综合楼职工之家心理疏导室里，听到职工们提的问题与我相符。为此，局工会决定倾力打造职工之家，把点滴关爱和温暖送到职工心坎里。

工会组织利用职工之家这一载体，为职工开启心理咨询室、

“减震器”“降压阀”，建立有效的心理疏导机制，以积极心态应对问题，最大限度地让职工调适心理、放松心情。

建立职工心理健康中心。工会干部负责接待职工日常来电、来访咨询及心理疏导，宣传和普及心理健康知识。该中心设立了心理咨询室，并邀请专业从事心理健康工作的优秀教师和医生组建了职工心理健康顾问团队，面向局系统不同层次职工进行心理健康测评和心理辅导，缓解职工的心理压力。建立心理谈话机制。针对工作中随时可能出现的各种问题，做好重点人员的心理谈话疏导，消除职工情绪变化带来的不稳定因素，积极调节好职工心态。建立心理关怀机制。做到关心职工工作与生活中的点点滴滴，及时走访慰问职工家庭，努力排解纠纷，化解矛盾，这不仅能体现组织的温暖，还能增强凝聚力和认同感。建立心理预防机制。对职工出现的违章或违纪行为进行疏导，对直接责任人进行心理预防教育，共同研究并制定预防措施，维护职工的合法权益，从源头上消除职工的逆反和抵触心理，保证心态。还通过组织职工踏青、健步走、拓展训练、集体过生日、送鲜花、趣味心理游戏、催眠减压等活动，让职工心情得到释放。

对职工诉求有求必应

遇到什么难事，心里有什么烦恼和苦闷，自从工会建立了职工接待室，我们觉得越来越像个大家庭了。职工的事，职工有什么烦心事，对单位有什么意见建议，都可以来说说，能解决、应该解决的问题，都会尽力帮忙，只要说出来就有人管。职工之家做到了有求必应，有应必答，有答必灵。职工之家与职工贴心、知心、交心，成了职工的“亲友团”。

它的运作模式，并不仅限于“坐着等”，除了职工有事找上门来，还会主动到职工身边去谈心说事，做到事事有关注，人人有关心。这就是职工之家的“必谈必访”制度。工会帮扶帮到职工心窝里，做好生病住院职工和离退休职工慰问工作，把“两节送温暖”“三八助单亲”“金秋助学”与日常特殊困难救助相结合，让职工充分感到“家”的温馨、工会的关爱。酷暑季节，积极开展“夏日送清凉”活动，让其感到工会职工之家的亲情，让一线职工在烈日下感到“清凉”。从细节入手，从小事做起，坚持“三到一送”：即职工结婚到场祝贺，职工患病住院到场探望，职工直系亲属去世到场慰问；职工生日送蛋糕和祝福卡。这一举措，增强了职工归属感，使我们时时处处感到工会大家庭的温暖，我们更有决心和信心把工作干好。

正是这种对“鸡毛蒜皮”小事的“有问必答”，让职工感到了对其尊重，也让其因看到了“有求必应”而信任。由此，映照出职工民主权利的实现，使职工对单位建设的参与性高了，干部和职工的关系也和谐了。

凝聚职工搞活动

职工书屋、职工学习室、健身器械室、网络室、棋牌室……在这个职工之家，各项服务设施一应俱全。职工之家集学习、服务、娱乐等功能于一身，所以大家都喜欢到职工之家放飞心情。

为了丰富职工的精神生活，局工会以多样的文体活动凝聚职工，每年“五月的鲜花”歌咏和广场舞比赛，参赛单位和人数逐年增多，演出形式活泼，水平逐年提高，丰富了职工精神生活，陶冶了职工思想情操；先后成功举办了各种运动会，开展了规模空前的群众性文体活动；不间断地开展广播操、游泳、棋类、球类、书法、绘画、摄影等活动，增强了职工间的团结和友谊，丰富了职工文化生活，和谐了人际关系，强健了职工的体魄，促进了民政系统精神文明建设。还组织了有利于培养“孺子牛”精神、塑造民政干部形象的大讨论与演讲比赛，颂扬祖国、歌唱民政发展、宣传好人好事等歌咏比赛，以及技术比武、劳动竞赛、外出旅游、参观学习等活动。根据职工的意愿和喜好，成立了摄影、舞蹈、书法、球类等兴趣小组和各运动队，将不同兴趣爱好的职工组织在一起开展有益身心健康的活动。丰富多彩的文体活动，让职工在活动中体现自身价值，情感得到释放和满足。

在这个职工之家，收获的不仅仅是一份工作，更是一份成长，在这里的每一天都感受到浓浓的民政文化气息，感受到提升和收获满足感，使职工形成有话找其谈、有思想疙瘩找其解、有困难找其帮的可喜局面，职工之家真正成了干部职工工作紧张、身心疲劳、利益诉求时的好去处和“娘家人”。

（载于2013年8月《北京市总工会创建职工之家示范单位指导手册》）

组织关怀送温暖　扶贫助困构和谐

——北京市民政局开展双节“送温暖”慰问活动综述

凛冽的寒风挡不住送关怀的脚步，深冬的严寒冷不了送温暖的爱心。为确保市民政局困难职工度过一个温馨祥和的佳节，市民政局工会在全系统开展主题为“帮扶解困送温暖 情系职工惠民生”、节日期间集中慰问和走访慰问相结合的“送温暖”活动，让他们切实感受到党组织的关怀与温暖。此次送温暖不同以往的是，慰问活动轻车简从，减少陪同，简化接待，不打扰企业、职工正常生产生活秩序。

全面推进民政治理现代化，是全面深化改革顺利推进的必然要求。做好困难职工帮扶和送温暖工作，安排好春节期间的职工生产生活，对于进一步密切党同职工群众的血肉联系、着力保障和改善民生、切实做好新形势下的群众工作、最大限度地凝聚民政改革发展正能量，具有十分重要的意义。对此，局工会专门下发通知，对全局工会送温暖活动作了精心安排，要求各级工会扎实开展送温暖活动，把党和政府的关怀、工会组织的温暖，送到广大职工特别是困难职工心坎上。目前，局工会送温暖资金和劳模帮扶慰问金41万元，各级工会还将通过多种方式筹集和投入资金进行慰问，形成帮扶合力。

北京市总工会政法文卫工会主席原在会、副巡视员兼权益部部长司健一行，在市民政局工会主席韩锋的陪同下，冒着严寒对市福利企业大宝日用化学制品厂进行走访慰问，看望劳动模范，走访困难职工，送去慰问金5万元，带去了党和政府的问候及新春祝福。希望劳模们在今后继续发扬劳模精神，各级工会多关心、关注、宣传劳模，不仅让劳模感受到党和政府的关心，也要让各族干部职工感受到成为劳模的光荣；希望困难职工家庭能克服困难、振奋精神，在党和政府及各级工会的关心下，困难都能战胜。

市总工会还对市民政局103名困难职工进行了帮扶慰问，给每名困难职工发放了1000元慰问款及包括电影兑换票、粮油卡、体检卡在内的温暖大礼包，现金共计10.3万元。对4名因大病个人承担大额药费的职工进行了大病医疗救助，共计2.8万元。走进困难职工家中，与他们面对面促膝谈心、嘘寒问暖，详细询问每个家庭生活、收入和子女就业状况，征求他们对工会帮扶工作的意见建议，鼓励他们增强战胜困难的信心，在党和政府以及工会组织的关怀帮助下，自强不息，努力工作，用辛勤的汗水去创造美好明天。

市民政局工会走街入户与福利企业困难职工亲切交谈，向他们转达了党和政府以及工会组织的深切问候，对103名困难职工和建档在册的39名劳动模范进行了全面走访慰问，努力做到不遗漏、全覆盖，将慰问物品及时发放到困难群体手中，真正做到“雪中送炭”；有条件的单位和企业，将加强资金配套工作，努力提高救助对象的受助标准，扩大送温暖活动的覆盖范围。给每名困难职工送去500元慰问金及价值300元的慰问品，给每名劳模送去1000元慰问金和价值300元的慰问品，总计发放慰问金9.05万元，慰问品价值4.26万元。每到一处，都详细询问困难职工和劳模的生活和工作情况，叮嘱他们一定要保重身体、积极面对并战胜眼前的困难，鼓励他们要坚定生活信心，要求相关部门进一步做好困难职工的帮扶工作，解决他们的生活、家庭困难，让职工切实感受到政府的关怀和温暖。

为使全局职工生活更方便，局工会委托北京民福职工帮扶中心深挖内部资源，经与多家商户洽谈，面向全局8000余名职工推出了“北京民福职工服务卡”。此卡搭载了汽车保险、维修、保养及汽配、洗车、电影票、健身、化妆品、生活用品打折优惠等项目，不断拓展与广大职工生活息息相关的不同行业商户，持续为广大职工生活提供便利。为维护职工的健康权益，局工会委派民福职工帮扶中心进行“体质测试站”建设，现已对20个模范职工之家的100名职工免费进行价值400元的体质测试，并开具运动处方，指导其科学健身。

据介绍，市民政局工会送温暖活动已经连续开展了20年。20年来，在全局各级党组织的重视支持下，在社会各界的广泛参与下，在局属各级工会的精心组织下，工会送温暖活动已由最初的单一生活救助向就业帮扶、法律援助、医疗救助、子女助学、人文关怀等多领域扩展，由一年一度的节日送温暖发展成为经常化、制度化和社会化的品牌服务工程，逐步实现了“双节”集中送温暖与日常帮扶工作的有效结合，初步形成了“春送岗位、夏送清凉、秋送助学、冬送温暖”的“四季送温暖”特色。在整个社会保障体系中发挥了重要的拾遗补阙作用，在促进改革发展稳定大局和推动实现民政转型升级中激发正能量。送温暖活动已经成为党政支持、职工认可、全社会参与的民生工程。被走访对象纷纷表示，感谢党和工会组织送来的深情厚意，切实帮助他们解决了实际问题。

通过本次“送温暖”活动，不仅使广大职工感受到了党组织的温暖，还注意倾听职工群众的呼声，进一步摸清了职工的具体困难和存在的一些实际问题，真正地把组织的关爱送进千家万户，让广大职工及家属过上一个欢乐祥和的春节。

（载于2015年1月14日《首都之窗》、2015年2月13日《北京社区报》）

让北京百姓生活得体面有尊严

——我所亲历的首都民政大变化

7年的风雨行程，7年的民生进步，7年的创先赶超。回忆往昔，携手奋进。北京市民政局直面现实、攻坚克难，坚持科学发展、务实发展、协调发展，重提升、重统筹、重为民，首都民政事业好趋势、好态势、好气势连连呈现，形势一派大好。在深化民政实践中形成了许多好的经验和做法，真真切切地赢得了众人心，构建起具有时代特征、中国特色、首都特点的民政格局，探索并形成了民政理论体系。

惠民新政成果非凡

回首这7年，是北京民政事业发展速度最快、破解难题最多、惠民效果最好的7年，是实现历史性突破的7年，也是首都人民得到实惠最多、民生改善方面取得的成就有目共睹的7年。

民政工作惠民生、暖民心、解民忧、聚民力的重要作用充分彰显。民政是一根扁担，一头担着党的关怀，一头担着群众的实际。党群关系的紧密度，是丈量民政工作的一把尺子。民政事业就像一盏灯，一盏为特殊群体照亮心灵、点燃信心和激发动力的温暖之灯。民政干部就像一根红烛，燃烧了自己将温暖与光明送进贫苦百姓的心坎里。当人民最危难时，是民政人伸出援救之手，捐款捐物、分发物资，帮灾民重建家园；当群众遭受贫困困扰时，又是民政人精心部署、辛勤工作为百姓排忧解难，给他们点亮生活的明灯；当孤老残幼为生计寝食不安四处流浪乞讨时，还是民政人千方百计、想方设法地帮助改善，以家的温暖来烘干湿润的眼眶，构筑起“最后一道防线”。为子弟兵解除后顾之忧，为军队和国防建设添砖加瓦；为长辈们奉献爱心和孝心，为实现老有所养、老有所乐的目标筹谋策划……

民政人是用一颗大爱的心，用自己的行动，把爱心奉献给每一个需要帮助的人，减少他们的困苦，提高他们的生活质量，而在这无私的奉献中，找到了自身工作的价值，也找到了生命的意义。从基层政权到社区建设、从优抚安置到双拥工作、从社会福利到社会事务、从救灾救济到地名管理、从低保生活保障到人事教育等民政工作，既是全面的又是琐碎的，但目标只有一个，那就是为有困难者提供帮助，送去温暖。为顺应人们过上更好生活的期望，局党委积极争取市委市政府的支持，在重点保障特殊对象的基础上，每年拿出近400亿元对民生领域进行财政投入，一大批关系群众切身利益的项目列入折子工程，民政民生福利向适度普惠加快发展，首都民政每前进一步都让百姓看到了实实在在的改变。

在北京，全市175万65岁以上老人免费乘坐公交车、游览公园、参观博物馆，65万60岁以上的城乡无保障老人每人每月享受300元政府福利养老金，80岁以上老人每月享有100元养老券；90岁至99岁的老人每月享受100元的高龄津贴，百岁及以上老人每月享受200元的高龄津贴，95岁以上的老人就医免费。城市低保标准为520元／月，农村低保最低标准为380元／月，农村困难家庭、优抚对象危房翻建补助标准分别由2.1万元、3万元提高到4.5万元、5.4万元，一次性解决了6500户农村特困家庭和优抚对象住房困难问题。形成了以最低生活保障为基础、专项救助制度相配套、临时救助和社会互助为补充的城乡社会救助体系，覆盖到全市60多万城乡低收入群众；3500余名五保供养对象实现了从集体互助向公共财政保障转变；实现了丧葬补助待遇城乡同标准。出台老年人优待办法、居家养老助残“九养政策”等一系列养老机构扶持补贴政策，基本形成了以居家为基础、社区为依托、机构为补充，多元化投资、多层次发展、专业化服务的新型社会福利服务格局。建立完善儿童公共卫生保障制度和服务体系，健全孤儿养育、医疗、教育、就业及社会保障成长发展链，建立城乡统一的孤儿基本生活费制度。残疾人就业状况得到改善，城乡残疾人基本生活保障实现全覆盖，5.5万名残疾人享受最低生活保障，市、区（县）、街乡镇和社区（村）四级残疾人组织体系基本形成。建成覆盖市、区、街、居四级的社区服务中心（站），社区警务站、社区文化站、社区图书馆等综合服务设施。

我荣耀在首都做民政

作为首都民政人我深感荣幸。因为我可以与大家一道分享党的阳光雨露，感受着首都民政事业不断发展壮大。通过一系列惠民实举，可以看到首都民政事业从小到大，从弱到强，从幼稚到成熟。特别是北京创造性地推出民政理念、加大首都民生保障和工作力度，在提高社会保障救助水平、完善福利基础设施、优抚安置改革、实现基层自治、加强和创新社会管理等方面作出一系列决策部署，集中出台了350多项利民新政，惠及城乡群众，就是让百姓生活得幸福、生活得精彩、生活得有尊严。对于破解民政事业发展难题、满足人民群众需求、提升民政工作地位、振奋民政队伍精神具有重要意义。

俗话说："知易行难。"对于民政工作来说，维护和保障人民群众的基本生活权益是基本主线。城乡低保、救灾救济、社会福利、社区建设等民政工作，每一项都与群众的利益息息相关，我们要从微不足道的小事做起，从改进工作方法、创新工作机制和制度入手，充分发挥首都民政在着力解决民生问题中的"兜底"作用，使广大群众在和谐社会建设中得到更多实惠。

7年来，保障和改善民生不仅是响亮的口号，更是踏实行动的坚强脚步。不断拓展惠民内容，提升惠民层次，绘就精彩的首都民生画卷，让百姓生活更幸福。同时，也净化了社会风气，增加了社会凝聚力，有力地促进了和谐社会建设，不断提高人民群众对民政工作的满意度。既解决了当前普遍关注的民生问题，也探索出了保障、改善民生的发展方向。

每当回忆过去，我们都会明显感觉，在不知不觉间，民政的一切都在不断刷新。有着26载兵龄而在民政战线上只有5年工龄的我，置身于新时代，感受着变化的民政，亲历着民政的实施。身边的变化值得畅谈，发展的喜悦值得品味，这些点点滴滴，以小见大，是民政人心中珍藏的记忆，也是对未来良好的祝愿。愿将多项民政创新政策送到有需要的人身边！虽转换了岗位，转变了角色，但思想不变，信念不移，贯彻落实党的大政方针未敢懈息，对民政事业的热情一直未减。

耕耘方寸之间，服务民政事业。每次写完民政稿将其投寄出去，过些日子，看到自己一篇篇稿件变成了铅字，着实欣慰。我也始终关注着自己的成长和进步，总是把写民政工作当成指标任务来干，把耕耘作为一种责任。在领导和同事们的帮助下，我先后在17家媒体刊发关于民政相关理论文章和新闻作品近30万字，有多篇上了头版头条并加短评或专家点评，有数篇获了奖，有的还入编《“十二五”发展论坛优秀论文集》，特邀出席学习落实科学发展观暨《科学发展在中国》丛书出版首发式座谈会等，在社会上引起较好的反响，为如何在大民政理论体系构建中充分发挥作用提供了积极有益的探索，为重大理论和实践课题的共同探讨提供了有力保障。这些对于宣传首都民政工作，树立民政形象起到了良好的舆论效果。

努力打造人民满意民政

在写作的同时必须了解民政业务和相关知识，这也培养了我的良好学风，提升了我的能力素质，使我实现了民政事业大发展与新闻宣传双赢共进。这些成绩的取得，离不开党组织的培育。党和人民是我成长的摇篮，更是事业的靠山。这些年来，我们的物质文化生活水平不断提高，基础设施建设、工作条件不断改善，我们在变化中前进，在创新中收获。而本色不变的正是民生情怀，无不体现党和人民的恩情，无不体现改革开放的丰硕成果。

铭记党和人民的培育之恩，就要把感恩之心转化为以一流的工作标准干事业的报恩行动。几年来，我始终围绕以民为本、民生优先的核心理念，铭记民政职责，永葆爱民情怀，用真情和厚爱为民服务，尽心尽力地履行民政工作职能，让群众深切感到社会主义和谐大家庭的幸福，使更多的群众自觉地投身到经济建设主战场中来。为了熟悉民情，充分了解困难群众的生活状况，及时把党的政策和关怀送进千家万户，在为民服务中更须牢记“民”字，突出“新”字，确保“实”字，注重“谐”字。民政工作牵动千家万户，只有始终对群众充满真感情，才能用心倾听群众呼声，凡是涉及群众切身利益和实际困难的事情，应带着深厚的感情抓落实，带着强烈的责任感抓落实，带着切实解决问题的决心抓落实，积极去帮、主动去促，解决好群众反映强烈的突出问题，让群众得到更多实惠，真正做到“民有所想，我有所为；民有所呼，我有所应；民有所盼，我有所办”。让人民群众满意，让党和政府放心！努力使自己成为一名合格的共产党员和民政工作者。

回眸往事，是为了未来更好地前行。首都民政事业在百废待举中铺开，在全面改革开放中拓展，在市场经济的大潮里创新，在和谐社会的建设中发展，伴着锐意创新的脚步一路走来，发展的轨迹和开创的业绩，令人自豪，催人奋进。社会事业全面发展的民政人更寄托一份由衷的祝福：愿明天首都民政更加美好，我们的民生保障更加出彩！

（载于2014年第4期《北京民政》、2015年“我与民政”征文汇编）

民心之道篇

新编历史京剧《大唐贵妃》

母爱润心田

作者（右一）参加《中国慈善·一九九八》新书发布会

为北京市民政局机关食堂员工送慰问品

作者（前排左一）与文友走进腾冲探访自然风光、民族风情和历史文化之美

“调研+”推动主题教育往心里走往实处落

“不忘初心、牢记使命”主题教育活动开展以来，北京市民政局社会事务管理处党支部坚持把开展主题教育与推进业务工作相结合，探索“走出去”学经验、“沉下去”摸实情、“融进去”找问题工作途径，开展“调研+学习”“调研+服务”“调研+解难”的“调研+”系列活动，推动主题教育往心里走、往深里去、往实处落，有力地推动了社会事务民生保障工作的开展。

缅怀英烈追寻初心　党课宣讲激发担当

党支部组织党员干部赴李大钊烈士陵园参观学习，同志们在烈士墓前敬献花圈，瞻仰先驱雕像，个个心潮澎湃思绪万千，庄严地举起右手站在鲜红的党旗前重温入党誓词。此行还组织大家参观纪念馆、为党员送上“政治生日”贺卡等形式多样的主题党日活动，以此抚今追昔守初心，弘扬精神担使命。

参观中，通过一件件珍贵物品、一幅幅生动图片、一份份文献资料，在讲解员生动的讲述下，大家共同缅怀革命先烈的英雄事迹，回忆革命历史，实地接受了一堂生动的爱国主义教育与革命传统教育课，还原了中国共产党创始人李大钊烈士光辉而短暂的一生，让大家的思想再次得到洗礼，党性得到了锻炼，初心再次觉醒，使自己的心灵深处受到震撼，并在耳濡目染中感受到党的光辉历程，激励大家在工作中履职尽责，更好地发挥党员的先锋模范作用。受教育的党员干部纷纷表示，2019年恰逢中华人民共和国成立70周年，将在主题教育中进一步加强学习，从革命先辈的大无畏英雄气概中汲取新时代奋勇前行的力量。

活动结束后，市民政局领导现场主讲了“牢记初心使命，勇于担当作为”的党课。他说，革命先辈能够成就一番伟业，靠的是爱国主义情怀。要求党员干部充分利用属地红色资源，深入挖掘红色文化的时代内涵和当代价值，让每个人荡涤心灵、砥砺精神，结合目前开展的主题教育，在回想党的性质、宗旨，党员的身份和本色中更加坚定自觉，更高标准地守初心、担使命，以奋发有为的精神状态、求真务实的作风，勇于战胜各种艰难险阻和风险的挑战，一步一个脚印地做好每一件事情，推动社会事务工作不断取得新突破。要将主题教育带到室外，以课堂形式和室外形式相结合，通过短片回顾、现场讲述和对话提问，对广大党员进行教育熏陶，让他们零距离感受老一辈革命家艰苦奋斗的光荣传统和高尚品德。大家表示，通过回顾红色历史，从革命传统中感悟到了崇高情怀，从红色基因中汲取了前进力量，接下来将在工作中努力化思想自觉为行动自觉，把教育成效落实到干事创业上。

蹲点调研聚焦问题 入户走访倾听民声

“调研+学习”是党支部“调研+”系列活动的重要部分，提出要把调研式学习作为提高调研能力、促进学用一致的重要抓手。主题教育本身是解决实质问题，他们在“实”字上下功夫，注重在调查研究中察实情、求实效，着力推动问题在一线发现、关怀在一线送达、作风在一线体现。

主题教育活动开展以来，副巡视员、党支部书记分别带队深入基层，了解基层开展主题教育及建设情况并指导工作。其他处级领导坚持在深入基层、深入群众中掌握实情，促进学习转化，对分管领域工作情况开展摸底调研。

蹲点调研，在一线查找问题、解决问题。结合委局“蹲点街乡镇、入户社区村”的部署，赴昌平区十三陵镇20个社区、村开展专题调研活动。他们注重提高调查研究针对性，要求以蹲点调研为主，走近群众、了解群众、融入群众，把课堂延伸到基层一线。立足民政职责使命，把密切与群众的血肉联系作为着力点，广泛听取基层干部群众的意见建议，开展蹲点时间累计不少于一个月的调查研究，体现“最有温度、最接地气、回应民众诉求最快”部门的本质要求，重点研究解决“民政为民、民政爱民”方面存在的突出问题。通过座谈讨论、走村入户、实地查看、发放问卷等形式，详细了解科学制定政策方能破解离婚难题、婚姻登记机关规范化和婚姻登记信息化建设有待加强、殡葬市场监管和执法需要强化、殡葬政策宣传力度需加大、散葬坟墓的治理等8个方面的问题。坚持边学边查边改，努力把主题教育的成效转化为联系服务群众的生动实践。不仅如此，还把调研与服务结合起来，要求每名处级干部切实做到联系走访基层和群众，把深入基层、深入群众调研作为政务工作的“代理点”、反映问题的“意见箱”、解决困难的“主阵地”、干群互动的“小舞台”。

着眼解决实际问题，对照初心使命和人民群众新期待，真枪真刀地检视问题、解决问题，对主题教育中发现的问题列出清单，开展专项整治。党员干部表示，将在主题教育中努力做到学思用贯通、知行信统一，用科学理论武装头脑，坚定理想信念，改进工作作风，力戒形式主义、官僚主义，自觉同人民想在一起、干在一起，着力解决群众的操心事、揪心事、烦心事，做到为民发声、为民服务、为民尽责，不断增强人民群众的获得感、幸福感和安全感。

建立台账促进整改　下大真功狠抓落实

该党支部在主题教育活动一开始就本着问题去、对着问题改，即知即改、以学促改，带着问题学习、围绕问题调研、对准问题检视、抓住问题整改，以发现问题、分析问题、解决问题为切入点，对“红事”“白事”等专项社会服务工作，在找差距补齐短板上聚焦发力。

坚持以上率下，对于机构调整改革后人员变动面大、业务技能生疏和工作能力不足等现象，举办由144名京津冀婚姻主管局长、科室负责人和新任登记员参加的业务培训班。为让学习教育活起来，采取视频观摩、座谈讨论、专家辅导、实操技能传授、婚姻登记管理大数据分析等方法，讲述了婚姻登记工作的重要性和必要性，有效地提高了参训人员的业务素质、服务本领和履职水平，进一步增强践行初心、勇担使命的决心。并把学习培训成效纳入婚姻登记员工作绩效考核、单位考核，使婚姻登记工作绩效更加规范化、制度化并增强可操作性，激励大家争做学习教育的排头兵。大家表示，通过培训，增强主题教育的感染力、针对性和实效性，要把学习成果转化为推动三地社会建设、民生保障和婚姻登记工作协调发展的动力，形成资源整合、有机融合、统筹推进工作格局。同时在婚俗改革方面，推进简约适度婚俗礼仪实践，指导北京市婚姻家庭协会在农历七夕节举办以“新时代·馨婚登·心婚礼”为主题的集体婚礼暨婚登颁证主持人大赛活动；指导完成北京婚姻家庭建设协会换届工作，开展和谐家庭课堂、移风易俗宣讲等活动；推广人性化的颁证服务，邀请地方领导、社会贤达、老师学长等颁发结婚证件，鼓励婚姻登记当事人邀请亲朋好友共同见证，用庄严神圣的结婚登记颁证仪式代替大操大办的婚礼仪式；加大婚俗改革和移风易俗宣传，通过网站、婚姻登记智能在线服务系统、微信公众号和报刊电台等广泛宣传婚俗改革和移风易俗的知识和目的意义，编辑《北京市婚姻登记服务指南》并印发到全市街道（乡镇）和社区（村），进一步扩大婚俗改革等知识的宣传范围，提升群众的知晓率和参与度。在殡葬惠民便民领域，探索建立医院殡仪服务联络站，对在医院太平间开展营利性殡仪服务进行联合执法。目前，市民政局和市医管局联合推动在天坛医院新院区建立殡仪服务联络站，由殡仪馆正规车辆直接从医院接运遗体，确保遗体在院停留时间不超过24小时，在医院不开展经营性殡仪服务；针对公墓非法占地、节地生态安葬率偏低、殡葬安全生产风险隐患多等各类问题，开展《北京市殡葬管理条例》和相关配套文件起草的前期调研和论证工作；在前期摸底排查的基础上，加大对各区的督促指导力度，按计划加快部署治理改进工作，特别是加大对温榆河周边区域指导治理的力度，加快推动散坟进公墓、进骨灰堂、进集体安葬点的步伐。

主题教育活动开展以来，该处探索出“调研+学习+服务+解难”的新模式，对收集到的各类建议诉求闻声而动，迅速处理解决，及时答复反馈，并建立联动服务机制，纵上协调对接，横下各区联动，实现对群众服务全方位无死角，用社会事务管理的脚步换取群众的满意赞许，实现了解决率和满意率的双提升，完成了由被动接诉向主动治理的良好转型。

（载于2019年7月31日《中国社会报》、2019年7月19日《北京社区报》等）

鉴保江：转战下马岭的“扶贫书记”

“咱们下马岭里砌石墙，多亏扶贫书记鉴保江”，这是北京市门头沟区雁翅镇下马岭村村民们给驻村第一书记鉴保江常说的段子。

2019年4月，北京市委社会工委市民政局处级军转干部鉴保江主动报名，成了下马岭村扶贫第一书记。一年多来，这位经历过部队淬炼的转业干部本着多做实事的为民初心，始终没有停下走街串户的脚步，跟村民聊家常谈未来，凭着一股韧劲，东奔西走、穿梭在田间地头，搞推销、拉资助、跑项目，带着群众走上脱贫致富之路。

助力苹果销售　提升群众获得感

鉴保江到下马岭村任职后，又开始了一天的忙碌，入户详细了解村情民情，访遍村里的老干部、老党员。为搞调研他开车跑了5万多千米，因山路崎岖，更换了4条轮胎，磨坏了3双运动鞋，吃了3箱方便面。

经过调研，这里是一个集“高、边、远、穷、少”为一体的低收入村、空心村，403名村民中超过三分之一都是低收入群体，且老年人多、残疾人多。过去，苦于找不到新的生产门路，有劲没处使，靠天吃饭是他们无奈的选择，发展之困笼罩着整个村庄。

入村之初，最大的障碍是村民文化水平不高，对干事创业缺乏信心和热情。鉴保江以加强班子的凝聚力和向心力为突破口，通过抓班子带队伍，充分发挥党员先锋模范作用和党支部战斗堡垒作用，以敢闯敢试的劲头，决心帮下马岭村脱贫增收。“有事找村干部、办事不出村”成为群众的共识。

下马岭村地处永定河畔，充足的水源，再加上山区温差大、光照充足的优势，让林果业成为村中的支柱产业之一。该村种植的苹果是北京市农委新近研究出的矮化密植红富士，且只用农家肥，是地道的绿色食品。健康无公害又爽口多汁的苹果成熟了，该如何销售出去呢？对于村民来说，这是一道难题。了解此情后，鉴保江立即表示：“我们不能局限于在地边路边摆摊等传统的销售模式，有时蹲上一天也卖不出几十元钱，要‘走出去’，让更多的人知道我们的苹果！”

说干就干。十几次的调研，一待就是几天；数十个电话，一打就是1小时开外。联系帮扶企业、走进农贸市场和果蔬批发市场等，进行自我推销。然而，相比来自山东、陕西的苹果来说，产自北京的苹果并没有价格优势。再加上2019年整个苹果种植行业都十分低迷，重经济效益的商户不愿以高价收购。

有过军旅生涯的历练，性格不服输的鉴保江即使屡遭拒绝，仍然开车带着苹果不厌其烦地四处奔波，仅2019年一个销售季，就驾车跑了3万多千米……

付出终于换来了回报。通过昔日的战友，他联系到一个要为职工采购节日福利的公司，在试着采购了几百箱苹果得到了该公司职工们的认可后一举打开了销路。一年间，村集体的苹果销售额近30万元，比2018年增长了400%。与此同时，村民个人的苹果销量也得到提升，比2018年增长了50%。惊喜的村民激动地说："要不是鉴书记帮我们打开了市场，村里的苹果怎么能卖上这么好的价？他真是个好书记！"

发展乡村民宿　创出致富产业

"脱低摘帽"不是终点，而是新生活新奋斗的起点。作为第一书记，鉴保江深知责任重大，就是要为下马岭村谋发展找出路。青壮年劳力都在外打工，留守的都是老弱病残，光有苹果种植不行，还要找有工出、有钱拿的落点去干。这是他常思考的问题。

"发展乡村民宿符合门头沟区功能定位，是推动美丽乡村建设的重要抓手。"鉴保江直言。依据下马岭村特有的资源优势和区位优势，他联系区文旅局、专业民宿运营团队，打算为有意愿的村民量身创办高端民宿项目。疫情期间直接找到老村支书杜成山，建议他发展民宿。经过多次劝说，老村支书点头同意，成为该村第一个"吃螃蟹"的人。

夜幕降临，鉴保江抬头望见繁星挂满了整个天空，这般景色看上去十分迷人！翌日，他联系民宿运营团队，提议一定要设计个可以看星星的屋子。他们深度挖掘下马岭村故事、京西古道文化，并以鬏山战役、老十团战斗为抓手，凝聚力量打造红色雁翅。

自打吃了一次村原主任杜兴启爱人做的手擀面，鉴保江的帮扶智慧又被点亮了。“嫂子手艺好，又经营过饭店，房子紧邻109国道，路过的全是摩托车手，开个农家小馆，以面和明清美食为特色，肯定比土里刨食挣得多。资金方面，村里给您点补助！”就这样，杜兴启家的农家小馆开了起来，生意红火。

为了支持村民发家致富，鉴保江还向大家承诺：“只要有好的项目，钱我来想办法。”

在鉴保江的引导鼓励下，下马岭村充分利用盘活闲置农宅，结合村里的山水景色，发展精品民宿，打造精品旅游路线，吸引城里游客来此度假。目前有8个项目已经签约，5家精品民宿正在施工，3家风情民宿也将开业。

鉴保江还为村里产业发展作出两年全面规划，让农民分享产业增值收益，守护好这片绿水青山，让城里人花钱认领苹果树，村民负责种植养护，实现良性循环。根据认领情况送吃住，同时修复京西古道，打造吃喝玩乐一体化的多功能园区，真正把区域链盘活，为农民增收提供坚实支撑。这一桩桩、一件件的实事，让村民觉得越来越有奔头，脱贫致富的步子迈得越来越坚定。经过一年多的扎实努力，在他的带领下，下马岭村有贫困户57户、123人脱了贫致了富。

争取政策支持　为民谋取福利

在帮助村民脱贫的同时，鉴保江充分发挥自己常年从事民政工作的优势，积极争取民政部门各种政策支持，推动各项工作取得新进展，为村民谋取福利。

得知北京市社会组织管理中心出台了《关于社会组织参与精准脱贫工作指导意见》后，鉴保江敏锐地察觉到这是一个切入点，向相关领导提出引入社会组织建立专项扶贫基金的想法。他联系了3家社会组织与村里签订为期两年的帮扶捐赠协议。下马岭村利用社会组织帮扶捐赠的资金，迅速建起了以养老驿站、温馨家园为主的村级福利中心，村里的老人再也不用为养老问题发愁了。

驻村以来，鉴保江多方筹集资金，共为村里争取发展资金125万元，组织各类慰问活动5次，为困难家庭发放各种慰问金、慰问品17万余元，为村里5名在校贫困生每人发放补助金5000元；为130名低收入农户送去了羽绒服；为15户低收入家庭进行危房改造……这些实事、好事都办到了村民们的心坎上，村民的口袋里有了钱，生活质量和幸福指数得到提升。

“自从鉴书记来了后，我们的生活越来越有起色。如今，村里上自80岁老人，下至上学孩子都有相应的福利，我们打心眼里高兴！”村民们对鉴书记的做法纷纷竖起了大拇指。

实实在在的变化让村干部和村民感受到，这位最棒的书记有致富金点子、创业办法多，能带领大家干成事。鉴保江以实际行动投身脱贫攻坚中，让村里的老百姓有劲头更有奔头，被评为“北京市优秀第一书记”。

“只有全心融入群众，说的话才有人听、做的事才有人认。脱贫攻坚这场仗还没打完，我还要继续坚守，将甩开膀子再大干一场，再硬的骨头也要啃！”鉴保江说。

（载于2020年8月20日《中国社会报》并荣获新时代人民群众心目中“最可爱的人”征文一等奖，载于2020年8月14日《农民日报》、2020年7月30日《公益时报》、2020年7月31日《中国社区报》等媒体头题，荣登“学习强国”全国平台）

在探索实践中锻铸大民政人才群体

——北京市民政局实施人才培养系列工程助力事业发展

新时代呼唤民政民生事业大发展。事业发展，人才为先。北京市民政局党委在科学谋划大民政创新发展工作时，着眼首都大民政建设人才不足的“瓶颈”问题，出台《关于加强首都民政系统党的建设带动队伍建设的实施意见》（以下简称《意见》），采取聚合培养、拓宽渠道、优化环境等改革措施，抓好人才引进、培养和使用工作，拉开了“十二五”开局之年锻造大民政人才群体的序幕，受到北京市委领导的充分肯定。

统一认识　聚合培养力量

创新发展大民政时代，呼唤高素质大民政人才。北京市民政局党委下发的《意见》，明确提出要突出抓好复合型民政人才、智囊型参谋人才、专家型科技人才、骨干型创新人才的培养，造就数量充足、结构合理、素质优良的大民政人才群体。并对全局人才培养工作进行总体规划，对人才培养的方式方法进行系统规范。《意见》犹如一石击水，在全系统荡起层层涟漪。

思想观念为之一新。各级联系本单位人才队伍建设的实际，结合学习胡锦涛总书记在“七一”重要讲话精神，按照《意见》要求，统一思想，统一行动。北京市社会事务管理中心党委提出要把人才培养作为大民政建设的第一要务来抓；北京市社团办党委“一班人”明确了培养大民政人才和专家型登记人才的具体目标；北京市军休办党委确立了“按打仗要求用干部、配班子”的思想观念。各级党委的“校长”意识、机关的育才意识、干群的成才意识明显增强。

工作思路更加清晰。各单位在充分论证的基础上，围绕推进首都大民政建设需要高素质人才这个重点，制订了贯彻落实《意见》的计划。绝大多数单位结合实际，拿出了各种类型人才培养的具体措施。上上下下都注重抓人才队伍建设这个主要矛盾，用人才建设来推动其他各项建设。

领导力度明显加大。抓落实重在主官抓。北京市民政局成立了党委正副书记任组长、机关有关部门负责人参加的人才培养领导小组，形成了上下联动、齐抓共管的生动局面。全局还注重精打细算，拿出经费近千万元用于联合办学、依托培养、短期培训等，比往年增加50%。

内外结合　拓宽培养渠道

未来的民生保障怎样做，现在的大民政人才就要怎么培养。为此，各级着力构建紧贴民生保障、社会服务、社会管理和本职工作的培训体系，多层次、多渠道、立体化的高层次人才队伍集群式发展格局初步形成。

建立健全能力培训机制。建设服务型民政，关键是大民政队伍的行政能力。采取“请进来、走出去”的办法，聚集各方智慧，帮助创新大民政的发展模式和方式方法，破解大民政建设的观念和实践问题。破除“优不送学”“本位主义”等思想障碍，舍得把有发展潜力的优秀年轻干部送到高等院校“回炉淬火”。局党委打破单一的培训模式，利用举办座谈会、研讨会、民政与民生论坛，邀请中国社科院、中国人民大学等单位的专家、学者，讲授民政事业、社会建设的前沿理论以及国内外先进经验，共同探讨首都大民政建设的难点和重点问题。选拔优秀人才到院校深造，赴国内外学习考察，学习借鉴外部的经验，取长补短，开阔视野。

依托国民教育育才。借助社会力量，是培养大民政人才的良好途径。该局瞄准名牌和重点高校，落实高层次人才强国计划，“八仙过海，各显其能”，积极走活培训“这盘棋”。一是深化政府与高校的合作，在全市民政系统实施“千名硕士研究生人才计划”。借助首都丰富的高等教育资源，通过与北京航空航天大学、北京广播电视大学三方合作办学方式，开设“北航软件学院硕士学位班”，首批227名学员已经入学，为本市民政系统培养政务管理、民政管理、公共管理与信息化技术相结合的高端复合型人才。二是开展集中教育培训，不断提升大民政干部队伍综合素质。截至2012年11月，共举办各类培训38期次，培训近5000人次。三是探索实施全员培训学习计划。依托北京市民政干部管理学院及其他高等院校，有计划、分层次地对现有工作人员开展全员培训，着力改变大民政工作队伍的知识结构、文化结构，提高队伍的整体素质，进而提升民政服务水平。

搞好在职学习培训。本职岗位是成才的最佳舞台之一。一是充分发挥民政教育管理学院的教育基地作用，对在职干部职工进行内容丰富、形式多样的政治文化和技能培训，不断丰富培训内容，完善培训方法，开辟多种渠道，全面提高民政干部队伍素质。二是北京市民政局党委与江西省吉安市人民政府签署《共同推进民政事业发展合作协议》，计划从2011年至2015年，分9批选派200名处、科级干部到吉安市乡镇挂职锻炼。首批21名挂职干部已到吉安市的街道乡镇，投入当地经济社会建设和发展中。三是加大双向挂职交流力度，选派13名优秀中青年干部到北京街道、乡镇和政法单位基层一线交叉挂职锻炼。不少基层单位叫响“学习在工作中，成才在岗位上”的口号，广泛开展岗位练兵、比才竞能活动，促进了干群能力素质的提高。通过培训，民政干部职工队伍素质明显提高，积极性空前高涨，主人翁和团队意识明显增强，大局观念、纪律观念也明显增强，形成了心齐、气顺、风正、劲足的良好干事创业氛围，首都大民政工作建设发展的航船破浪前行。

锐意创新　优化育才环境

良好的环境是促进人才快速成长的催化剂。北京市民政局各级以“铺路搭桥”为己任，大力营造有利于人才成长的良好环境，为人才插上腾飞的翅膀。

改革干部选拔任用制度。为扩大选人用人视野，建立了能上能下、能进能出、竞争择优、充满活力的用人制度；在选用人才中，坚持德才兼备、以德为先的用人标准，把好干部推荐提名、组织考察、讨论决定、公示和试用“五个关口”，确保“想干事、会干事、干成事”的干部都能够及时被选拔上来。配干事的班子、用想干事的干部成为共识，不搞厚此薄彼、迁就照顾，扭转了“自己提升找关系、别人提升查背景”的不良风气。仅两年间，讨论决定任用科级以上干部231人次，大力推进领导干部跨部门、跨系统、跨行业交流，60名处级干部实现了交流任职，激发大民政人才队伍的生机与活力，营造了风清气正的用人环境，提高了选人用人公信度，为选贤任能和干部健康成长提供了有力的人才保障。

优化人才配置机制。在行政编制仍然偏紧的情况下，争取增加适应民政工作需要的机关和事业编制岗位。在此基础上，对局机关和事业单位的人员实行统一调配，不拘一格地使用现有干部，并向重要岗位、繁重工作岗位倾斜。同时做到合理配置人力资源，尽可能地满足岗位需求，并突出重点、均衡布局，搭建好民政工作的平台，从而实现岗位设置到位、人员利用到位、队伍建设到位、职能发挥到位的目标。

强化竞争激励机制。各级在探索完善竞争激励机制上好戏连台。全面落实绩效工资，所辖福利企业低收入职工工资很快实现翻一番，并向关键岗位业务骨干和作出突出贡献的人员倾斜。同时，向社会上公开选拔、内部竞争上岗、选拔任用提名、差额考察、民主测评、任前公示和任期考评等制度先后出台，扩大选人用人视野，提高选人用人工作的公信力。真正实现“能者上、平者让、庸者下”的用人制度。

建立绩效考核机制。按照制定的岗位目标责任制，建立健全绩效考核办法，坚持对局系统进行绩效考核，并根据年度工作的要求和变化，动态调整考核标准，促使绩效考核的客观公正。坚持经常性检查、随机抽查与年度考核相结合，以考核为手段，将综合考评结果与工作实绩挂钩，促进大民政工作的落实力度。通过考核，营造比工作能力、比服务能力、比工作作风、比工作创新、比社会形象的良好氛围，提高大民政队伍更好地服务大民生的能力。

注重岗位实践锻炼。该局注重发挥岗位“大课堂”的作用，在实行岗位互换、挂职锻炼和交叉任职中磨砺人才。围绕培养党政兼通、技能合一的复合型民政人才目标，根据个人素质特点，组织有发展潜力的干部在局系统中横向交流，让机关干部、基层干部双向挂职任职，使其熟悉民政工作的方方面面，使整体素质能力和队伍结构有一个大的改观，推动人才队伍由经验型、管理型向知识型、执法型转变。一些技术含量高、人才密集的单位建立了“导师帮带”等制度，明确了帮带责任和目标。同时利用抢险救灾等时机，注重让年轻优秀干部打头阵、挑大梁，通过完成急难险重任务来摔打磨炼。

（载于2012年1月9日《中国社会报》头版头条）

党建带工建促进创先争优

——北京市民政局充分发挥各级工会组织作用的有效做法

在创先争优活动中，市民政局工会组织以“党建带领工建，工建服务党建”为纽带，以“为实现科学发展创先进，为民政职工服务争先锋”为主题，紧紧围绕局党委提出的“大民政”理念等一系列重大决策部署，充分发挥工会作为群众组织的独特优势，最大限度地把广大职工群众紧密团结在党的周围，形成了工会组织与党的组织互相联动的局面。

在服务经济社会发展中创先争优。围绕经济结构调整，组织广大职工党员坚持开展以“创建学习型工会，争做知识型职工”、职业道德“双十佳”评选表彰、“工人先锋号”、技术比武、节能减排、技能大赛等为载体的思想道德建设和职业技能素质提升活动，加强企业安全生产工作，争当安全生产的模范，把安全事故降到最低程度；带领基层工会在组织职工开展劳动竞赛、合理化建议、经济技术创新和管理制度创新等活动中发挥积极作用，教育引导广大职工党员立足本职、爱岗敬业、不断进取、甘于奉献，使其在经济文化建设中的主力军作用得到充分发挥。

在服务职工群众中创先争优。组织职工积极为奥运会、残奥会和中华人民共和国成立60周年庆典营造浓厚氛围，开展“携手同行，分享梦想”“歌唱新中国，唱响大民政”“红歌”演唱会、“忠诚颂”演唱会等活动。继承革命传统、弘扬民政文化，共有上万名职工参与此项活动，在社会上产生了很大影响，广大职工受到了生动的爱党、爱祖国和爱人民教育。引导职工服务保障北京奥运会和国庆60周年，品尝文化盛宴，共享城市美好生活。北京残奥会期间，市总工会给予该局多场次千余名职工啦啦队观赛任务，还组织千余名残疾人观看比赛，受到职工的普遍欢迎。构建和谐稳定的劳动关系，维护职工合法权益，开展创建劳动关系和谐企业活动，推进企事业集体劳动合同的签订；加强困难职工服务（帮扶）中心规范化建设，完善帮扶机制、拓展帮扶范围、加大帮扶力度，开展“夏送清凉”“大宝助学”“两节送温暖”活动等。这些措施，从一定程度上来讲，保护了困难和残疾职工的合法权益，为政府解忧、为残疾职工解难，密切了干群关系。

在维护首都稳定中创先争优。该局连续15年坚持每年深入困难职工家中送温暖、询困难、解忧愁，开展贴心人服务队和结对子工作。常年坚持开展扶盲助哑、帮残敬老义务服务活动，帮助残疾人和困难职工修缮房屋、拆洗被褥、修理电器、购买粮菜等，做困难职工的贴心人。将困难职工慰问金由300元提高到500元，激发了困难职工的爱国热情。在市总工会的关心支持下，筹建了服务困难职工帮扶中心，并与市捐赠中心物资库对接，与爱心家园对接，可以吸纳更多的资金和物资帮助特困职工解决燃眉之急。三年来，共慰问困难职工1875人次，帮扶特困职工482人次、残疾职工子女1979人次、困难劳模146人次、大病致困职工39人次。为确保各项民生工程顺利实施，局工会建立了企事业单位贫困家庭子女就学救助制度，仅2012年就为560名残疾困难职工子女发放了“德福缘”助学金，为在校学习职工子女解决上学难问题。制定了《困难职工子女就学救助实施意见》，明确了救助对象、救助程序、资金来源、救助标准，确保就学工作稳步实施。对考入大、中专院校的困难家庭的学生，每人每年发放资助费2000元。在北京市三鹿厂的支持下，设立了大宝助学金，对全局困难残疾职工子女就学进行帮扶，有效地解除了困难职工的生活难题，稳定住了改革大潮中的困难职工队伍，维护了首都民政事业改革发展的大局。

在构建和谐劳动关系中创先争优。各级工会积极推进《集体合同示范文本》试行工作。合同到期的单位以此为基础，结合本单位情况制定了规范的集体合同，有效地保护职工和企业的利益，形成了多层面、全方位维护职工合法权益的新格局。目前，局属直管企业90%签订了集体合同，临时工签合同率达80%以上。职代会、厂务公开等企业民主管理制度的作用将进一步显现出来，以履行民主权利来保障经济利益的实现。不断推进厂（事）务公开和职代会制度，全局国有企事业单位普遍建立了以职代会为主的厂务公开民主管理制度，改制企业职代会建制率达到95%以上，建立了以职代会为载体的厂（事）务公开制度，职工民主管理工作不断深化，参政议政水平显著提升，有力地推动了基层民主政治建设。各单位加强了临时工入会工作，入会率已达95%。先把工会建立起来，依托工会组织开展党的工作，扩大党的影响力。目前，全局共建立了80个基层工会组织，覆盖各行各业。

在推进职工之家建设中创先争优。各级工会把建设职工之家作为考核工会作用发挥情况的重要指标，推进工会基层组织围绕工作任务和自身建设开展创先争优活动。各级党委专题研究工会工作，把工会工作纳入党委工作日程，同部署、同检查、同考核；行政积极支持工会组织职工参与民主管理，落实平等协商、集体合同制度，从而在行政和职工之间架起沟通的桥梁；工会主动与各部门配合，形成各部门积极配合创建职工之家活动，添置必要的桌椅、图书，配备电视、购置各类活动器材等，做到组织机构健全、阵地完备、制度规范、活动经常，提高了会员的建家意识。全局工会将进一步扩大覆盖面，最大限度地把广大职工组织到工会中来，不断提高单位建会率和职工入会率，发挥党组织对工会、党员和职工的引领和带动作用，做到党建与工建同步研究部署、同步检查考评、同步表彰奖励。切实推进会员评议职工之家制度，力争通过两三年的努力，使全局80%的工会成为合格先进职工之家，20%的工会成为模范职工之家。

在发挥阵地作用中创先争优。在已有“职工之家”活动室的基础上，建立党总支或支部园地，购置党员学习资料，把“职工书屋”与“党员书屋”进行整合，在百人以上的企事业建立党员活动阵地和“职工之家”；在规模较小的企事业建立一室多用的学习、娱乐阵地。2012年初，市社会团体管理办公室争取政府部门支持和社会资源，共投入资金30多万元，建立了400平方米的职工和党员活动阵地，受到大家的赞赏。全局各级工会积极利用好“职工之家”这块活动阵地，采用厂务公开、职工代表大会等形式，向广大职工宣传贯彻大政方针，极大地促进了党的基层组织建设，充分发挥了党组织的战斗堡垒作用和工会组织的桥梁纽带作用，促进了民政民生事业和经济社会全面协调发展。

通过深入开展党群共建创先争优活动，各级工会组织牢固树立党建、工建“一盘棋”思想，深入推进“党工共建”，进一步提高工会工作科学化水平。积极探索新形势下党的群众工作规律，找到基层党组织与工会开展工作的有效结合点，促进“党建带动工建”“工建服务党建”的良性互动，切实发挥了工会组织的桥梁纽带作用，为全力推动首都民政事业又好又快发展及其社会和谐进步，作出工会组织应有的贡献。

（载于2010年12月22日《北京政法信息》队伍建设专刊、2012年4月15日前线网并在北京市委创先争优理论征文活动中荣获二等奖）

让法治民政普惠民生

——北京市民政局三项举措扎实推进法治民政建设

近年来，北京市民政系统致力于构建大民生格局、全面深化民政改革，带来了民政工作理念和模式的创新，普惠于民，效果明显。随着经济的发展，民生需求和社会问题将更加复杂多样，用法治思维和法治方式解决群众基本生活、养老、医疗对民生问题的需要也越来越迫切，这就要求我们在做好“大民生”工作的同时集结在民政法治建设大旗下，致力于规范依法作为，追求文明进步，引领法治风气，让法治成为前行的灯塔，更好地发挥民政在构建和谐社会中的重要基础作用，为“保发展、保稳定、保民生”提供有力的法律支撑和法治保障。

民政改革必须树立法治思维

民政工作的政策性、法规性，贯穿于民政工作的全过程。民政干部必须运用法治思维、法治方式、制度手段，化解矛盾推动工作。因为只有法治护航，民政才能树立权威，赢得百姓的信任。从而，为构建大民生格局、全面深化民政改革营造良好的法治环境。

所谓法治思维，就是法有授权必须为，法无授权不可为。不能不作为，更不能乱作为。伴随着民政工作的改革与发展，民政部门这些年加强了社会组织登记管理、社会救助、养老服务、慈善事业发展、地名管理、社会工作、境外烈士纪念设施保护管理等10多项职能工作，增强了民政工作在党和政府工作大局中的作用。先后建立了老龄事业、救灾救济、优抚安置、双拥工作、流浪乞讨人员救助管理、社会救助、社区建设等综合协调机制和基层“一门受理、协同办理”、家庭收入财产核对、婚姻登记联网核对、优抚对象数据核对、发放个人资金社会化等管理运行机制，重点推进了民生类立法项目，发挥法治的服务保障功能，提高了民政工作的效能和质量，凸显在社会服务中的支撑作用。

民政事业费用逐年增加，每年还有数千万人次的志愿服务、数百亿元的资金捐款，等等。北京市民政局积极争取市委、市政府的支持，在重点保障特殊对象基础上，每年拿出近400亿元对民生领域进行财政投入，一大批群众切身利益项目列入折子工程，民政民生福利向适度普惠加快发展，有力地壮大了民政工作资源和能量。要做好这些工作必须树立法治思维，充分发挥领导干部带头学法守法用法的示范作用，树立依法勇气、依法行政的意识，用法治思维和理念去思考问题、解决问题，即使在法律不完善的地方，也要用法律的方法和原则解决问题。依法引导公民有序参与，进一步强化基层民主自治，加快民政立法创制步伐。完善国家工作人员学法用法制度，把宪法法律列入党委中心组学习内容，列为党校、行政学院必修课，发放普法宣传资料与书籍，从法律角度为他们深度解读身边的事。

一个阶段以来，市民政局党委“一班人”坚持开会前抽出一小时学习宪法，倡导学法、懂法、用法、会前学法，吃透宪法条文，努力形成崇尚宪法、遵守宪法、维护宪法权威的良好氛围。为形成长效机制，市民政局领导强调：在提高会前学法的质量上下功夫，特别是结合领导班子担负管理工作、决策任务的特点，在讲清法律法规内容、特点的基础上，要把法律法规制定出台的背景、意义讲清楚；在推进会前学法与民政工作紧密结合上用气力，法治建设是民政工作的短板，民政领域立法数量少、法律出台时间长、内容相对陈旧落后，为此，要紧密结合民政领域新出台的法律法规、规章制度、标准文件进行讲解；在推进会前学法与决策重点工作的结合上花时间，要结合重点事项，有针对性地安排会前学法内容，做好学法内容与决策事项的有效衔接，提高学法的实效性；在扩大学法的范围上做文章，正式出台的、正在修订的、正在起草的，凡是与民政法治化、标准化、规范化建设相关的内容，都应纳入学法范围。参加学法的人员拓展到所涉及的处室，促进会前学法成效最大化。同时，还建立了领导干部法律培训、法治讲座、集体学法等办法，提升其学法、用法的自觉性和主动性，实现学法的规范化、常态化。树立法治意识，做到依法办事、依法行政，运用法治思维和法治方式推进民政改革创新发展。可以说，推进改革发展的过程，就是根植法治理念、确立法治方式的过程，就是将改革创新成果及时转化为制度规范的过程，就是运用法治方式引领和推动民政事业发展的过程。让所有的民政干部都成为遵守法律、执行法律的模范，让法治在民政这块土壤上开出最绚烂美丽之花。心中要高悬法律明镜，真正把法治信仰根植于灵魂深处，把法制观念转化为行动准则。要用法治思维统领各项工作，要让依法办事成为民政的新常态，要用法治精神焕发民政的新活力新风采。

民政改革需要法治作保障

做好民政改革工作，难免打破现有格局和体制机制，突破有关法律规定。无论怎样改革，也离不开法治思维，也必须在法治框架下有序进行，把法治思维、法治方式自觉运用于改革的各领域、全过程，发挥法治的引领、规范、推动和保障作用，确保全面深化民政改革沿着法治轨道节节推进，为民政法治建设提供前进之力。

要注重群众监督。把群众普遍关心的热点问题和“人、财、物”等作为政务公开的重点，特别是涉及重大民生的项目、与人民群众利益息息相关的事项，必须做到政策公开、管理公开、服务公开、结果公开，让权力在阳光下运行。要精简审批程序，压缩办事周期，能合并的合并，能简化的简化，不死搬教条，不人为制造障碍。既要突破旧气象，再创新格局，又要在新常态下循规律而进，依法治而行。把民政执法权力法定化，厘清“权力清单”，界定“权力边界”，防止随心所欲、为所欲为。按法律而不是按惯例、按规矩而非凭个人意志干事。要切实加强法治建设，领导干部应率先树立对法律的敬畏意识，严格遵守法律，加强法治保障。一切工作都要于法有据，立规执纪，都要在法律上站得住脚。

一方面，遇到问题要找法规。不能跟着感觉走、凭着经验办，更不能以言代法、以权压法。自觉养成从法律角度思考问题，善用法治方式解决问题，防止矛盾转化、激化。另一方面，解决问题要依法规。把遵纪守法、依法办事作为履职尽责、安身立命的基本要求，绝不能恃权而骄，置身于法律之外。在作决策、上项目以及出台有关规范性文件时，时刻提醒自己必须依法遵规。在广泛征求意见，由法制部门进行合法性审查，并经集体研究讨论后方能通过，绝不能随意拍板定案，切实把好决策关口。坚持向法律要办法，要效果，依法说话、用法育人，用法治的力量确保政策、决策得到贯彻落实。同时，还要充分研究有关法律制度，既要研究直接相关的、规范调整民政工作的法律制度，也要研究与问题相关的所有法律制度，综合运用法律制度的相关规定，正确地处理和解决问题。再则，创新发展要立法规。健全科学民主的行政决策机制，主动扩大决策参与，凡是涉及群众切身利益的重要方案、重大事项和重大制度等，要广泛征求群众意见，使民意民愿充分体现在各项民政工作决策之中。对群众关注的慈善捐款、接受捐赠、福利彩票公益金和医疗救助金及其救灾款物的管理使用，全部网上公开，让民政救助、补助的标准、工作程序和资金管理、物资发放等工作更加透明化。对于现行法律制度没有规定的问题，要充分发挥法律制度规范行为、引领工作的作用。做好立法工作，及时完善和修改相关法律法规，切实增强针对性、实效性和系统性，使改革与法治相得益彰、改革决策与立法决策协调同步，更好地充实民政改革的法治内涵。只要牢树宪法法律至上、权由法定、权依法使的法制观念，养成办事依法、遇事找法、解决问题用法、化解矛盾靠法的法治美德，首都民政事业就一定能健康发展、永葆生机。

依法全面履行法治民政职能

依法办事成为政府职能部门普遍共同的要求。只有在法治思维下寻找改革和发展的突破口，在法治的轨道上建立和完善各项制度，民政的体制机制建设才会更加完备和现代化，民政工作才会更加规范和高效，才能不断焕发勃勃生机、释放激情活力。

民政部门单位多、人员众、摊子大，投入民政的资金量逐年增加，风险点不少，管理难度高。法治民政建设的核心是依法维护困难群体的合法权益。事实上，近些年市民政局一直围绕法治民政做文章，动员部署建立权力清单制度。着眼解决民生、落实民权、维护民利这“三个重点”，强化对民政项目资金规范化管理和干部教育管理，用制度手段管钱、管物、管项目；健全民政内部审计制度，确保专项资金专款专用、有效使用。积极推动政务公开，先后对所属N类多项政务信息和业务事项、办理程序全部上网公开，依法履行兜底职能。深入开展“人情保”“错保”“群体保”专项整治，规范救助程序和标准，全面实施社会救助精细化管理，推进农村低保“按标施保”；完善流浪乞讨人员救助制度和慈善救助制度；建立健全农村党组织领导下的村民自治机制，规范村务公开、民主管理，发挥市民公约、乡规民约、行业规章以及社团章程在社会治理中的积极作用，以这些规则体系支撑和完善基层群众自治格局，激发社会活力，增强社会合力。规范婚姻登记服务，加强婚姻登记机关标准化建设。严格收养条件和程序，推行生态殡葬，文明低碳祭扫，为群众办事提供最大便利。

对于以上项目，要把法治民政建设融入社会依法治理中，把依法管理和服务社会转变为向全民普法的过程，必须给纪律通上“高压电”，营造遵纪守法、捍卫法治、厉行法治的良好氛围。推进改革离不开科学决策，市民政局制定出台的《关于全面建设法治民政的意见》，对全市“十三五”法治民政建设进行科学规划，特别是详细绘制了健全法规政策体系且目标清晰的时间表、任务明确的路线图，对法治民政建设进行了整体规划，力求加快形成完备的民政法律制度体系，规范引领首都民政事业健康发展，昭示着民政将会迎来一场更加全面、更加深入的法治化进程。健全重大决策合法性审查机制，把公众参与、专家论证、风险评估、合法性审查、集体讨论决定确定为重大决策法定程序。未经合法性审查或经审查不合法的重大决策，不得提交决策会议研究，避免产生决策失误，改进和加强行政执法管理机制，按照规范公正文明执法要求，规范执法主体，界定执法权限，整合现有的执法资源。要进一步完善行政执法程序，规范工作流程，重点规范行政许可、行政处罚、行政强制、行政检查等执法行为。大力开展专项依法治理活动，改进执法方式，规范执法行为，严格落实执法责任制，对违法者要依法追究责任。要认真履行法定民政职责，推进依法治理、源头治理，防止和杜绝法外设权乱作为，不得以备案、认可、评定等名义巧立名目法外设权，不得随意增加程序，强化对重点、热点、难点问题的解决。没有法律法规依据不得作出减损公民、法人和其他组织合法权益或者增加其义务的决定。逐步建立权力清单制度，明确职责边界，规范权力运行，深化行政审批制度改革，强化行政主体责任，消除权力设租寻租空间，不作为、乱作为、慢作为，导致权力越位、错位、缺位，有的与不法商人形成“官商朋友圈”，有的在顶风违纪等，防止权力行使的异化和滥用，确保依照法定权限和程序全面履行职责，保持和增强问题导向的自觉，保证首都民政各项工作依法推进。

要正确处理好改革与法治的关系，坚持以改革促进发展，在法治下推进改革，在改革中完善法治，使深化改革与法治建设并驾齐驱，相辅相成。统筹抓好科学立法、严格执法、公正司法、全民守法，改革思想、改革精神也渗透到法治进步的各个领域。对于各级干部，少些“权力大于法”的膨胀，多些“守法为常”的慎重，善用法治思维和方式做好各项民政工作，才能塑造政治生活的全新生态；健全社会公平正义的制度保障，提升全民遵法守法用法意识，推动北京法治民政建设蓄势扬帆、奋勇向前。做到重大改革于法有据、立法主动适应改革和经济社会发展需要，奋力推进“四个全面”战略布局在首都法治民政的生动实践，在改革与法治的良性互动中激发全面建成小康社会的强大力量，发挥好法治保障与规范、引领与推动的作用，如此才能让民政改革航船更有章法、行得更稳、走得更远。以“三严三实”的要求抓落实，自觉将其内化于心、外化于行，融入党性修养的全过程，始终做到严以修身、严以用权、严于律己，谋事要实、创业要实、做人要实。

（载于2016年2月19日《北京社区报》，同年收入《新时期民政发展研究与探索》一书）

咱们工人有力量

——北京民政培育新型的首都民政劳动者工作纪实

北京市民政局工会组织以党政所谋、职工所需和效率创新为宗旨，引导广大民政职工树立辛勤劳动、诚实劳动、创造性劳动的理念，让劳动最光荣、劳动最崇高、劳动最伟大、劳动最美丽蔚然成风。令民政职工通过劳动和创造播种希望、收获果实，也通过劳动和创造磨炼意志、提高自己。五一前夕，荣膺2017年“首都劳动奖状”。这一殊荣，是市总工会和市人社局授予单位的最高荣誉。

勠力夯实工作之基　扎实推进自身建设

围绕“两个普遍”、“双亮”工程和困难职工帮扶管理档案建设等重点工作，将民主管理、技术创新、帮扶救助等工作进行记录归纳，加强日常管理，提升工作效能。

培育新型的劳动者队伍。培养各类管理能手和技术标兵，鼓励广大职工和各方专业技术人员在竞赛中当先锋，培养管理水平高、业务能力强、技术素质精的新型劳动者队伍。开展典型引路，用身边劳动模范和先进工作者的事迹鼓舞人、教育人、引导人，将涌现出的典型事迹整理成发言稿在会议上进行宣讲，以先进典型激励和带动广大职工，收到了激发潜力、昂扬斗志的良好效果。通过培养推荐，北京市八宝山殡仪馆获“首都劳动奖状”；北京市儿童福利院特殊教育中心和北京市大宝日用化学制品厂1车间2班分别获北京市“工人先锋号”称号；北京市八宝山殡仪馆火化室张磊和市第二社会福利院程静分别获“首都劳动奖章”；刘卫和刘再军分别获市“劳动模范”荣誉称号……这些始终是工人阶级中闪光的群体，他们卓越的劳动创造、忘我的拼搏奉献，谱写了一曲曲可歌可泣的动人颂歌。

指导完善工作制度。按照工会法和工会章程督促协助基层工会做好换届工作，按期换届选举的单位达80%。加强临时工入会工作，入会率达到90%，并按要求召开职代会和工会委员会，巩固工会会员参与管理工会事务工作，为开展工会工作奠定基础。工会经费收缴、管理和使用坚持按制度办事，在会费收缴力度不断加大的同时做好审计工作，使有限经费发挥更大的作用。

加强职工之家建设。把职工之家建设列入两个文明建设的重点工程，党政工齐抓共建。围绕履行职能，为职工和基层服务，狠抓企事业工会组建，企业建会率、职工入会率迅速攀升。在建好“大家”的同时，把重点放在车间、班组的职工小家建设上，以“建小家促大家”，从而达到促进企事业发展的根本目的。以车间、班组的小家建设为着眼点，不断丰富“小家”建设内涵，配备办公桌椅、电脑，增添图书等设施。为建好职工之家提好建议、想金点子，积极参与、支持并融入集体活动中，感受集体的力量，营造“职工之家职工建”的氛围。在局机关建联合职工之家，使用面积近5000平方米，包括网球馆、健身房、台球室、乒乓球室、舞蹈室、休闲室、棋牌室、图书室、理发室等，集学习、健身、休闲、交流功能于一体，配备专人管理定时开放，满足驻楼700余名职工需求。

做好顶层设计，务实有序推进。继市总工会在局里召开现场推进会后，专门召开了会议制定创建星级职工之家评定实施细则和考核标准，完善局级职工之家、先进基层工会、模范职工之家创建规则。职工之家工作推进力度逐渐加大，具有鲜明的特点：一是布局合理，因地制宜。职工之家建设样板单位均把“家”建设成为既有公平竞争、又有团结协作，既有严明家规、又有温馨快乐的集体。只有这样，才能同职工之间的关系越来越密切，实现职工之家建设的整体推进。二是健全功能，注重服务。建设职工之家以建起来、转起来、活起来为目的，通过完善生活娱乐设施、丰富文体活动充实这块文化阵地，将职工之家真正建成受职工欢迎的活动场所。三是规范设计，指导有力。职工之家建设与建会工作同步推进、同步开展，制作职工之家标识264块，并实施挂牌指导，预示着工会系统有200多处职工活动场所。进一步激发基层工会活力，不断增强凝聚力，从而促进了工会工作的创新发展。

劳动竞赛历练人才　竞技擂场勇当先锋

为提升职工队伍素质建设，给职工岗位成才搭建学习锻炼平台，始终坚持把学习、培训与实际工作相结合，重点培训与全员培训相结合，采取自主培训和外请培训相结合的办法，努力提高广大职工的技术技能水平。

举办职工教育培训。为有效地发挥职工在深化改革发展中的积极作用，先后进行主题为“四季养生，快乐工作”“健康公益大讲堂”等讲座，邀请专家教授主讲，吸引近200人前来听课。健康公益大讲堂，传播四季养生基本知识和心理健康教育，重点讲解四季养生保健知识，包括四季养生食谱、四季养生之道、中医四季养生、四季养生小常识等内容，让职工更好地把握季节养生的技巧和方法，进一步增强了疾病预防意识。

组织各类竞赛活动。广泛开展行业职工职业技能竞赛，引导广大职工积极参与岗位练兵、技术比武、技能竞赛和技术交流活动，鼓励职工争当“金牌工人”“首席技师”“创新能手”，努力成为知识型、技术型、创新型职工。结合单位实际，组织相关岗位职工参加烹饪及业务比赛，全局职工食堂48名厨艺高手，按照竞赛规程制作了指定的中式热菜和面点。大赛评委会对每一道热菜和面点进行现场品评打分，并将选手们制作的全部面点和菜品进行集中展示。在参加全国养老护理员职业技能竞赛中，民政局一举夺得团体一等奖，团体项目获得3个三等奖和2个二等奖；48人被评为“优秀护理员”，15人荣获个人三等奖，7人获个人二等奖。北京市第一社会福利院3名职工获得个人一等奖，同时晋升技术资格，荣获“全国技术能手”称号。几年来，参加人数400余人，极大地促进了民政事业的繁荣发展。对涌现出的大批先进集体和个人，做到及时给予表彰奖励，激发了广大干部职工爱岗敬业、岗位奉献的积极性、创造性和主观能动性，让职工充分感受到了工会组织在服务职工、服务企事业、服务发展方面发挥的作用。

做好民政女工工作。女职工工作是工会工作中不可或缺的重要组成部分，做好新时期女职工工作是改革、稳定和发展的需要。充分发挥女职工委员会的职能作用，重视女职工特殊权益的保护，要求各单位与女职工委员会签订《女职工权益保护专项集体合同》等维护女职工合法权益的规定，切实维护了女职工的合法权益。职工保险（特别是女职工安康保险）的入保率达到85%，提升了为基层女职工服务的能力。本着尊重人、理解人、关心人、帮助人的理念，引导女职工养成科学文明的生活方式，形成团结互助、平等友爱、共同前进的新型人际关系，使中华民族的传统美德得到传承和弘扬，使广大女职工道德素质得到明显提升。

打造职工参与平台　激发民主管理活力

依法强化职工工作中的主导地位，工会组织把“顺民意、纳民智、靠民智”作为民主管理工作的落脚点，把建立健全利益表达机制作为职工为本、调动积极性、满足政治参与要求、构建和谐民政的重要渠道，为职工提供多样的参与平台，充分发挥其参政议政作用。

以职工之家为载体，扎实做好各项工作。整合各种资源，加强阵地和制度建设，建立必要的职工活动场所，力所能及地配备一些活动器材、学习资料等，为职工之家建设建立必要的“硬件”；发挥基层组织作用，把服务企事业和服务职工作为建家的重点，把维护职工的经济利益、满足精神文化需要作为建家活动的基本内容，努力形成一手抓服务单位建设、一手抓服务职工的工作格局。

推进工资集体协商，共建和谐劳动关系。采用多途径宣传福利企业工资集体协商重要意义，推动形成企业普遍认同、职工积极参与、社会舆论大力支持的舆论氛围。注重发挥劳动关系三方协调机制作用，通过整合优化资源，加强合作联动，共同指导工资集体协商工作的有效开展，使其在维护职工权益、促进劳动关系和谐方面发挥更大的作用。

把握工作重点，促使事务公开。建立职工（代表）大会制度和职代会为载体的厂（事）务公开民主管理制度，做到年均召开两次，实现“行政主要领导为第一责任人”，且能落实每年一次公开日活动。在职工收入和住房分配、党员转正、奖金测评、大宗物品采购等职工关心的事项上，采取成立由工会牵头的分房委员会、上网公布等方式予以公开，增加工作透明度。

楼域联合建家，实现资源共享。局机关综合办公楼内单位和人员多，有的不具备创建条件，虽然与民政建设密切相连，但因“条块分割”，使得建家活动管理和服务不能实现全覆盖，局工会进行了深入分析和思考后，认为创建职工之家委员会，是依托楼域性9个单位共同开展建家活动，突破了单一基层工会建家传统模式，在全楼域内启动“共担社会责任、共参社会管理”活动，为更多的干部职工服务。民政职工不再只是到单位上班，而是把参与楼域服务管理和服务当作一种习惯。用实实在在的行动，让大家感受到“咱们工人有力量，咱们工会有作为”。

构建帮扶工作机制　促进和谐劳动关系

市局工会组织紧紧围绕以建立和谐稳定劳动关系为目标，从关心职工生产生活入手，以工资集体协商为载体，以强化安全管理为抓手，进一步完善职工维权帮扶工作体系，创新工作思路，更好地为职工提供支持和服务。

抓好困难职工的帮扶工作。为让符合条件的困难职工实现应助尽助，对特困职工实现定人联系、全年帮扶，经常开展走访慰问活动，把慰问品和慰问金等送到困难职工手上，缓解其生活困难；对遭遇突发意外的困难职工进行应急救助，逐户走访慰问困难职工、困难职工大病救助、“节日下基层、温暖送一线”，做到夏送清凉冬送温暖，让困难职工四季如春。仅一年时间，就帮扶困难职工和走访慰问劳模353人次，送去物款共计105.8万元。通过入户的方式及联系、看望、慰问等形式，鼓舞了广大职工的工作热情。

关爱职工荣辱与共。投资几十万元开发建设运行了“民福在线”网络，运用互联网技术，通过在线服务、在线互助、在线教育等科技手段，提升对残疾困难职工的帮扶水平和质量，扩大服务范围，增添新的服务品种。通过精准对接职工日益增长的需求，较好地解决单位分散、职工诉求需求不同、基层工会干部配备少兼职多等问题。

依法监督劳动保护。为了确保职工安全工作，积极开展防暑降温宣传，指导职工掌握防中暑知识和急救方法，增强自我保护能力和安全生产意识，保障高温下劳动者的身心健康，确保其全身心投入各项工作中去，即使炎炎夏日，也给坚守岗位的职工送上消暑用品和工会组织的关怀。节假日期间，加大对困难职工的帮扶救助力度，让职工感受到组织的温暖。

需要接济责无旁贷。推进政府购买服务，通过参与政府购买服务和公益捐赠，筹集资金上百万元，为残疾困难职工购买服务；建立职工保险代办处，成立职工保险互助会北京市民政局代办处，加大职工互助保险力度，干部职工入会投保率达到96%，受益职工近千人，保险理赔金额达80多万元；匡助职工安排休假、度假疗养，每年为职工体检，关切职工身心健康；筹办职工子女托管教育和困难职工子女上大学金秋助学计划，与兄弟单位共同发起大龄单身职工联谊活动，让职工能安居乐业，深受大家拥戴。

文体活动异彩纷呈　激发职工内生活力

文化作品琳琅满目、文体事业硕果飘香、摄影绘画特色鲜明、竞技体育蔚为壮观……工会组织精心打造特色鲜明的民政文化，令人赞叹。全民健身运动蓬勃发展，让群众在参与多姿多彩的文化活动中享受美好生活，使社会生活更加丰富多彩，职工精神风貌更加昂扬向上，为民政事业的发展注入了强大精神动力。

构筑职工文化体系，凝聚强大精神力量。结合民政工作的特点和职工现状，每年举行“五月的鲜花”演唱赛，参赛单位和人数逐年增多，演出形式多样，水平逐年提高，丰富了职工精神生活，陶冶了职工思想情操，初步形成了自己独特的风格和独到的体系。常年开展的各类文化活动，如，“劳动创造幸福——五月的鲜花”文艺会演、“迎春杯”职工羽毛球、乒乓球大奖赛、“爱家杯”职工篮球邀请赛、“金秋杯”职工足球友谊赛等赛事，涌现出一批群众性文化品牌。长期开展丰富多彩的职工文化活动，取得良好的社会效应。

推进文化民生建设，提升职工幸福指数。保障文化民生，积极搭建文化、艺术、教育、培训平台，用先进文化传播社会主义核心价值观，提升文化软实力，培育民政新人。针对基层需求开展各类文化培训，打造一批热心基层文化事业的文化带头人，并通过他们组织开展各项文化活动，带动职工学习文艺、共享文化。创作了《九养新歌》《数说民政》《民意大如天》等文艺精品节目，定期举办晚会编排、文艺创作、球类裁判等培训班，建立起一支梯次衔接、素质过硬的基层文化骨干队伍，把艺术、培训服务于民政、服务于职工，架起文化艺术和文化惠民之间的桥梁，展现出民政职工文化的独特魅力和现代意味。

创新文化活动载体，满足职工精神需求。为活跃职工文化活动形式、丰富文化活动内容，工会把“我劳动、我快乐、我幸福”作为主线贯穿各项工作，出版发行《娘家人》工会书籍；启动工会人谈工会征文；协调设立福利彩票网点场所；组建市大宝日化厂聋哑职工篮球队和市橡胶厂残疾职工艺术团等群众文艺团体等，广受大家响应。先后成功举办广播操、游泳、棋类、球类、书法、绘画、摄影等50多种文体活动万余场次，吸引职工5万多人次热情参与。通过组织喜闻乐见的文体活动，满足职工文化需求，丰富他们的文化生活。

通过多种形式加强文化交流，最大限度地满足广大职工不同层次的精神需求，把劳模精神、劳动精神、工匠精神融汇到广大职工的工作中，聚集推动首都民政社会化、服务化、信息化、体系化等“四化”建设发展，才能在波澜壮阔的社会进步中唱响新时代的劳动赞歌，在加快建设国际一流的和谐宜居之都中发挥民政职工主力军作用，以优异成绩迎接党的十九大胜利召开。

（载于2017年5月5日《北京社会报》、2017年第5期《北京民政》）

用真情托起爱的天空

——北京市救灾捐赠事务管理中心工作纪实

在四川汶川、青海玉树、四川雅安和云南鲁甸发生地震灾害，北京发生“7 · 21”特大洪涝灾害，以及全国各地发生重大自然灾害和突发事件时，北京市救灾捐赠事务管理中心（下称捐赠中心）都会迅速启动应急机制，开展全市性的救灾捐赠活动，用最快的速度将首都人民的爱心送给灾区同胞。9年来，先后接受首都各界捐赠款物折合人民币41亿多元，出色地完成了扶贫灾后重建、对口支援等各项急难险重任务，被党中央、国务院和中央军委授予“全国抗震救灾英雄集体”荣誉称号。

健全机制　应变迅速

1996年，为充分利用社会资源帮助灾区和贫困群众，经北京市人民政府批准，北京市民政局设立了专门机构——北京市救灾捐赠事务管理中心。目前，这个中心已形成覆盖全市的“市、区、街、社”四级接收捐赠网络。在接收大量捐赠款物支援灾区、帮扶贫困省、自治区、直辖市和本市贫困群众的同时，还大力弘扬中华民族的传统美德和社会主义核心价值观，展现首都北京首善之区、大爱无疆的胸襟与情怀。

我国幅员辽阔，地形复杂，每年都有部分地区严重受灾，地震、泥石流、旱灾和洪涝灾害频发，特别是近年来发生了历史罕见的低温雨雪冰冻灾害和几次特大地震，人员伤亡多，经济损失大，百姓生产生活受到严重影响。每次不论何地发生灾情，北京市捐赠中心干部职工都夜以继日地投入向灾区捐款救援活动的组织中来，快速启动救灾捐赠机制，市和区县捐赠中心向社会各界发出倡议，倡导大家有钱出钱，有力出力，慷慨解囊，奉献爱心。

各级捐赠站点都及时公布热线电话、捐款账号，坚持24小时值班，方便社会各界开展捐赠活动。市和区县捐赠中心弘扬“团结互助、扶危济困”的精神，积极接收企事业单位和市民群众捐款，帮助灾区群众携手早日渡过难关，恢复安宁生活。在开展经常性接收捐赠工作的同时，市捐赠中心每年都在全市范围内开展“扶贫济困送温暖”募捐月活动，发挥党政机关干部和党员以上率下的示范作用，充分调动企事业单位、社会团体、街乡社区力量以及社会各界群众的爱心。在捐赠业务办理上，市和区县捐赠中心严格落实捐赠工作法规制度，做到手续完备、专账管理。对接收的每一笔捐赠款都要当面点清，并向捐赠者出具合法、有效的接收凭证。在捐赠当日，全部录入系统，确保在“北京市捐赠网”上实时公示，向社会公布捐赠款接收情况，接受社会监督、舆论监督和群众监督。为规范对口支援（新疆、青海、江西、宁夏、西藏、内蒙古等贫困地区）捐赠资金的管理和使用，按照“谁接收、谁公开，谁拨付、谁负责”的原则，所有捐赠资金实行专户储存、单独核算、专项管理，其拨付和使用须经市指挥部批准，以确保捐赠资金管理使用的科学性、规范性、有效性。

灾后重建，是一份心手相牵、感天动地的人间大爱，生动彰显了彼此守望相助、血浓于水的骨肉深情，探索创造了人类抗击特大灾害、重建美好家园的鲜活经验和应对重大公共危机的有效模式，搭建适合企业、公民履行社会责任、奉献爱心的平台。这些年，北京市共安排各类为对口支援地区帮扶资金物资累计40多亿元，援建乡村道路、安居房屋、教育卫生、社会福利事业、城乡环境建设等7大类民生项目。不仅解决了灾区贫困地区的困难，而且彰显了首都人民与灾区群众心贴心的血脉之情，更释放出北京人民大爱无边、共渡难关的可贵精神。

锐意创新　迎接挑战

为满足市民“就近捐”的意愿、实现“敞开收”的目标，北京市捐赠中心积极激发基层捐助站点活力，对捐赠物品进行分类和再加工处理，扎实做好救灾物资检测和入库工作，提升了救灾储备能力和应急保障能力，实现了市级统筹、区县级实施、街乡参与的捐赠工作新格局。

市捐赠中心开展社会捐赠“敞开收”配套服务社会化试点工作，对日常性社会捐赠的管理和运行模式进行大胆创新，通过政府购买服务的方式，委托社会企业承担部分工作，并在全市开展“一日、两月、三主题”活动，即每月25日为市民爱心捐赠日，每年两次组织“春风送暖”“冬衣送暖”，以及“暖阳捐助行动”公益活动。在实际工作中，严格落实“五个一”标准要求（一定工作面积、一个专兼职工作人员、一组制式捐物箱、一个宣传墙面、一面制式牌匾)，增强执行力，把标准落到实处。随着人民生活水平的日益提高，灾区和困难地区对捐赠旧衣物的需求逐渐降低，而对数量庞大、不适宜直接用于救助和销售的衣物，市捐赠中心拓展社会力量参与进行分类和再加工处理，让旧衣物走上重生路。对于部分可直接变卖的捐赠物品，在进行消毒、清洁、整理、包装后，低价进行销售；对于特别破旧的物品进行再加工，制成包、帐篷、折叠床、背囊等，建立自主品牌再以低价销售。销售所得作为捐赠资金用于辖区困难群众帮扶和救助工作，形成一个捐赠物资接收、加工、销售、变现的集约、低碳、环保型可持续发展的慈善产业链。

科学、高效的接收捐赠社会化体系，不仅使日常接收物资数量大幅跃升，而且构建了全市救灾物资一体化、单元化发运和分区分类颜色管理，实现各类资源最大限度地集约利用，增强了抢险救援协同能力，形成了覆盖“市、区县、街乡、社区”的四级接收捐赠服务网络。开展网上竞拍和一对一捐助活动，有效地提升由捐赠物资转化为捐助资金的能力。增加捐赠站点数量并建章立制规范管理，力求为广大市民提供方便快捷的接收捐赠服务。所有捐款全部用到社会救助上去，绝不从中提取工作经费，绝不以任何名义移作他用，自觉接受主管部门、审计机构、社会舆论和广大市民的监督。

如今分布全市的社区捐助站点有1500个，使政府对贫困群众的救助由突击性、活动性、阶段性捐赠转为固定化、长效化和常态化捐赠。捐赠过程中，一个个感人的故事、一幕幕动人的场景，散发着温暖的人性光辉，放射着耀眼的道德光芒，显示了对捐赠公益事业的无尽关怀和支持，谱写了一曲曲首都人民心系灾区的大爱乐章，昭示了当今社会的主流价值。

慈善超市　爱心传递

为加大北京市贫困群众的救助力度，使其形成布局合理、功能多样、充满活力、运行规范和集社会化管理、帮扶救助为一体的城乡公益慈善综合服务平台，市捐赠中心还创建了一个“北京模式”的慈善超市。

有了慈善超市，周边居民不仅可购买到物美价廉的日常生活用品，还可进行物资捐赠，享受物物置换、公用事业费代收代缴等便民服务。服务对象为北京低保特困人员、孤寡老人、困难优抚对象、特困残疾人、遇突发性事件和自然灾害造成生活暂时困难的群众，帮助他们解决基本生活所需，提供上门送货服务。以市场零售价将生活用品销售给广大城乡居民，收入所得转作救助款或运营费用，把社会捐赠、社会救助、服务社会列入主要服务内容。将原来功能单一的爱心家园改为慈善超市后，全天面向社会营业，通过货栈网采取统一进货渠道，为市民提供更低价的货品。

慈善超市的建立，架构起政府、社会同困难百姓间的连心桥，实现扶贫济困长效化，受到服务对象的赞扬。市政府因势利导，在全市推广慈善超市，设立超市建设引导资金，加大财政投入，按照新建每个15万元、改造提质每个7.5万元的标准进行补助，并统一配送专门的货柜、货架，要求每个慈善超市面积至少为10平方米，确保有专门场所，有完善的硬件配置。

着眼城乡居民多层次、多样化的物质文化生活需求，市捐赠中心把慈善超市打造成兼具“四大功能”的慈善平台，即为困难群众提供便捷救助的基层慈善救助平台；接受捐赠、发布信息，强化全民慈善意识的宣传平台；推进基层慈善组织网格化建设的工作平台；展示党和政府的温暖和关怀，实现政府购买服务的示范平台。慈善超市的运行模式，采取政府支持、慈善捐助、市场经营三位一体的原则，通过政府购买服务和调动社会资源，形成全市统一品牌的慈善超市连锁经营模式。资金渠道来源于超市经营所得和捐助所得。同时，倡导全市人民进行对接与捐助，让更多的人参与到关心和帮助贫困人员的公益事业中来，形成常规性、自愿性的长效捐赠机制，不断拓展捐赠渠道，为慈善超市持续注入新鲜“血液”。义工队伍除了在慈善超市值班、接收捐赠外，还在各个区县、街道乡镇的社会捐助接收工作站点值班，负责上门接收市民的捐赠，形成人人可慈善、物物可慈善、举手可慈善的便捷慈善环境。

在服务方式上，一方面，改变过去困难群众面对面接受捐赠和接受救助的形式，使捐赠者不因物品少而为难或含羞，积极参加捐赠；让困难群众不因直面困难而感到消极或自卑，而是有尊严地接受资助。另一方面，由单向帮扶到结对帮扶、定点帮扶、志愿帮扶等形式共存的帮扶体系。注重实效和常态，使慈善超市成为困难群体的精神高地。爱心募捐活动的开展，把社会上闲散的物资收集起来，以慈善超市为窗口，对需要小善大爱帮助的对象进行救济，达到传递真爱、扶贫济困的目的，为有爱心的人创造一个可以帮助他人的机会，让爱心在这里实现“中转”，得到社会各界的认可。

迄今，北京已建立社会捐助站点1777个，爱心家园227家，创建慈善超市80余家，采取“政府搭台、委托社会组织运作”的模式推进工作，促进了以慈善超市为平台的经常性社会捐助体系建设，基本满足了困难群众的日常生活需要。在不断取得一定社会效益的同时，也逐渐摸索出一条具有北京特点的多功能慈善超市新模式。民政部领导对此给予高度评价："小超市大服务，小平台大文化，小站点大爱心的经验做法值得在全国进行推介。"

通过开展公益帮扶活动，首都人民的爱心得到传递、贫困地区的群众得到帮扶、公益组织的作用得到发挥、捐赠物资出口难和运输资金短缺等问题得到缓解，书写了捐赠人的社会责任和慈善情怀，用爱心和真情演绎精彩人生。

（载于2017年第6期《北京民政》）

接地气听民声　倾情服务凝人心

——北京市民政局在“四个全面”战略布局中培育劳动者

北京市民政局各级工会坚持“从群众中来，到群众中去”，创新践行“群众路线工作法”，以培育和践行社会主义核心价值观为主线，以培育职工职业精神和提高技能型创新型人才为重点，实现“中国梦·劳动美”教育实践活动覆盖全体职工。紧紧围绕“面对面、心贴心、实打实服务职工”主题，坚持理论创新、制度创新、实践创新，着力服务发展、服务职工、服务基层，充分发挥工会组织在改善民生、维护稳定、促进社会和谐建设中的独特作用，加快培养高素质劳动者，从重点帮扶困难企业职工到普惠制服务全体会员，赢得市民政局党委认可和职工的信任。

一、主动争取重视支持，切实加强自身建设

首先，加强工会组织建设。加强工会组织建设，必须加强能力建设。工会组织建设关系到工会的生存和发展，是工会工作的重中之重。加强能力建设，是工会组织在改革、发展和稳定中充

分发挥作用的最根本保证，是建设和谐劳动关系必须具备的重要条件。随着改革的深入和社会经济的发展，我国的社会结构发生深刻变化，社会经济成分、组织形式、就业方式、利益关系和分配方式呈现多样化趋势。在这样的历史条件下，工会组织和工会干部若不能与时俱进，尽快提高工作能力，就很难适应形势的要求，建设和谐劳动关系也就很难落到实处。特别是在目前劳动关系矛盾相对突出、工会以维权机制为核心的各项机制远未完善的条件下，工会干部素质的高低就在很大程度上成为决定工作成败的重要因素。具备良好的素质，对深刻理解中国特色社会主义工会维权观内涵和充分认识推动和谐劳动关系建设的重要意义，对如何面对各种纷繁复杂的局面以及推动工作创新等，意义重大。近年来，认真贯彻“组织起来、切实维权”的工作方针，在健全基层工会组织的实践中，全局各级工会依靠各级党组织的支持，以深入开展“广普查、深组建、全覆盖”集中建会行动为突破口，将建会、会员发展和企业工资集体协商工作纳入党工共建创先争优工作年度目标考核体系，分解任务、落实责任，严格实行目标管理。采取多种措施，使基层工会组织“建起来、转起来、活起来”。

其次，严格规范办会制度。各级工会均按照《中华人民共和国工会法》和《中国工会章程》，建立健全市民政局工会委员会办公会议、会员代表大会、经审会、资产管理等各项法规，严格按制度、按原则、按程序办事，杜绝随意性，使工会干部言有准则、行有规范。运用文化的思维和理念制定科学规范的工作机制，不断推进各项工作的规范化、制度化、程序化和标准化，努力形成科学完善、规范合理、运转高效的工作机制。严格规范办事流程，落实民主办会制度。同时，加大对基层工会的规范化建设工作的监督、指导、检查、考核和问责力度，力求全局工会组织体系建设规范。

最后，全面推进“双亮”活动。为破解工会组织建设难题，促进工会干部作风转变，组织开展了以“工会组织亮牌子，工会主席亮身份”为主题的“双亮”活动，借助多种媒体大力宣传“双亮”活动的目的、意义，要求工会组织比规范、许承诺，工会工作亮内容、示职责，工会主席办实事、树形象。一是注重结合。把“双亮”活动与职工之家建设评比等工作有机结合起来开展，将“双亮”作为职工之家建设评比和“会员评家”活动的重要内容，力争使“会员评家”的满意率或优秀率达到80%以上，以推进工会工作再上新台阶。二是注重创新。按照要求、结合实际，制订相应的工作实施方案，对“双亮”活动进行全面部署，不断丰富活动的内涵，努力探索新路子、新方法，推动“双亮”活动深入开展。三是注重实效。工会组织亮牌子做到“六有”，即有工会组织名牌、职责，有组织机构（委员、女工委员、工会小组），有名册台账（会员名册、工会干部名册、两个普遍台账、工会各类荣誉台账、工会干部培训台账、厂务公开民主管理台账、开展各类活动记录簿等），有公章、法人资格证；有单独经费账户，有“双亮”公示牌或公开栏。这些，有力地推动了基层工会规范化建设，较好地解决了基层组织的软弱涣散问题，切实增强了工会密切联系群众和为群众服务的实效性。

二、倾情服务职工群众，全力维护合法权益

第一，在福利企业普遍建立工资集体协商制度。围绕收入分配这一民生之源，积极争取党委重视、政府支持，结合实际，采

取有力措施，依法推动福利企业建立工会组织并开展工资集体协商工作，取得新进展、实现新突破，在构建和谐劳动关系，保障和改善民生中发挥了应有的作用。按照协议签订的要求，重点推动全局福利企业工资集体协商工作的开展，实现工资增长的良性机制，为广大职工收入稳定提高提供有力的保证，彰显了工会维权的新形象。据了解，工资集体协商制度以“规范协商制度、提升协商水平”为重点，建立职工工资协商共决、正常增长和支付保障机制，维护职工工资权益，提高一线职工待遇，确保职工工资发放有保证、劳动条件有改善、人身安全有保障。目前，35家福利企业已完成17家，市总工会企业工资集体协商推进会在民政局召开，并现场推广了经验做法，创造了北京“民政模式”。

第二，多方筹资使帮扶内容实效化。为让符合条件的困难职工实现应助尽助，各级工会积极完善并建立定期检查困难职工档案和情况通报制度，使困难职工信息完整准确。一是积极为困难职工提供政策疑惑解答。向来信来访职工提供法律、法规、政策咨询，解答有关疑难问题，调处劳动纠纷，掌握、分析、反映职工的意见和要求。与此同时，聘请了专职律师，无偿提供法律咨询和法律援助。二是积极开展送温暖活动。坚持开展“两节”送温暖活动，一年一度的“两节”送温暖活动已经形成机制，坚持不懈，成为具有工会特色的帮扶活动，得到了广大职工的认可和社会各界的赞扬。三是积极开展帮扶救助工作。针对所辖福利企业多、残疾职工多、下岗职工多、困难职工多的特点，借北京民福职工帮扶中心这个平台，助力民生服务。建立健全困难职工帮扶体系，初步完善了以生活救助、助学救助、医疗救助为主要内容的帮扶体系，对特困职工实现定人联系、困难职工结成帮扶对子，给予长期对口帮扶。形成了日常帮扶和节日帮扶相结合、专项帮扶和重点帮扶相结合的帮扶工作机制，使其由点到面，全体会员受益。四是经常开展走访慰问活动。把慰问品和慰问金等送到他们手上，缓解其生活困难；对遭遇突发意外的困难职工进行应急救助，开展逐户走访慰问困难职工、困难职工大病救助、“节日下基层、温暖送一线”等活动，做到夏送清凉冬送温暖，让困难职工四季如春。一改由传统送生活用品为技能培训，帮助职工提升产品价值等，实现员工体面劳动与尊严生活。一年间，坚持走访、慰问、帮扶困难职工315人次，救助金额达50余万元，帮扶困难职工和走访慰问劳模353人次，将党的关怀送到每位职工的心坎上。通过工会干部与职工面对面、心贴心、实打实结对帮扶，切实解决了职工特别是困难职工的实际问题，密切了工会干部同职工群众的联系，进一步增强了广大工会干部的责任感和使命感，活动取得了实实在在的效果。

第三，工会组织自身建设彰显活力。狠抓企事业工会组建，企业建会率、职工入会率迅速攀升。在建好“大家”的同时，工会把重点放在车间、班组的职工小家建设上，以“建小家促大家”，从而达到促进企事业发展根本为目的。做到人人参与、人人负责，把职工的情感、思想、行为紧紧维系在“小家”建设上，形成“职工之家职工建”的良好氛围，激发基层工会活力和凝聚力，从而促进了工会工作的创新发展。目前已创建职工之家75个，工会建家率达90%，建成全国模范职工之家2个，市级模范职工之家7个、市级职工之家示范单位10个，局级模范职工之家20个。制作职工之家标识264块，预示着全局有264处职工活动场所，有力地推进了工会工作制度化、规范化建设。

三、充分发动职工群众，不断增强生机活力

奋力推动队伍能力建设。广泛开展以“当好主力军、建功‘十二五’、和谐促发展”为主要内容的技能竞赛活动，全局百余个基层工会积极响应，上万名会员全员参与，积极开展经济技术创新、十佳班组和建功立业标兵等评选推荐工作。目前，全局共有全国、省市级劳动模范、五一劳动奖章获得者和先进工作者43人。紧紧围绕北京建设成为国际一流的和谐宜居之都的目标，以“奋战‘十二五’、建功在民政”为主题的劳动竞赛声势浩大。围绕技术创新和节能减排，“我为节能减排作贡献”“金点子”合理化建议等活动影响深入，“五小”活动厚积薄发。通过比赛，发现、储备了一批优秀劳动人才。通过开展一系列形式多样的技能培训、技术比武，引导鼓励职工立足岗位自学成才。为提升工会组织服务能力，研究制订了工会干部培训规划，采取集中学习、工作交流、以会代训、学习考察等形式，有计划、有步骤地加强工会干部的教育培训，现已培训工会干部1500多人次。加强职工队伍法治民政素质建设，推进党的十八届四中全会精神、法治民政和“四个全面”宣传教育下基层、进企业、入班组，全局职工队伍整体素质得到提升，职工在促进首都经济发展、保障和改善民生中的主力军作用明显增强。

走基层访一线有效开展。全局工会集中开展“面对面、心贴心、实打实地服务职工在基层”活动，组织动员广大工会干部深入企业、走近职工，寻策于基层，问计于职工。健全完善工会领导干部联系基层和职工群众制度，深入开展工会党员领导干部下基层活动，围绕职工群众关心的热点、难点问题深入基层和企业

调查研究，体察职工生活，倾听职工呼声，反映职工意愿，竭力为职工做好事、办实事、解难事，更好地在服务大局、服务职工中彰显作为，提高了工会干部服务基层、服务职工的能力。通过上门走访、开门接访、集中调研、建立联系点等方式，面对面地与职工交流，倾听职工意见、反映职工诉求；心贴心地做职工的思想工作，了解实情、释疑解惑；实打实地为职工和企业服务，保持职工队伍稳定、促进社会和谐，进一步密切党政与职工的血肉联系，使工会工作更贴近基层、贴近职工，更符合职工意愿，推动实现广大职工体面劳动、舒心工作、全面发展。深化了调查研究和理论研究工作，阐释对教育实践活动的认识与思考，总结发表了工会工作坚守群众路线的新经验与新做法文章数十篇。服务职工在基层活动，工会工作建机制、求长效，形成了大走访、大调研、大帮扶、大维权的声势。

职工文化生活异彩纷呈。积极贯彻实施《全民健身纲要》计划，大力实施文化兴民战略，把“我劳动、我快乐、我幸福”作为主线贯穿于各项活动中，相继开展了合唱、舞蹈、书画、摄影、球类赛和展示活动，活跃了职工文化活动形式，丰富了文化活动内容，全面展现了民政职工健康向上的精神风貌。坚持开展形式多样、内容丰富、群众喜闻乐见的文体娱乐活动已成常态，做到大型活动季季有，小型活动月月新，陶冶了职工情操，让全体员工振奋精神。每年组织全局工会系统“五月的鲜花”演唱活动、足球、篮球、乒乓球和羽毛球等赛事，在参加市总工会组织的“2013年首都职工第九套广播体操交流展示赛”时，获展示赛表演一等奖和市职工第九套广播体操推广示范团队称号，组队参加全市政法系统“司法杯”乒乓球赛，一举勇夺团体赛亚军，等等。通过活动团结凝聚人心，聚集推动首都民政事业“四化”建设发展。由此，荣获市总工会、市委宣传部等联合主办的第九届首都职工文化艺术节“优秀组织奖”。

（载于2015年第5期《北京民政》）

把职工之家建成爱的港湾

——北京市民政局工会工作巡礼

北京市民政局各级工会组织认真贯彻落实“组织起来、切实维权”的方针，牢固树立服务大局意识，推动健全党政主导的职工权益维护机制，做维护职工合法权益的代表者和维护者，全力把职工之家建成干部职工的温馨之家、和谐之家和“休闲驿站”。在北京市职工之家建设推进会上，其成功经验和做法获重点推介。

一、自身建设全面加强，基础工作不断夯实

围绕“两个普遍”、“双亮”工程和困难职工帮扶管理档案建设等工会重点工作，将工会活动、民主管理、技术创新、帮扶救助等日常工作进行记录归纳，加强日常管理。

一是指导完善了全局工会组织《工会工作职责》《厂务公开制度》等10余项工作制度。按照工会法和工会章程及时开展督促协助基层工会做好换届选举工作，按期应换届选举单位达80%。

各单位加强了临时工入会工作，入会率达到90%，并按照要求召开职工代表大会和工会委员会，公开工会会务，加强工会会员参与管理工会事务工作，为开展工会工作奠定了基础。二是加强工会干部队伍建设。利用典型引路，用身边先进的人和事鼓舞人、教育人、引导人，他们将涌现出的典型事迹整理成发言稿，在全局工会工作会议上进行宣讲，用先进典型激励和带动广大职工，收到了鼓舞士气、激励精神的良好效果。通过培养推荐，市八宝山殡仪馆获得“首都劳动奖状”；市儿童福利院特殊教育中心获“北京市工人先锋号”称号；市八宝山殡仪馆火化室主任张磊获“首都劳动奖章”等荣誉称号。三是加强职工之家建设。把职工之家建设列入两个文明的重点工程，党政工齐抓共建。各级工会狠抓企事业工会组建，企业建会率、职工入会率迅速攀升。在建好“大家”的同时，工会把重点放在车间、班组的职工小家建设上，以“建小家促大家”，从而达到促进企事业发展的根本目的。以车间、班组的小家建设为着眼点，不断丰富“小家”建设内涵，做到人人参与、人人负责，把职工的情感、思想、行为紧紧维系在“小家”建设上，形成“职工之家职工建”的良好氛围。四是确立“建会就是建家”的理念。把职工之家建设延伸到职工的工作岗位和工作环境中，并积极征得上级工会和各级党政的支持，为职工之家配备办公桌椅、电脑，增添了图书等设施。经多方协调协商和共同努力，2014年初在局机关建成了职工食堂，基本满足了驻楼单位700多职工的就餐需求。同时，积极改善职工的就餐环境，努力为职工营造温馨的家。建立了对职工开放的职工之家，总使用面积近5000平方米，包括网球馆、健身房、台球室、乒乓球室、舞蹈室、休闲室、棋牌室、图书室、艺术室、理发室等，集学习、健身、休闲、交流功能于一体，并配备了专人管理。完善了局级职工之家、先进基层工会、模范职工之家创建标准，出台了《北京市民政局工会关于进一步加强和创新“职工之家”建设实施意见》，就深入开展建家工作的基本要求和主要方法，提出了明确的目标和要求。

二、民主管理权利依法行使，职工参政议政作用充分发挥

牢牢树立干部职工的主体地位，把“重主人、顺民意、表民心、纳民智、靠民力、扬民主”作为民主管理工作的落脚点，把强化民主管理、建立健全职工利益表达机制作为服务职工、调动职工积极性、满足职工政治参与要求、构建和谐民政的重要渠道。

一是以职工之家为载体，做好工会基础性工作。通过演唱大赛、电影进企业、爱心互助等工作，为企事业多服务、多考虑，做到主动积极服务，切实发挥工会在服务职工中的作用，以建家工作带动工会工作，以建家工作推动文明单位创建，使其由点到面，全面推广，使工会工作具体化、明朗化、条理化，推动各项工作的进步和发展。二是整合各种资源，加强阵地和制度建设。各基层工会根据单位规模和特点，建立必要的职工活动场所，力所能及地配备一些活动器材、学习资料等，为职工之家建设提供必要的“硬件”；加强组织建设，发挥基层组织作用，把服务企事业和职工作为建家的重点，把维护职工的经济利益、精神文化需要作为建家活动的基本内容，努力形成一手抓服务单位建设、一手抓服务职工的工作新格局。三是推进工资集体协商，共建和谐劳动关系。采用多种途径广泛宣传开展福利企业工资集体协商

工作的重要意义，形成全社会支持工资集体协商的舆论氛围，助力广大职工体面工作，使工资集体协商制度在维护职工权益、促进劳动关系和谐方面发挥更大的作用。四是把握建家工作的方向和重点，促使大项工作事务公开。依托职工之家加强职工服务大局建设，为职工解难事、办实事、做好事，稳定职工队伍，促进企事业发展。全局98%的单位建立了职工（代表）大会制度，各单位建立了职代会代表劳动者与用人单位平等协商的劳动关系三方机制，从源头上加大维权力度。目前有95%以上单位的工会组织按照《中华人民共和国劳动法》《中华人民共和国工会法》要求，指导职工与单位订立了劳动合同、聘用合同，临时工签合同率达80%以上。大多数单位实现了"行政主要领导为第一责任人"，且能落实每年一次公开日活动。不少单位在职工收入和住房分配、党员转正、奖金测评、大宗物品采购等职工关心的事项上，采取成立由工会牵头的分房委员会、上网公布等方式予以公开，增加了工作透明度。五是以楼域为单位联合建家，努力实现资源共享。局机关综合办公楼内单位和人员多，有的单位不具备创建条件，虽然与首都民政建设密切相连，但因"条块分割"，使得建家活动管理和服务不能实现全覆盖，一些干部职工的意愿并不能代表和满足广大职工利益诉求，同时"单位人"的利益缺乏向工会组织表达的途径，迫切要求建设一个职工需求的场所。局工会进行了深入分析和思考后，认为创建职工之家委员会，是依托楼域性、行业性单位工会为主体，联合所属机关、基层工会和会员共同开展建家活动，突破了单一基层工会建家的传统模式，突出优化整合各方资源，达到共建共享。局综合办公楼职工之家委员会成立后，局工会搭建桥梁，9个单位工会700余名干部职工奉献社会、服务职工群众，在全楼域范围内启动"共担社会责任、共参社会管理”活动。

三、劳动竞赛锤炼成才，职工技术技能水平大幅跃升

为提高职工整体素质，给职工岗位成才搭建学习锻炼平台，他们始终坚持把学习、培训与实际工作相结合，重点培训与全员培训相结合，采取自主培训和外请培训相结合的办法，努力提高职工的技术技能水平。

一是举办职工培训活动。为了有效地发挥职工代表在单位改革、发展和稳定中的积极作用，先后举办了主题为“四季养生，快乐工作”“健康公益大讲堂”的讲座，讲座邀请中医学主治医师和心理疏导讲师授课，共吸引了400余人次前来听课。传播了有关四季养生基本知识和心理健康教育，让职工更好地把握季节养生的技巧和方法，提出了当前开展心理健康教育的任务和方向，使心理教育工作者备受鼓舞，更知任重道远。讲座结束后专家还接受了听众的健康咨询。二是积极组织各类竞赛活动。结合各单位实际，组织相关岗位职工参加烹饪及业务比赛等活动，旨在提高职工食堂厨艺和民政业务水平。全局各职工食堂的48名厨艺高手，按照竞赛规程制作了指定的中式热菜和面点，进行了现场品评打分，并将选手们制作的全部面点和菜品进行了集中展示。在养老护理员职业技能竞赛中，48人被评为“优秀护理员”，15人荣获个人三等奖，7人荣获个人二等奖。北京市第一福利院3名职工获得个人一等奖，同时晋升技术资格，荣当“全国技术能手”。在竞赛活动中涌现出一大批先进集体和个人，企事业党政和工会及时对先进集体和个人给予表彰奖励，充分激发了广大干

部职工爱岗敬业、岗位奉献的积极性、创造性和主观能动性，展示了广大职工积极向上的精神面貌。三是进一步做好工会女职工工作。充分发挥女职工委员会的职能作用，重视女职工特殊权益的保护。要求各企事业单位与女职工委员会签订《女职工权益保护专项集体合同》等维护女职工合法权益的规定，切实维护了女职工的合法权益。职工保险（特别是女职工安康保险）的入保率达到85%，提升了为基层女职工服务的能力。

四、帮扶工作形成长效机制，促进了劳动关系和谐稳定

各级工会紧紧围绕以建立和谐稳定劳动关系为目标，从关心职工生产生活入手，以工资集体协商为载体，以强化安全管理为抓手，进一步完善职工维权帮扶工作体系，更好地为职工提供服务，切实发挥好动员、凝聚、疏通和协调作用。

一是做好困难职工的帮扶工作。为对符合条件的困难职工实现应助尽助，各级工会积极完善并建立定期检查困难职工档案和情况通报制度，使困难职工信息完整准确。对特困职工实现定人联系、全年帮扶，经常开展走访慰问活动，把慰问品和慰问金等送到其手上，缓解其生活困难；对遭遇突发意外的困难职工进行应急救助，并逐户走访慰问，做到“节日下基层、温暖送一线”，为困难职工送去党和政府的温暖及工会组织的关爱。仅近一年来，就帮扶困难职工和走访慰问劳模353人次，送去物款共计105.8万元。二是开展关爱职工活动。开展“送文化到企业、送关爱到一线”活动，把组织的温暖及时送到职工的心坎里。积极组织看望坚守岗位的职工、因病的困难职工，帮助他们解决生

活和工作上的困难。职工之间形成了互帮互助的“小家”氛围，体现以人为本的和谐理念，鼓舞了士气。三是开展职工劳动保护监督检查活动。为确保职工安全工作，积极开展防暑降温宣传活动，指导职工掌握防中暑知识和急救方法，增强职工自我保护能力和安全生产意识，保障高温下劳动者的身心健康，确保劳动者可以全身心投入各项工作中去，在炎炎夏日给坚守岗位的职工们送上了丝丝凉意和工会组织的关怀。四是成立了中国职工保险互助会北京市民政局代办处。仅2014年全局干部职工入会投保率达96%，入会投保金额近80万元，保险理赔金额达62430.37元。各单位加强了组织临时工入会工作，入会率达到了95%，及时准确完成了数据统计工作，会员信息采集率达100%。

五、文体活动丰富多彩，职工文化建设扎实推进

把“我劳动、我快乐、我幸福”作为主线贯穿各项活动，相继开展了合唱、舞蹈、书画、摄影、球类赛等群众性文体活动，活跃了职工文化活动形式，丰富了文化活动内容，全面展示了民政职工健康向上的精神风貌。开展的“五月的鲜花”演唱赛活动，参赛单位和人数逐年增多，演出形式活泼，演出质量逐年提高，丰富了职工精神生活，陶冶了职工思想情操。全局共开展广播操、游泳、棋类、球类、书法、绘画、摄影等30多种文体活动万余场次，参与职工5万多人次。协调各方设立了福利彩票网点，为丰富职工业余生活等提供了方便。文体活动的蓬勃开展，增强了职工间的团结和友谊，和谐了人际关系，促进了民政系统精神文明建设。市马家楼接济服务中心代表民政局参加市总工会组织的“2013年首都职工第九套广播体操交流展示赛”，获展示赛表

演一等奖和“市职工第九套广播体操推广示范团队”称号，组队参加全市政法系统“司法杯”乒乓球赛，一举勇夺团体赛亚军的好成绩等。通过活动团结凝聚人心，聚集推动首都民政事业“四化”建设发展的正能量。由此，该工会荣获市总工会、市委宣传部等联合主办的第九届首都职工文化艺术节“优秀组织奖”。

（载于2014年8月1日《北京社区报》，与韩锋合作）

务求实效，强力推动首都民政改革上新高

——学习习近平总书记系列讲话暨全会精神体会

一周来，七位专家学者凭扎实过硬的专业功底、敏锐独到的问题视角、流畅幽默的语言表达，给我们作了十分精彩的辅导报告，深受启迪。通过理论学习，深化了对习总书记系列讲话暨十八届三中全会精神政治意义、理论意义和实践意义的认识，提升了责任感。充分认识到改革始终是推动党和人民事业发展的强大动力，必须毫不动摇地推进改革，永不僵化、永不停滞；充分认识到在新的历史起点上，吹响了新一轮改革集结号的极端重要性和现实紧迫性。要全面准确地把握全会精神，自觉贯彻落实各项改革，只有通过学习研讨，才能掌握党的十八大报告提出的一系列新思想、新观点、新论断，才能确保首都民政事业社会化、产业化、信息化、体系化的稳步推进。要把学习贯彻三中全会精神与做好民政工作业务结合起来，全面履行民政部门“解决民生、落实民权、维护民利”职责，充分发挥民政工作在调节社会利益、化解社会矛盾、排解社会困难、促进社会公平、维护社会稳定、增强社会和谐等方面的重要作用。联系工作实际，着力在求实、

务实、落实上下功夫，自觉做好“四个结合”。

一是将学习宣传党的十八届三中全会精神与奋力做好当前工作、冲刺全年目标任务相结合。当下，各项工作临近尾声验收在即，是对前期工作进行巩固和总结的时期，也是工作容易懈怠疲软的时期。通过学习，准确把握全会精神内涵，切实增强民政事业发展的进取意识、机遇意识、责任意识，凝聚为改革创新的共识，积聚好攻坚克难的本领，汇聚成加快发展的合力，以更大的热情、更新的措施更好地服务民政建设。按照2013年初制定的工作目标任务分解要求，从手头的工作做起，从具体的事情入手，认真分析、总结查找工作中存在的问题，找准解决问题的突破口，逐项进行梳理“对表”，对全年工作进行“盘点”，找准差距，列出“补差”计划，倒排进度、加快节奏，加强督查、落实责任，切实按照“抓紧、抓细、抓实”的要求，真正把学习成果转化为推进当前工作的强大动力，加压奋进，发扬改革的热情，全力促进年度各项民政民生服务保障工作落实，确保高标准、高质量完成全年目标任务，力争为2013年的工作画上圆满句号。

二是把学习贯彻党的十八届三中全会精神与思考谋划2014年各项工作创新发展、实现良好开局相结合。2014年是深入贯彻落实三中全会精神的开局之年，要乘着这一强劲东风，认真按照三中全会的总体要求，对照全会提出的新任务、新要求，真正做到融会贯通、学以致用，以新的理论指导新的实践，找准明年工作的切入点和突破口，统筹安排、统一部署。结合单位实际，对照《首都民政事业改革发展纲要》的目标，进一步厘清工作思路，从建立完善民政工作各项激励机制入手，促进社会保障更加公平公正，在扎实做好当前各项工作的同时，必须切实增强全面深化改革的自觉，用科学的思想方法来审视民政发展，早谋划、早准备，高标准、大尺度、深层次地思考和谋划工作，明确工作目标、重点、要求和举措，通过深化改革不断开创民政工作新局面。做到目标要细、措施要实、载体要新，务求推进各项工作再上新台阶，为实现2014年各项民政工作开好头、起好步，全面研究、深入谋划民政各项改革，努力把首都民政工作推上一个新的高度。

三是把学习贯彻党的十八届三中全会精神与改进工作作风、加强队伍建设相结合。应紧密结合党的群众路线教育实践活动，做好立足基层躬身服务工作，深入进行以“民本、务实、平等、奉献”为精神内核的首都民政队伍核心价值观教育，不断强化干部职工奉献使命的责任意识。应带着感情、带着责任深入基层、深入群众，坚持实干富民、实干兴邦，敢于开拓、勇于担当，多办顺民心、解民忧、惠民生的实事好事。坚持“钱往基层投、力往末端使、人往一线去”的工作机制，进一步增强党员干部的党风廉政建设和思想道德建设，提高执行力，用务实的作风把三中全会精神贯彻落实到实际工作当中，实现民政法制建设更趋完善，财政保障更加有力，基础设施更加完备，队伍素质不断提高，社会管理和服务效能大幅度提升，基本公共服务实现均等化。应始终把群众满意度作为检验服务工作成效的标尺，坚持把对下服务与对上负责、满足当前需求与推动长远发展相统一，通过调查研究、谈心交流等方式，广泛征求群众的意见建议，并结合单位建设发展实际确定服务内容；应以一年抓几件事的狠劲和几年抓一件事的韧劲，坚持沉到一线抓、蹲在基层抓，从具体事情抓起，从群众最不满意的地方改起，扎扎实实推进改革发展，扎扎实实为民造福，确保服务工作取得实实在在的成效。严格执行八项规定和反对“四风”规定，戒除“慵、懒、散”不良作风，营造团结和谐、奋发向上、清正廉洁的工作氛围。要把心思和精力用在转变作风抓落实上，用在促发展惠民生上，以作风建设推动全年目标任务圆满完成，以作风转变保障三中全会精神得到全面贯彻落实。

四是把学习贯彻党的十八届三中全会精神与深化民政领域改革、解决民生问题相结合。以党的十八届三中全会精神为动力，迅速掀起解放思想、转变作风、更新观念、激昂斗志的热潮，革除思想行动中的惰气、暮气、小气，增强干事创业的锐气、朝气、大气，为推进首都民政事业改革发展提供思想动力。要切实践行“为民务实清廉”的群众路线，充分发挥民政在社会建设中的骨干作用。以社会保障体系为基点，发挥保底作用；以创新社会管理服务为切入点，发挥基础作用；以专项社会事务服务为着力点，发挥支撑作用。以推动全市民政工作不断跃升，更好地保障困难群众，增强困难群众福祉为目标；以解决城乡低保更加公正、困难群众生活有序救助、优抚对象利益更好维护、老龄事业健康发展为突破点，加快养老、社区、社会组织等民政领域内各项改革步伐，力争在改革实践中有气势、有创新、有突破，努力推动全市民政事业实现新发展、新跨越，切实把民政工作的“传统版”打造成“升级版”。通过民政工作的创新发展，把一切积极因素充分调动起来，让发展的成果更多更好地惠及全体人民。

总之，新的号角已经吹响，改革的决心坚定不移，让我们在党的十八届三中全会精神的正确指引下，在市民政局党委的坚强领导下，紧跟时代前进的步伐，抢抓机遇，锐意进取，奋发有为，努力为首都民政工作创新发展增添新的光彩，为首都民政事业“四化”建设的未来谱写新的篇章。

（载于2013年12月10日《北京社区报》）

用法治思维推进首都民政改革破浪前行

——学习贯彻“四个全面”战略布局对法治民政建设的认识

对于习近平总书记关于“四个全面”的战略布局，我们必须站在实现中华民族伟大复兴中国梦的战略高度来理解，站在坚定中国特色社会主义信念的政治高度来把握，站在进行具有许多新的历史特点伟大斗争的时代高度来领悟。市民政局组织的这次学习“四个全面”总方略专题研讨班，进一步掌握了唯物辩证法的科学方法，端正了从政为官的根本立场，内化了求真务实的思想作风，探索了推动民政事业发展的新思路。通过学习研究，对把握首都民政建设方向、落实深化民政改革任务、实现法治民政转变、纯正民政政治生态的思路更加清晰。大家深切感悟到学习贯彻“四个全面”的战略布局，必须用法治思维和方式推进首都民政改革破浪前行，让法治灯塔在每一位民政干部心中闪耀。

民政改革必须树立法治思维

民政工作的政策性、法规性，贯穿于民政工作的全过程。

民政干部必须运用法治思维、法治方式、制度手段，化解矛盾推动工作。因为只有法治护航，民政才能树立权威，赢得百姓的信任。从而，为构建大民生格局，全面深化民政改革营造良好的法治环境。

所谓法治思维，就是法有授权必须为，法无授权不可为。不能不作为，更不能乱作为。伴随着民政工作的改革与发展，民政部门这些年加强了社会组织登记管理、社会救助、养老服务、慈善事业发展、地名管理、社会工作、境外烈士纪念设施保护管理等10多项职能工作，增强了民政工作在党和政府工作大局中的作用。先后建立了老龄事业、救灾救济、优抚安置、双拥工作、流浪乞讨人员救助管理、社会救助、社区建设等综合协调机制和基层“一门受理、协同办理”、家庭收入财产核对、婚姻登记联网核对、优抚对象数据核对、发放个人资金社会化等管理运行机制，重点推进了民生类立法项目，发挥法治的服务保障功能，提高了民政工作的效能和质量，凸显其在社会服务中的支撑作用。民政事业费用逐年增加，每年还有数千万人次进行志愿服务、数百亿元的资金捐款等，有力地壮大了民政工作的资源和能量。要做好这些工作必须树立法治思维，充分发挥领导干部带头学法守法用法的示范作用，依法引导公民有序参与，进一步强化基层民主自治，加快民政立法创制步伐。一个阶段以来，市民政局党委“一班人”坚持开会前抽出一小时学习宪法，吃透宪法条文，努力形成崇尚宪法、遵守宪法、维护宪法权威的良好氛围。同时，还建立了领导干部法律培训、法治讲座、集体学法等办法，提升学法、用法的自觉性和主动性，实现学法的规范化、常态化。心中要高悬法律明镜，真正把法治信仰根植于灵魂深处，把法制观念转化为行动准则。让所有的民政干部都成为遵守法律、执行法律的典范，让法治在民政这块土壤上开出最绚烂美丽之花。

民政改革需要法治作保障

搞改革，难免打破现有格局和体制机制，突破有关法律规定。这样的改革也必须在法治框架下有序进行，把法治思维、法治方式自觉运用于改革的各领域、全过程，发挥法治的引领、规范、推动和保障作用，确保全面深化民政改革沿着法治轨道有序推进。

对于涉及重大民生的项目、与人民群众利益息息相关的事项，必须做到政策公开、管理公开、服务公开、结果公开，让权力在阳光下运行。要精简审批程序，压缩办事周期，能合并的合并，能简化的简化，不死搬教条，不人为制造障碍。把民政执法权力法定化，厘清“权力清单”，界定“权力边界”，防止随心所欲、为所欲为。按法律而不是按惯例、按规矩而非凭个人意志干事。要树立法治思维，加强法治保障。一是遇到问题要找法规。不能跟着感觉走、凭着经验办，更不能以言代法、以权压法。自觉养成从法律角度思考问题，善用法治方式解决问题，防止矛盾转化、激化。二是解决问题要依法规。把遵纪守法、依法办事作为履职尽责、安身立命的基本要求，绝不能恃权而骄，置身于法律之外。在作决策、上项目以及出台有关规范性文件时，时刻提醒自己必须依法遵规。三是创新发展要立法规。健全科学民主的行政决策机制，主动扩大决策参与，凡是涉及群众切身利益的重要方案、重大事项和重大制度等，要广泛征求群众意见，使民意民愿充分体现在各项民政工作决策之中。只要牢树宪法法律至上、权由法定、权依法使的法制观念，形成办事依法、遇事找法、解决问题用法、化解矛盾靠法的高度自觉，民政事业就一定能健康发展、永葆生机。

依法全面履行法治民政职能

依法办事，已经成为政府职能部门普遍共同的要求。只有在法治的轨道上建立和完善各项制度，民政的体制机制建设才会更加完备和现代化，民政工作才会更加规范和高效，才能不断焕发勃勃生机、释放激情活力。

法治民政建设的核心是依法维护困难群体的合法权益。事实上，近两年来市民政局一直围绕法治民政做文章，动员部署建立权力清单制度。着眼解决民生、落实民权、维护民利这“三个重点”，大力推进民政建设，积极推动政务公开，先后对所属各类多项政务信息和业务事项、办理程序全部上网公开，依法履行兜底职能。深入开展“人情保”“错保”“群体保”专项整治，规范救助程序和标准，全面实施社会救助精细化管理，推进农村低保“按标施保”；完善流浪乞讨人员救助制度和慈善救助制度；建立健全农村党组织领导下的村民自治机制，规范村务公开、民主管理，发挥市民公约、乡规民约、行业规章以及社团章程在社会治理中的积极作用，以这些规则体系支撑和完善基层群众自治格局，增强社会合力。规范婚姻登记服务及标准化建设，严格收养条件和程序，推行生态殡葬，文明低碳祭扫，为群众办事提供最大便利。

对于以上项目，要把法治民政建设融入社会依法治理中，把依法管理和服务社会转变为向全民普法的过程，必须给纪律通上“高压电”，营造遵纪守法、捍卫法治、厉行法治的良好氛围。推进改革离不开科学决策，市民政局制定出台的《关于全面建设法治民政的意见》，对法治民政建设进行了整体规划，力求加快形成完备的民政法律制度体系，规范引领首都民政事业健康发展。要认真推进依法治理、源头治理，防止和杜绝法外设权乱作为，不得以备案、认可、评定等名义巧立名目法外设权，不得随意增加程序，强化对重点、热点、难点问题的解决。逐步建立权力清单制度，明确职责边界，规范权力运行，深化行政审批制度改革，强化行政主体责任，消除权力设租寻租空间，防止权力行使的异化和滥用，确保依照法定权限和程序全面履行职责，保持和增强问题导向的自觉，保证我们的各项工作依法推进。

要正确处理好改革与法治的关系，坚持以改革促进发展，在法治下推进改革，在改革中完善法治，使深化改革与法治建设并驾齐驱，相辅相成，统筹抓好科学立法、严格执法，学会用法治思维和方式做好各项民政工作，推动北京法治民政建设蓄势扬帆、奋勇向前，使民政在“四个全面”战略布局的实现中作出自己应有的贡献，在改革与法治的良性互动中激发全面建成小康社会的强大力量。

（载于2015年6月12日《北京社区报》）

贯彻群众路线推进首都民政“四化”建设

——参加党的群众路线教育实践活动培训学习体会

经过为期三天的理论学习，感慨万分。在集体听课、观看录像、座谈讨论等教育启发下，充分认识到新形势下贯彻群众路线教育实践活动的重要性和迫切性，认识到坚持群众观点和群众路线要靠学习、靠培训，认识到加强培训与学习，是我们进一步提高“走群众路线、树民政新风”的需要。只有通过学习，才能掌握坚持群众观点和群众路线的基本方法，才能确保首都民政事业社会化、产业化、信息化、体系化的稳步推进。通过培训，感触颇深的是对群众路线内涵的深刻理解：“群众肯跟你说心里话，见了你不陌生，这就是群众路线。”主要有以下几点。

第一，坚持群众路线是永葆党员先进性的法宝。坚持群众路线是党的优良作风和政治优势，也是党的工作路线，更是党员先进性的具体体现。它包含深入联系群众、真心体贴群众、真情感动群众、正确引导群众。我们党来自人民、根植于人民、服务于人民。历史证明，党只有紧紧依靠群众，密切联系群众，随时听取群众的呼声，了解群众的情绪，代表群众的利益，才能凝聚起强大的力量，顺利完成赋予的各项任务。唯物史观告诉我们：人民群众是历史的创造者，是社会变革和发展的根本动力。坚持唯物史观，就要坚持群众观点，坚持一切为了群众，一切依靠群众，从群众中来到群众中去的群众路线。

第二，坚持群众路线是通过实实在在的做法取信于民。务实是群众路线的本质特征，更是在新的历史条件下改进作风的重要任务。以改进作风为前提、以信任为纽带做好群众工作，并非形式上的温暖下乡，是要时刻关注大众民生，想群众之所想、解群众之所难，真正地问需于民、问政于民。要求做到：必须尊重人民主体地位。因为人民群众是历史前进和社会变革的最终决定力量，是实践的主体。广大党员干部都要把人民放在心中最高位置，尊重人民首创精神，拜人民为师，把政治智慧的增长、执政本领的增强，深深扎根于人民的创造性实践之中。必须坚持以人为本、执政为民。因为这是我们党的性质和宗旨的集中体现，是指引、评价、检验我们党一切执政活动的最高标准。要始终把人民的利益放在第一位，把实现好、维护好、发展好最广大人民利益作为一切工作的出发点和落脚点，做到权为民所用、情为民所系、利为民所谋，使我们的工作获得最广泛、最可靠、最牢固的群众基础和力量源泉。民政工作直接服务基层群众，帮扶特殊群体，其借助实打实的物质给予，使老百姓直接得到的是物质实惠和经济利益。若不能沉下身子、放下架子、拉下面子，察实情、顺民意、感民生，是做不好工作的。必须深入基层，发挥基层党组织作用。基层是干部的大学校，是锻炼干部的大熔炉，是服务群众的大舞台。要把基层一线作为培养锻炼干部的基础阵地，下基层、接地气、结穷亲，到企业、到班组、到职工中去，真正了解“民间疾苦声”，真心真意地帮助群众解决实际问题，做服务于广大群众的贴心人和娘家人。引导干部在同群众朝夕相处中增进对群众的思想感情、增强服务群众本领。把服务群众、做群众工作作为基层党组织核心任务和基层干部的基本职责，使基层党组织成为推动发展、服务群众、凝聚人心、促进和谐的坚强战斗堡垒。

第三，坚持群众路线才能保持党的纯洁性。保持党的纯洁性与群众密切相关，其好坏直接决定了群众的利益能否得到满足和得到满足的程度。可见，群众的事情就是党的事情。时下，在党员队伍中存在着对个人名利斤斤计较的现象，有的甚至跌入腐败的泥坑，有的理想信念动摇、人生观价值观发生扭曲，等等。其所以如此，原因是缺乏、淡漠了群众观点，忘记了广大群众对我们党的希望和寄托。因此，在全党和广大党员中增强群众观点，大力克服脱离群众的种种问题，是确保党员纯洁性的重要前提。必须做到：紧扣发展要务，坚持与群众合拍；多干平凡实事，坚持与群众合意；树立平民意识，坚持与群众合群。要克服行政化、机关化倾向，带着责任，带着感情，走出机关，多与群众交朋友、和群众聊聊天，用真诚的感情把群众当亲人、当朋友，感受群众生活、体验群众生活、感悟群众所需。要在服务中赢得认可，在服务中树立威信，在服务中激发活力。要牢树正确的群众观点，做到思想上尊重群众、政治上代表群众、感情上贴近群众、工作上为了群众，一切从群众利益出发，多为群众办实事办好事，这样才能拉近党与人民群众的关系，得到群众的拥护支持。

第四，坚持群众路线必须直面百姓需求，自觉履行民政职责。近年来，首都民政事业加大民生保障和工作力度，在重点保障特殊对象的基础上，大幅增加对民生领域的财政投入，一大批关系群众切身利益的项目被列入折子工程，民政民生福利向适度普惠加快发展，有效地提高了群众的幸福指数，使北京民政每前进一步都让百姓看到了实实在在的改变。保障和改善民生不仅是响亮的口号，更是踏实行动的坚强脚步。不断拓展惠民内容，提升惠民层次，绘就精彩的首都民生画卷，让百姓生活得更幸福。要使群众的物质生活更富裕、精神生活更精彩，作为党员干部和民政人，必须铭记党和人民的培育之恩，就要把知恩之心转化为以一流的工作标准干事业的报恩行动，铭记民政“上为中央分忧，下为百姓解愁”的职责，永葆爱民情怀，用真情和厚爱为群众服务，尽心尽力地履行民政工作职能，让群众深切感到和谐大家庭的温暖，使更多的群众自觉地投身到经济建设主战场，把学习培训与落实首都民政“四化”目标相结合，助推民生保障、社会服务和社会管理等民政工作任务的圆满完成，更好地为首都经济建设和社会发展服务。

（载于2013年9月13日《北京社区报》）

民情经纬篇

作者在导弹发射现场

1993 年 作 者 在营区

理发师肖冬梅正在为民政人理发

同心唱好《善行天下》，左二为韩京津

作者（左三）与文友

经年过往的岁月

——生命里那段抹不掉的军旅情怀

这些年，从一名战士成长为正团职干部，我一步一个脚印走过，不敢有丝毫懈怠。如今，捧着几摞荣誉证书回顾军旅，我无怨无悔。30多个岁月年轮中，我曾在重大军事演习中呕心沥血参与组织指挥让导弹腾飞；曾在硝烟中与死神展开过一次又一次较量；曾在二炮（火箭军）首脑机关里像书生般阐发过自己的思想。同时，还有千余篇作品和理论文章见诸百余家媒体，有近百篇作品在军内外获奖，出版发行三部理论专著，4次荣立三等功。丰富的人生经历，让我深感自豪、倍感幸福。

人生如戏，岁月如歌。歌不尽的峥嵘岁月，唱不完的军旅生活……每个人的生命旅途中，都有过灿烂辉煌，也都有过低迷暗淡，恰似一首歌，有激荡人心的高潮，也有恬静平和的回落。无论是在波峰，还是浪谷，一切都会过去。一晃30多年，发现自己成了过客。回首往事，历历在目，样样甘苦，付出与收获同在，感慨与遗憾并存，那段抹不掉挥不去的军营时光，令我无法忘怀。

自我成长初体验

1982年10月，我穿上绿军装入伍，来到驻扎在十万大山脚下的战略导弹部队，成为一名火箭兵。那里沟深山高，道路险峻，荆棘丛生，虫蛇横行。但这正是导弹家族的理想之地。我暗自下定决心，要干出自己的一番事业。

新训结束前，连队干部问我下连后干什么。我嘴上说叫干啥就干啥，心里却有个“小九九”：最好能分个有时间复习功课的工作岗位，过两年考军校，即使考不上，学个驾驶退伍后也好就业。结果事与愿违，我被分到发射二营当了一名推进剂液体加注号手。背规程，搞串讲，连长说，谁的规程背得熟、电路跑得快，谁就能最先进入实装单元。为了早日见识导弹，我玩命地投入学习中，两个月记下8万多字的专业笔记，半年便通过了专业技能考核。

在连队工作的时间里，上午学习专业知识，下午接着训练，晚上还要站岗执勤，一天到晚紧紧张张，根本没有空闲时间补习文化知识。那段时间，我心情不好，干什么工作都打不起精神。烦归烦，但没有表露出来，因为我知道，再烦领导也不会给我调整工作，既然来当兵，就不能随自己的性子，只能咬着牙干下去。在后来的日子里，我了解到导弹操作号手在战场上的重要作用，于是慢慢地喜欢上了这个专业，干工作的劲头更足了，成绩也上去了。

记得一次军事技术比武表演观摩会上，“导弹某部件电原理计量电路图默画比赛”正紧张进行着。

“下一组——开始！”随着裁判员简短的口令，我信步登上

“擂台”，两腿左右开弓，手里的粉笔不停地在黑板上跳动飞舞着，直线、曲线、元件符号……半个小时后，一大片密密匝匝的线路和196个接点、200个参数、179个原件和43处汉字标注等共600多个数据丁丁卯卯、清清晰晰、准确无误地组成了一幅导弹某部件电原理图。无论是质量、内容和速度，都遥遥领先于10位默画尖子。我夺得了这个项目的“桂冠”，被誉为驾驭神剑的“神弓手”！

为了熟练掌握导弹某部件电原理图，在“烈日炎炎似火烧”的中午，我从未挨过床铺，不是啃书本，就是默画电原理图；晚上，别人在电视机前欣赏精彩的节目或到阴凉处避暑，我却独自在宿舍里攻关，蚊子在身上叮咬，全然不顾。平时，我总把线路图装在口袋里，一有空就拿出来看上几眼，用小棍子在地上画一画。我给自己定了一条“土政策”：完不成当天的学习和训练定额不睡觉，直到弄通和熟练地掌握为止。

心灵感悟：通过这件事，我悟出了一个道理，分配了不如意的工作，不必悲观失望，要把复杂的问题简单化，先干起来再说，如果左顾右盼，黄花菜都凉了。很多问题，都是在干的过程中解决的，干着干着就会逐渐地喜欢上了。

亲历战略导弹发射

我在部队工作时，曾多次参加导弹训练发射，但给我印象最深的是第一次目睹导弹摧毁目标。

那是一个午后，发射进入了倒计时，突然，三颗红色信号弹射向碧空。

“点火！”随着指挥员一声令下，“轰”的一声巨响，山摇地动，霎时，熊熊烈焰像巨龙般吐着长长的火舌腾空而起，扶摇直刺苍穹。雷达遥测追踪着导弹的轨迹，直到导弹射入靶区，这时电视信号切换到了靶场。十几分钟后，遥远的靶区向指挥部报来巨龙命中目标的喜讯。旋即，观看台上的人们一齐站起，掌声和欢呼声经久不息。

透过那震撼人心的壮举，你可以窥见发射场上导弹健儿的雄姿和风貌。

搅拌燃料开始了。随着指挥员一声令下，只见7名操作手各就各位，迅速准确地在泵车周围抢管、连接、支撑……加注车在高速运转，刺耳的蜂鸣和加注车喷出的浓烟在加注房冲撞弥漫，仿佛要把这个房子掀开似的。面对发狂的噪声和令人呕吐、窒息的有毒硝烟，战士们个个表现得是那样顽强。身穿防毒衣的加注专业主操作手戴春成，双手紧紧扳着节流阀和油门制动。就在这时，负责泵车的战士由于没把管道连接好，一股呛鼻的棕红色硝酸从连接口喷泄出来。不好！如不马上堵喷，后果不堪设想。说时迟，那时快，只见戴春成抢过一把扳手，迎着喷射的硝酸冲了过去。连接管整治好了，一场事故避免了，他清洗了喷在身上的硝酸，又来到压力表前，目不转睛地盯着表……

当搅拌和加注完成后，战士们脱下七八斤重的防毒衣时，人们惊呆了。时令已过寒气袭人的季节，我们这些“局外”人已半棉裹身，而这些脱掉防毒面具的战士，尽管穿得很单薄，却个个成了“落汤鸡”。当他们“哗哗”地倒出防毒面具里的汗水时，我心中油然升起了一股敬意。

心灵感悟：此时此刻，我深知，在危急时刻和紧要关头，无论做何事情，都要沉着冷静、果敢坚决，毫不犹豫地迎难而上，积极应对，克服种种障碍，攻坚克难，解决问题，这样才能在岗位成才展示作为，实现人生价值。

与高贵的文字结缘

一次偶然的机会，我听到了某战士女朋友频频寄来“挂号信”鼓励他的事。

那年，一连战士夏涛从战友手中接过“挂号信”，抿嘴一笑，动手拆开了信封：“亲爱的，我们俩虽各在一地，但能漫游爱情之海……涛，让我们各自在不同的工作岗位上、不同的环境里，努力奋斗，比翼齐飞吧！”

夏涛和一名叫张荣的姑娘从小青梅竹马，情深意笃。中学毕业后，夏涛报名参了军，张荣考上了大学。尽管两人各奔前程，但她始终没有忘记这位“薄情郎”。夏涛入伍后，部队紧张的生活节奏和偏僻山沟的艰苦环境让他一时适应不了，本来怀着美好的憧憬来到部队想要干一番事业的他，渐渐泄了气。张荣知道后，频频寄来挂号信。每封信中，她都抄上关于战士的理想、军人价值等方面的格言、散文和诗歌。夏涛爱好文学，她还寄来《基础写作概论》《雪莱抒情诗选》等书籍。夏涛的精神生活开始丰富起来了。课余饭后，他一头扎进书本中，在知识的海洋里纵横驰骋……在张荣的启迪和帮助下，夏涛重新扬起了理想风帆，无论是军事训练，还是科学文化考核，成绩都在全连名列前茅。他们的爱情事迹被军地报纸广泛传播。

而我也试着把这个故事写成一篇小稿投寄媒体，不想竟被采用了。从此，我便热爱上了新闻报道这一行。

1987年秋，我刚奔赴某地执行完发射任务，就侥幸地从导弹旅走进了第二炮兵机关。这期间，无论是在机关思谋划策，还是在“一线指挥部”担任基层领导，我都没有放下手中的笔。从只是“萝卜条”“豆腐块”的小消息、小故事，到几个版面、几万字的长篇通讯；从不起眼的报纸角落到头版头条或专家点评，我一步一个脚印，扎扎实实地向前迈进。

2008年底，我从军事领域转换到建设大民政、服务大民生工作岗位，继续耕耘方寸之间，服务民政事业，撰写刊发与民生工作相关的理论研究和新闻作品50多万字，有数十篇上了中央级媒体头条并加短评或专家点评，在社会上引起较好的反响。

心灵感悟：我终于圆了自己的记者梦。这些枕戈待旦的日子，使我深深体会到，荣誉都是自己干出来的，无论做什么工作，都要能够勤勤恳恳、踏踏实实地干。这样，梦想就会离我们越来越近。

军衔肩章里的回忆

在我的抽屉里有个小包裹，贮藏着当兵26年戴过的各种肩章。一副副整齐罗列，有热烈的红，耀眼的黄，还有平实的绿；有庄严的硬肩章，也有绿茸茸的软肩章；有威武闪亮的肩章，也有镶嵌带五星“八一”字的软肩章。每副肩章里，都记载着一段无法忘却的过往。

手捧那有点褪色的肩章，记忆不知不觉又回到了30年前。那个朝气蓬勃、个性十足的男孩刚步入高中校门，就怀揣着对军人这一职业的尊崇、对绿色的痴迷和神往，义无反顾地来到偏僻的山区部队，去追寻儿时斑斓的梦想。

为此我曾经坚定地对自己说：“如果部队是熔炉，那么我愿做一块钢铁接受艰苦的磨炼。”时间应验了这句话。在连队里，好强的我不怕脏不怕累，事事冲在前，赢得了领导和战友们的赞许。1985年9月，我幸运地穿上了梦寐以求的四个兜“的卡”军装，并戴上有五星“八一”字的绿色软肩章，这是我平生第一次穿上真正意义上的干部服军装，夙愿成真使我高兴得一夜无眠。从此，激情燃烧的岁月开始渐渐走向成熟与执着。

记得我刚穿上四个兜军装的第二年，因对一干部“报忧”却立了功感到新奇，便采写了一篇稿件，被广州军区《战士报》刊登了。其实说起来这事并不奇怪。

那天梁兴常在执行现有库存弹药的普查任务时，带领吴兴海等4名战士在靶场进行手榴弹投掷。他们准备工作未就绪，就匆匆地开始试投。结果，小吴第二枚手榴弹未掷出就滑落在掩体内。在这危急关头，梁兴常用右手推倒吴兴海，果断地用左手抓起即将爆炸的手榴弹，将其扔出掩体。手榴弹在离他们约3米处爆炸，避免了一场事故。事后，梁兴常把事情经过向上级领导汇报，结果，却被认为是一次事故，当作“丑”事压了下来，再也没有向上反映。在整党学习提高认识中，梁兴常本着向组织讲实话的精神，重新把这件“丑”事公开出来，并主动承担了自己对这次实弹试投组织不严密的责任。部队党委对梁兴常敢亮“丑”报忧的精神加以肯定。同时认为，对待干部应功过分明，不能让报忧者吃亏。鉴于他的表现，表彰了梁兴常冒着生命危险保护战士生命安全的英勇事迹，并给他记了三等功一次。

随着岁月的交替、轮回的渐变，我更换着不同角色，肩章也换了一副又一副，由朴实的军绿色换成醒目的金黄色，再换成沉稳的墨绿色。不管在什么工作岗位，我始终牢记肩负的责任，谦虚做人，认真做事。我把这些肩章当作宝贝珍藏起来，工作闲暇时拿出来，拂去时间的尘埃，梳理人生的轨迹。记得青春年少时，每当遇到身边的专家学者，我甚是敬佩，敬佩他们渊博的学识，历尽沧桑的军人风采，更敬佩那记录着他们军旅生涯的肩章。现如今，我也攒下了一些肩章，这些肩章象征着使命与光荣，象征着责任与担当，但更是曾经岁月的凝聚与集结。

心灵感悟：在经历了无数的生活体验和人生曲折后，我对军旅生涯有了更多的眷恋和感情、更深的依恋和牵挂。于是，我更加珍惜今天所拥有的一切，生怕它会在未来的某个日子消逝。那嘹亮的军歌，那清脆的口号，早已融入了我的血液。虽然肩章在变，但军人情怀依旧没有改变。

（载于2013年第11期《工会博览》、2016年8月5日《北京社区报》）

生活因写民生而快乐

十年前的今天，我从二炮部队转业到北京市民政局后，见证了发展速度最快、破解难题最多、惠民效果最好的首都民政事业的十年。在我看来，这是首都人民得到实惠最多、民生改善方面取得有目共睹的成就的十年。这期间，热爱写作的我深深感受到，民生是我写作的源泉，是我感知正能量的原动力，“写民生”让我的生活变得更加精彩。时值改革开放40周年和市民政局成立70周年的喜庆日子，回顾市民政系统的光辉历程，我发现，自己对民政事业的情感越发深沉、强固、炽烈。

岗位变了，执笔直言的初心未改

26载兵龄，10年民政战线工龄……这些年来，虽然转换了岗位，转变了角色，但我的思想不变，信念不移，迷恋党的大政方针宣传的情愫始终未减。作为首都民政事业发展的亲历者和见证者，我用“一支笔”记录真实，表达感慨，我对民政事业的热情一直未敢削减。

“民政似一根扁担，一头担着党的政策，一头担着人民群众。党群关系的紧密度，是丈量民政工作的一把尺子。”我在自己的文章中记录道：“作为民政系统的一员，我看到当人民群众最危难之时，是民政人伸出援助之手，捐款捐物，分发物资，帮灾民重建家园；当群众遭受贫困困扰时，又是民政人精心部署、辛勤工作，为百姓排忧解难；当孤老残幼为生计寝食不安时，还是民政人千方百计、想方设法帮助改善。为顺应人们过上美好生活的新期待，北京市民政局积极争取市委市政府的支持，在重点保障特殊对象的基础上，每年拿出近300亿元对民生领域进行财政投入，一大批关系群众切身利益的项目列入折子工程，民政民生福利向适度普惠加快发展，首都民政每前进一步都让百姓看到了实实在在的改变。我感到，这一桩桩、一件件，都倾注着每个民政人的辛勤与汗水。”

面对这些成就，作为首都民政人的我深感骄傲和自豪。我认为，近年来北京市民政局在提高社会保障救助水平、完善福利基础设施、婚姻殡葬改革、实现基层自治、加强和创新社会管理等方面作出一系列决策部署，集中出台了13个方面50多项利民新政，惠及城乡群众，桩桩件件都是为了让百姓生活得幸福、生活得精彩、生活得有尊严。

成就多了，伏案疾书的热情不减

在部队做过数十年文字工作的我来到民政局后，继续把“文字关、体例格式关”。尽管我刊发的大小文章已数不胜数，但我仍觉得自己原有的基础知识、文字水平、理论修养还不够，需要不断加强自身学习，并学而化之，将其运用于民政工作中，以提高理论水平、文字水平、政策水平。对我来说，“爬格子”“开夜车”是常有的事。“有苦就有甜，苦中也有乐。每次写完民政稿投寄而出，过些日子，看到自己的劳动成果变成铅字出现在报刊上，那种成功的喜悦、自豪感油然而生，觉得生活很充实、很有趣。”每当说这话时，脸上的成就感就会溢于言表。

对我来说，工作是指标任务，而写作则是一种责任。即便工作再忙再累，在做好保障和改善民生的同时，我仍笔耕不辍，潜心创作。而在我笔下诞生的一篇篇稿件，又在不知不觉间见证着民生保障工作的发展变化。通过写民生，我找到了自己喜爱做的事，并且看到了不一样的风景。我写的上千篇讲话、报告、新闻、通讯等作品事实清楚、论述完整、政策把握到位，对领导决策起到了一定帮助。

10年间，我累计在中央和省市十几家媒体上发表民政稿件和理论文章200余篇50多万字，有20多篇获了奖，结集出版了《娘家人》《爱的天空》等著作，在社会上引起较好的反响。其中，我撰写的《政策创制成首都民政改革强力引擎》《改革思维开启首都现代民政建设》《首都民政文化创新发展绽放魅力》等6篇工作通讯在《中国社会报》头版头条刊出，有的还有专家进行点评或配发短评；《让法治民政普惠民生》《敢于担当就要有为民情怀》《关于进一步推进养老事业创新发展的探析》等18篇理论文章，分别被《北京社区报》《北京民政》等报刊用一个整版或多页篇幅刊发，对树立民政形象起到良好的舆论效果；《以党建带工建，推动工会组织深入开展创先争优活动》，在北京市创先争优理论征文活动中荣获二等奖；以《耕耘方寸之间，描绘民政画卷》《走近精神丰碑，增添为民力量》为题，抒发干民政事业的情怀，让实践收获丰硕果实，付出总会有回报，被《中国社会报》头题刊出后，受到社会各界普遍关注，得到了许多读者的积极回应；我撰写的老有所为系列纪实文学作品在报刊上连载后，受到持续关注。这些作品，不仅凝结了我的心血和勤劳智慧，还为如何在民政理论体系构建中充分发挥作用进行了积极有益的探索，为重大理论和实践课题的共同探讨提供了有力保障。随之而来的一摞荣誉证书，记录了我所走过的路程。

岁月去了，颂扬民政的荣光永续

我的写作之所以得到认可，很大程度上取决于我对民政动态、业务等相关知识的了解。本职业务技能过硬加上对写作的热爱，使得我能为实现民政事业大发展与新闻宣传双赢共进作出贡献。

民有所呼，我有所应。在我眼中，民政是与人民群众生活联系最紧密的部门之一。民政人必须坚持以人民为中心，以群众满意为目标，坚持“民政跟着扶贫走、低保围绕扶贫做”，把民政兜底脱贫工作摆在更加重要的战略地位，着重在建立长效机制上狠下功夫、狠抓落实。“我们肩负党和政府的重托，用爱心撑起了困难群体的保护伞，用诚心架起党和政府与困难群众的连心桥，用耐心践行着‘民政为民，民政爱民’理念，用真心弹奏着‘做贯彻《首都民政事业改革发展纲要》目标先锋队，当全国民政工作排头兵’的乐章，用恒心成就民政部门‘有第一必拿，有先进必当，有红旗必扛，有标杆必超’的辉煌。”我在文中写道：“《纲要》给我们提出了更高的目标和要求，让我们倍感任重而道远，也更加坚定了首都民政人干好工作的信心和决心。贯彻落实《纲要》，我们有着‘扬帆破浪、策马加鞭’的勇气和韧劲，有着

‘时不我待、只争朝夕’的精神。我们会义无反顾地去做贫困户御寒的一床棉被，去做灾民们建房的一根椽檩，去做孤寡老人灯光下的微笑，去做残疾青年轮椅上的欣欢，去做下岗职工衣食住行的亲近，去做福利院夕阳晚晴的一片灿烂，去做军民相濡以沫的鱼水情深，去做结婚证上大红烫金的喜字，去做丧葬习俗改革的先行官，去做为民解困的贴心人……”在我笔下，民政人脚踏实地地耕耘，被披上了更加鼓舞人心的“战袍”，字里行间，激发了意气风发的民政人不忘初心、永不停歇、再攀高峰的决心和干劲。

一项项惠民实事工程赫然在目，一幕幕和谐安定的社会场景犹如画卷，一座座闪亮奖杯闪烁京城。回顾自己的民政生涯，我感慨万千：“走过70年风雨历程的首都民政，正站在全新的历史起点上，以昂扬之气、开放之度，瞄准全面深化改革的轨道，清醒而激昂地踏着时代的鼓点与旋律，大步前行！”热爱的民生写作，我深切体会到，自己有日渐丰厚的经验，孜孜不倦的学习态度，希望自己能够创作出更有分量的作品，为喜爱的读者，为首都民政宣传事业奉献出更丰富的精神食粮。

（载于2018年2月7日《中国社会报》头题、2018年2月16日《北京社区报》与《我与民政征文汇编》、2018年第8期《北京民政》）

贫困户王万才的五喜临门

贫困户农民王万才近期是五喜临门：一是在各级扶贫干部的帮扶下圆了致富梦，二是成为全县首批脱贫示范户和首届“劳动模范”，三是向党组织郑重递交了入党申请书，四是写的脱贫日记《唐河千帆过——王万才脱贪日记选》出版发行，五是荣获了河南省脱贫攻坚奋进奖。“五喜”的背后，是他积极投身脱贫致富的实际行动和当地推进脱贫攻坚的显著成效。

脱贫楷模王万才是河南省唐河县城郊乡王庄村村民，曾考上县里的重点高中，因当时家境贫穷辍学务农。他平时喜欢读书，爱好诗文，能写出一手好字，对联、诗词、文章也写得不错，而且很早就用手机注册了微博、微信，和网友进行创作交流，被村民们称为“王秀才”、文化人，很受人尊敬。家里三口人，靠6亩地为生，一年收入2000多元。后来，因妻子体弱多病，儿子脑瘫智障，一家人的生活陷入了贫困，没了精神支柱，觉得生活无望，致富无门使得他越来越消沉，渐渐从自怨自艾、浑浑噩噩，变为自暴自弃、不思进取，一天天地消沉下去。娶不来儿媳妇成了老王的“心病”，“看着儿子就发愁”，觉得这个家“没过头”。

因为没心思干，所以家里穷，村里不少人觉得王万才变成了个不务正业的“二流子”。他自己也自嘲当时是“烂泥巴糊不上墙”，喜欢借酒消愁，一天到晚一身酒气，只有在酒醉之后才能忘记一切烦恼，是全村空酒瓶扔得最多的“空瓶户”。自此，他的田地荒了，屋里也乱七八糟，对生活失去信心。他在苦闷中贪上了饮酒，老伴儿恋上了打牌，穷日子过一天算两晌，麻醉一时是一时。穷得快揭不开锅了，到工地上干活儿挣点钱，不想却从脚手架上掉下来，锁骨断了，肋骨也断了三根，做了手术又住医院，虽说工地老板拿出一些钱，几个工友又给凑了一些，但还是不够，自己又花了万把块，钱没挣到又落下一屁股债。

2016年初，他被认定为贫困户。刚开始还不当回事，想着也就走走过场，一阵风刮过就完了。后来民政部门进村了，帮扶人入户了，接济措施落实了，政府推着你也得往前走。帮扶工作人员第一次入户时，看到满屋满院的垃圾和随处乱滚的空酒瓶子，都难以相信一个人竟能邋遢到如此地步。根据他的情况，实施帮扶的民政干部在落实脱贫措施的同时，还十分注重推心置腹地对他进行心理疏导，细致地和他分析脱贫举措，制订脱贫计划，确定致富路子，并动员他一起把屋里屋外彻底打扫一遍。王万才被感动了，从那天起，“黎明起床，打扫庭院”又成为他的生活习惯，原来发现自己的小家也挺可爱。

2017年，在扶贫政策的帮扶下，他拿起锄头租了6亩地种植地膜西瓜，并在瓜地里套种了红薯。经过虚心的求教和精心管理，加上当年瓜价比较好，仅西瓜就卖了1万多元。这让他尝到了甜头。从此，他对种田特别上心，有事没事就往地里跑。说来也怪，过去的酒瘾不自觉地给跑没影了，一天到晚想的就是如何经营、如何管理。随着低保全覆盖、健康扶贫、粮仓扶贫等系列惠民政策的滋润，让王万才觉得日子越来越有奔头了。2017年，他又种了10亩地膜花生，由于全部采用春播盖膜，花生成熟比较早，秋季那场连阴雨到来之前就已经全部收获，几乎没有损失。花生卖完后，坐下来一算账，地里的收入加上各种补贴，再加上闲时的务工收入，除去投资和其他开支，人均收入达到5800元，远远地超出当年脱贫标准。随即，他第一个向村里提交了脱贫申请书，很快获得批准并拿到了脱贫光荣证，甩掉了贫困户帽子。他又发挥特长，写出12万字的脱贫日记，不仅记录扶贫帮扶，还记载了自己生活的新变化。

他曾经三改网名，代表了自己从安于贫困到挑战贫困，再到摆脱贫困的心境。省委第三巡视组对唐河脱贫攻坚开展专项巡视时对他评价道："唐河县城郊乡王庄村贫困户王万才三改网名，从'老树西风'到'老树逢春'，再到'老树繁花'，写下了几十篇脱贫日记，以一个亲历者身份记录了党的扶贫政策带来的全新变化以及自己脱贫的心路历程。"在他看来，生一个残疾儿子显然是不幸的，但在有生之年赶上了精准扶贫的大潮却又是万幸的，相信所有的贫困户都深有同感。脱贫攻坚路上，他体验和见证了一个个贫困家庭从颓废无助到重新振作的转变过程，把所见所闻所想用笔记下来，将这些宝贵的经历与大家共同分享，使更多的人了解和认识到脱贫攻坚的重要性，于是就有了这部脱贫日记，受到了众多领导和媒体的关注，采访报道一波比一波热闹，他成为当地的"脱贫明星"。

现在，王万才逢人都笑嘻嘻地说："细细想来，我从安贫到脱贫，从悲观到乐观，分明就是党和政府在帮我，面对各种荣誉暗下决心，一定要念党恩，强信心，小康路上大步奔。"在县里举办以"志智双扶"为主题的报告会上，他的一番言辞慷慨激昂：

“脸上有尊严才能心里有干劲，心里有干劲才能脱贫有门道。等要靠只能坐吃山空，拼闯冲才能稳定脱贫。”他的发言深深地打动了与会者，大家深感振奋。

让王万才想不到的是，他这几年写的脱贫日记还被结集出版，青年时的文学梦竟然在已届知天命之年实现了。现在，他不仅参加唐河县脱贫攻坚“志智双扶”宣讲团，还代表南阳市出席2018年河南省脱贫攻坚奖表彰大会和先进事迹报告会，用自己的亲身经历鼓励更多贫困户战胜困难，早日脱贫。10月15日，《唐河千帆过——王万才脱贫日记选》首发式在中原图书大厦举行，据主办方介绍，由政府部门帮助贫困农民出书并为其举办隆重的首发式，这在全省是首例，在全国也属少有。

现在，王万才走到哪里就宣讲到哪里，反复强调脱贫离不开个人的勤劳和努力，离不开党的好政策，离不开帮扶责任人。他通过自己的脱贫经历，真正领悟到了习近平总书记所说“幸福都是奋斗出来的”深刻内涵。如今，王万才在一边种地一边当泥瓦匠的同时，又在家里砌起大灶台拾起传统豆腐制作手艺，他喜滋滋、乐呵呵地告诉笔者，还要甩开膀子再大干一场！

（载于2018年12月20日《中国社会报》，并荣获“我与改革开放”征文二等奖，与丰兴汉合作）

万千慈爱忆父亲

时光如梭。转瞬间，父亲离开我已有10个年头了。每每忆起过往时，父亲慈祥的音容笑貌犹如还在昨天。父亲的一生，没有什么惊天动地的伟大事迹，但他为人之诚恳、工作之勤奋、胸襟之宽广，给我留下深刻印象。时至今日，仍使我从中得到良好教益。

打从儿时记事起，父亲就一直是村里的大队长。在20世纪六七十年代的大集体时期，村主任其实就是一个大家长。要带领全村劳动力下地干活，春耕秋收，一年四季忙不得闲。还要管全村柴米油盐等所有财物的分配，报酬仅仅是一年几百个工分。同时，还要落实上级指派的各项政治任务和经济指标，负责各家各户鸡毛蒜皮的琐事，具体筹划安排村里的各项生产和群众生活。

村官是一名最基层的干部了。但在农村，也算是个“人物”吧。村主任，一村之长，虽没有“生杀”大权，但必须是在乡亲们中口碑好、善管理、会协调、敢担当、愿作为的人来担当。也必须是有能力、有威望、有生产经验，并且热心为大伙儿办事的人来担此重任。可以为村子谋福利，带领大家一起共同致富。

在我的记忆里，父亲一干就是15年。熟稔他的领导和乡亲，称其为人热心、正直，常常放弃自家的事儿去帮助他人解决困难。因做事公平、公正，为官清廉，深受村人拥戴。父亲心地善良，为人忠厚，吃苦耐劳，乐于助人，在村子里享有较高的威望。一方面缘于他清正廉洁的高贵品质，另一方面缘于他乐于助人的品行。在儿女的心目中，父亲一直是爽直、和善的化身。虽然有时脾气不太好，常常会得罪一些人，但他待人厚道，谁家有个难处，只要能帮得上忙的，从不推辞。这是村里人公认的。

麻雀虽小，五脏齐全。那时，村里的干部除了村主任，还有副村主任、妇女队长、民兵排长、会计、保管员、记工员等。村里的事情也是千头万绪，父亲每天都有忙不完的事儿。在他当村主任时，凡有婆媳不和、邻里纠纷之事，乡亲们总乐于找他解决。有夫妻打架的，有分家不均的，还有谁家田埂挖过界了，谁家庄稼被牛吃了，都要找父亲评个理。谁家有个红白喜事，少不了父亲忙前忙后帮着张罗。

当时，父亲每天最重要的一件事就是给大家伙儿派工派活。每天早上一出工，要把需要干的各种农活分派给社员们。一般情况下，都是在前一天晚上，利用大伙儿记工分的时间，就把第二天要干啥活都一一说明白。那时，农村上工是一天三晌，到了出工时间，父亲就使劲敲响悬挂于村中的钟，招呼大家去劳动，有时还站在村子中央，或者站在高土台子上，把手拢在嘴边大声呼喊着:“下地干活喽！”

时至今日，仍不能忘怀，在小小的村落里，每当到上工时间，钟声一响起，大家伙儿陆续聚拢过来，男人蹲在地上抽旱烟，女人带着私活不时纳着鞋底，年轻人则叽叽喳喳地说笑打闹着。看着人来得差不多了，父亲就开始派活。领活后，社员们有的赶牲口扛犁，有的拿铁锨锄头，三五成群地向村外的地里走去。

那时，每个村里都有自己的钟，这些钟的形状大小薄厚不一样，音质音色也不同，有的清脆有的沉闷，有的舒缓有的急骤，人们不用细听，就能分辨出哪个是自己村里的钟声，并且声音传得很远很远。上工敲钟看起来不起眼，钟却常年悬挂在村中的那棵柿子树上，每天村民上工、开会、分粮食或有紧急情况，都是由父亲亲自去敲钟集合。一年四季，乐此不疲。

父亲还有一项任务就是监督劳动，常常看到他神情严肃、倒背着手，游走在一些劳动现场，有时发火，有时还会“咋呼”几句。当时，队里的活既杂又多，即使社员们昼夜拼命地干，也往往难以填饱肚子。作为村干部，父亲不仅要带头大干，而且要常常带领社员们夜战。有时，晚上社员们收工回家了，他还得和其他干部一起开会，整天忙得不亦乐乎。农村里最为壮观的场面要数夏、秋两季农忙的时候，一呼百应，数十名男女齐上阵，几百亩成熟的庄稼，两三天工夫就能悉数入仓。不过，这种集体劳动也有它的弊病，最主要的就是干好干坏一个样，难于调动广大群众的劳动生产积极性。

我小的时候，身体一直不是很好。大概是在一岁时，生灾添病患了支气管炎。有时遇到头疼感冒，就会咳嗽气喘，父亲派完活后，就背着我徒步十几里找医生治疗。十多年一直持续不断地医诊，各种药吃了不少，但都不是很见效。就这样，父亲含辛茹苦地伴着我，从虚弱的孩童走向了健康的少年、青年。

20世纪70年代，人们出行所乘交通工具不像当今的小汽车、公交车、高铁，甚至飞机，出行“基本靠走”。那时，县城、乡村不通公交车，自行车也是可望不可求的奢侈品。外出办事、走亲戚，基本上全靠两条腿，且通行的路是沙土路，路况也差，偶尔有辆汽车、拖拉机驶过，引起沙土飞扬，呛得人们都躲着走。由于路途较远，每次外出寻诊，父亲都让我骑在他的脖子上。时间久了，导致其颈椎压迫神经，有时疼得父亲的脖子都转不了，但他不说疼，为了年幼的儿子，父亲也是很“拼”的了。

在我的印象中，父亲从不抱怨，只是默默地承受着一切。在他心里，村里的田地必须得种好，老少才有饭吃，娃娃们才有学上。我记得儿时，父亲曾抚摸着我和弟弟的头，告诫我们俩：“儿子啊！你们好好读书，长大以后做个对社会有用的人。做人，要多做好事，不能做坏事，否则会遭天报应的……”

父亲忙于村里的事，母亲就承担起家里和田里的事情，日夜操劳，练就了一身勤俭持家的本领。母亲深知没有文化的痛苦。因此平时很注重我们姊妹们的学习，每天起早摸黑，为我们做饭、操劳家务，供养我们一直读书。我和弟妹们在祥和的家庭中茁壮成长，学习上相互鼓励，成绩从不落人后，都成了对社会有用的人。

党的十一届三中全会，开启了中国改革开放的新时代，人民公社制度取消了，农村也实行了分田到户的联产承包责任制，我也结束了中学学习，响应国家征召参军入伍。

没有辜负父亲所望，我当了两年兵，就从湖南走进北京军区新闻干部教导队学习。一年后，我当上了正排职干部。虽然这个职务在军队排序中是最小的职级，但这也是通过努力实现了梦想。对父亲来说是获得了莫大的喜悦，感到甚是欣慰！后来探家时我听母亲说，自我当上军官后，父亲就将其当成标榜自己的一种值得骄傲的资本，白酒喝得比以往多了，脸上的笑容也比以往多了。笑的时候，就像绽开的棉花桃似的合不拢嘴，逢人就夸赞自己的儿子有出息，为族上争了光！

父亲的一生是平凡的，也没有给儿孙留下更多的物质财富，却留下“正直无私、严于律己”的宝贵家风，足够让我们享用一生、铭记一生。这种品质一直影响着我、激励着我。这些年，无论在部队，还是转业到地方政府部门，我总不断地学习，积累知识，丰富思想，勤奋工作。业余时间还喜欢用文字在精神的家园尽情驰骋，享受心灵的宁静，享受思绪的奔放，享受文字的魅力。如今，扎实的文字功底和丰富的感知能力使自己工作起来游刃有余。有千余篇新闻采写、理论文章和文学作品见诸百余家媒体及网络，有近百篇作品获军内外奖，有几十篇上了中央级媒体头条并加短评或专家点评，有的受到网友的热议，在社会上引起较好的反响。还出版过几部理论专著，多次立功受奖。

又是一年清明时，故乡的唐河两岸已是春风拂面，看着河里波光粼粼的碧水，如同承载着父亲的嘱托和思念，缓缓地流淌着。想必这可能是父亲在天堂里，还在凝望着故乡的一草一木，眷恋着曾经生活过的那片热土，牵挂着至爱的亲人。

曾多少次在梦里见到父母，他们还是那样慈祥可亲，当梦醒时，我的眼睛总是湿润润的。这个节日里，因工作不能回乡祭奠，心里有好多话想对慈爱的父亲倾诉……

特撰此文祭奠父亲，愿您在天堂安息！

（载于2019年4月10日《中国社会报》头题、2019年4月1日《河南文苑》、2019年第5期《北京民政》、2019年4月3日《北京社区报》、2019年11月28日《公益时报》中国殡葬周刊头题，并荣获“我的父母”征文一等奖）

激情豪气泻笔端

——北京市民政局葛东升其人其字

认识葛东升，是在5年前我刚到北京市民政局报到时。初次见识了他对习文练字是一种心无旁骛、如痴如醉的状态，并很快想到二炮一位将军的名字与其一模一样，便神侃起来。念及于此，我对他印象深刻：长着一张国字脸，1.83米的个头，身材挺拔，炯炯有神的两只眼睛与人对视，会感到他的眼睛里射出两道剑光，脸上写满自信与刚毅，初次见面认为其外形酷似伟人毛泽东。在部队练就了一身精气神的他，强壮的身板走起路来虎虎生风，虽到知天命之年，腰杆依然笔直，阳光般灿烂的笑容几乎时时挂在脸上，很有几分将军指挥若定的感觉。与常人不同的是，尽管人很高大，但是心却很细。

翻开他出版的《葛东升书中国古典情诗50句》《北京芥子图书院作品集葛东升卷》著作，映入眼帘的是幅幅结构端庄、笔墨淋漓、气贯长虹的书法作品；行书线条流畅，意华形朴，神韵兼备。帧帧作品师古不泥，师今不随，博取众家之长，融会贯通，笔笔有古，字字是今，运笔如神，墨随心意，初步形成了自己古朴中有逸趣，风雅中见凝重，清秀挺拔、端庄大方，独具匠心的书法风格。字里行间，都可以看出深厚的传统功底和强烈的创新意识。读葛东升的作品，不仅是一种视觉上的享受，一种艺术熏陶和美的享受，也是一种真正意义上的精神升华。

练字虽苦但神随笔走

自幼酷爱书法的葛东升受冀中平原深厚文化底蕴熏陶，从小读书时就喜欢写写画画，和书法素有缘分，并在学校里担任板报宣传、书写大字海报工作。不论严寒酷暑，春夏秋冬，朝朝暮暮，悬臂提肘而临池，一直都在坚持这个爱好。

为了练好书法，他付出了比常人更多的艰辛与努力。因为家境贫寒，他就用树枝在松软的地上写字，写过后用脚一抹，继续练习。收集看过的旧报纸、旧简报和旧材料，这些都成为他练字的写字板。学校里的黑板报成了他的“专刊”。逢年过节，为乡亲们写对联也是他的一大乐趣。1983年，他投笔从戎后，无论过的是快捷紧张的军事训练，还是直线加方块的生活韵律，仍然利用业余时间练习书法，由此喜欢上雄壮、古朴、方劲的汉隶。以毛笔为战斗武器，为部队每周出一期板报，所有新闻用毛笔抄写，然后放橱窗内供战友们阅读。为了保证展板的美观，在抄写新闻稿件时，只能一笔一画地用楷书抄写，这种以写代练的方式，让他的书法技巧得到了大幅提升，同时也让他养成了严谨细致的书写态度。在工作之余勤学不辍，他遍临名家碑帖，从著名书法家“祥隶”创始人王祥之的启蒙，苦心钻研王羲之、王献之典雅、婉媚、飘逸的“中和”书体，心追手摹，孜孜不倦，潜心领悟，神随笔走。30余年来，如果没有极其特殊的情况，他坚持每天练习书法两个小时，或读帖悟道，或悬腕练字，有时一钻研就是半天半夜。这些年来，他用废的毛笔数以千计，习字用过的旧报纸成车拉，左右手都有练字磨起的茧子。尤喜《张迁碑》《乙瑛碑》《好大王碑》，对其情有独钟，百习不厌，同时注重学习书法理论，多读《书谱》《图解汉字起源》《中国书法史》等。因此，在学习书法时，他更加注重对书法的感悟，即使到了不惑之年，也保持对书法艺术的钟爱。葛东升越写越好，找他求字的人也越来越多，他的书法也在诸多报刊上发表。

新字当头万事兴

所谓创新就是在漫漫书法道路上，以前人的终点为起点，向前跨了一步，哪怕是很小的一步，也创造了前人所未有的东西。葛东升尊重传统但不拘泥于死搬硬套，认同流派但没有门户之见，一切唯“美”是从，精华为我所用。同时，他十分注意观察和拿捏古今字体字形繁简不同、古今人们审美观念不同等特点，综合考虑，融会贯通，还注重把日常生活中一些感悟运用到书法创作之中。每当感受古篆汉隶气韵、秦始皇兵马佣之景象时，浮现在眼前的是：千军万马、无语潜行、肃穆凝重、端朴整齐，心手得到统一,一发而不可收，这些都是他寻求和激发书法创作灵感的参照物。

葛东升始终坚持人生的“三大信条”：为人诚实、作风务实、写字踏实，将其贯彻和体现到工作、学习和生活的各个方面。使其凡事都要尽力，习书亦然。他潜心钻研如何把书法艺术的雅与俗融为一体，努力做到“使不懂书法者觉得美，爱好书法者觉得雅，研究书法者又觉得耐看”。一次偶然的机会，他发现枯笔隶书不带蚕头燕尾，别具风格。于是他突发奇想：能否以隶书为基础，把行书、草书等字体融合在一起创造出新的字体呢？经反复练习、改进，他终于写成了具有鲜明个人风格的行草隶体。这种字体以隶书为主，加之篆行草书体，施以浓淡干湿大小搭配，写成的书法既厚重端庄又灵活多变，尤其适合书写长篇大作，可给人以大气、古朴、流畅、秀美的感觉。

诗言志书传神

书如其人，也常常说字如其人。不管学书法的，还是不学书法的，谈到书法时，都会把这句话挂在嘴上。然而，葛东升书法所追求的似乎不是这种雍容华贵之境，一如他的做人一样，他的作品更多的则是洗尽铅华、退却富丽，以一种简洁、凝练、豪放的笔墨跃然纸上，呼之欲出。

没有高尚的人品，书画作品难成大器。人品为人所推崇者，即使技巧不高，只因其神韵生动，仍被视为珍品。相反，人品低劣者，即使技巧纯熟，仍被士人所不齿。书法作品是一个人在历经社会生活体验过程之后，将自己对人生感性体悟，将自己对于社会的理性认知，自然而然在作品中反映流露的结果。他所写的刘邦《大风歌》、岳飞《满江红》、李白《将进酒》等作品，凛然正气跃然纸上，为读者所喜爱、书法界所推崇，与其说他的书法作品征服了人，不如说他的人品征服了人。

他推出的一系列书法作品中，通过点画线条的强弱、浓淡、粗细等丰富变化，以书写的内容和思想感情的起伏变化，以字形字距和行间的分布，构成优美的章法布局，有的似玉龙琢雕，有的似奇峰突起，有的俊秀俏丽，有的气势豪放，这些都使书写文字带上了强烈的艺术色彩。虽然笔法没有那么老到，但是这种高水准书法作品也具有独特的艺术魅力。他的作品篇幅不算太大，是书房家居的良品，挂于屋内，是一种修身养性的良好熏陶。

在多年的不断临摹和创作中，葛东升逐渐形成自己独有的艺术风格，作品追求自然平和的艺术感觉，充分利用发掘中国传统文化，让书法不单单是字形线条的美，更让它成为一种文化的凝聚。葛东升在攀登艺术高峰中体会到艺无止境，只有不断追求、不断学习、不断创新，才能永葆艺术青春。回首往事，他会心地微笑，流露出无限的喜悦之情。他每次参观名胜奇景，吸收大自然千奇百态无穷优美的灵气之后，常有胜景萦回、出神入化之感，握笔作书时，大自然的山川秀气，诗情画意在胸中、在脑际、在眼前蔚然涌动，波澜起伏，笔下生风。他更加注重人品与书品的统一，现实生活中多次参加义务捐助、义务书法讲座、帮贫扶困等公益性活动，并写下了“比作品重要的是艺术，比艺术重要的是人，比人重要的是德”的座右铭，时时激励鞭策自己。在学习名家书法作品的同时，学习他们高尚的人品艺德。

葛东升在全国民政系统算个名人。他在完成大量而繁重的民生保障和服务民政工作之暇，创作的作品先后荣获首届北京国际书法双年展、首届“嵩阳杯”全国书法大赛、“鹰联杯”世界和平国际书法大赛、为广州亚运会喝彩全国名家书画作品展、庆祝建党90周年全国名家书画作品展等展览并获奖。其中，书写的作品《两岸一家亲》《两岸携手共创幸福》，被民政部作为礼品送往台湾地区由中国国民党副主席洪秀柱收藏。还有部分作品被多家纪念馆和海内外友人展示和收藏。

（载于2014年第5期《北京民政》）

小店里的女理发师

在民政局办公楼地下室有一个小理发店：屋子南北朝向，有点像窑洞，狭长阴暗，常年见不到阳光，白天以灯光度日，只有10平方米大小空间。这里没有显眼的招牌、考究的门面、华丽的装修，但整个店看起来整洁有序。

环顾小店，一股浓浓的清香味扑面而来。两把普通座椅摆在那里，墙边放置两张小桌，镜子、电推、刮刀、梳子、电吹风陈列其上，三面镜子竖直悬挂在墙壁上。店虽然很简陋，但很热闹，来理发的民政人门庭若市，常常排起长队。因为在办公楼里，服务又好，民政局的同事大都是慕名前来，有些人宁肯排队等候，也要请这里的女师傅给自己理发，以体验其技术。她不仅为人友善，没带钱可以先理后补，而且真诚待人，脸上洋溢着热情的笑容。

理发的女师傅穿着专业理发围裙，举止大方得体，干净利落。她服务态度好，技术娴熟，像火山已燃烧到沸点，只要遇到合适的顾客，随时准备“喷发”。她对人亲切，总是边给人理发边触景生情地聊天，所以来这里的回头客多，顾客理发后都给予点赞。

这位50开外的女师傅是黑龙江人，大眼睛，五官精致，中等身材，皮肤白皙，相貌端庄。她的头发好像染过，看上去不是那种自然的黑色，也许长年在室内工作的缘故，看上去容颜还是这么漂亮，让她很好地保留着年轻时的美丽风韵。

从她的讲述中了解到，这位女师傅本来是纺织厂的职工，在企业改制后下了岗，之后开始理发，20多年的时光就与剃刀飞剪后坠落的发丝相伴，为他人理发无数。随着剪刀纷纷落下的头发渐渐远去，但她依旧默默在小店伫立着，迎来送往机关里再熟悉不过的顾客。她用自信的笑容、下岗不失志的积极上进的精神，感染着每位顾客。

记得第一次见到她时，她正忙碌着。轮到给我剪头发的时候，手上的活游刃有余、挥剪如风，只听得剪刀“喳喳”地响，好像剪发的技术高低就体现在她挥剪的快慢与否上，那么有节奏感，宛若一曲动听的音乐。头发“唰唰”地在往下落，刮脸的时候，手又稳又准，耳朵、眼眉、脖颈处处细心周到。理发的时候难免“耳鬓厮磨”，一阵阵香气让人有些心旷神怡，真的好功夫、好本领，真的让人难以忘却、印在脑海里。我躺在洗椅上洗头，她轻柔地抓洗着我的头发，仔细地洗了几遍。我的后脑勺被温水冲着，不觉有些凉感，可我还是感觉到有那么几滴是温暖的，滴在脑门上。洗好发，我坐在镜子前，看着她梳理、剪掉长发，轻飘飘地，剪花翻飞而落，接着被人扫去。回到椅子上，我看到镜子里她的眼睛已不再黯淡无采，眼神里充满了喜悦。她将配置好的阿芙玫瑰纯露滴到头皮上，手指不时地反复按摩发囊，以促进皮肤快速吸收。

办公楼的工作人员经常利用午休时间来理发室，让她给理、烫、修、剪、养发。一些女同志带着调配好的精油、营养油等，让其滋养毛囊，抚平翘发，消除静电及打结，给头发补充营养、水分，改善头发组织结构，同时修复开叉、受损、干枯等发质，使头发柔软光滑，韧度持久。女师傅常让顾客使用自己优质的洗发护发产品，还向他们介绍精油的功效作用和怎样护理好肌肤。不管人们什么时候来，她宁愿牺牲个人休息时间，也不会拒绝，毫无怨言。

尽管理发是一个很普通的职业，但在她眼里，为顾客服务好是自己的本职，更重要的是为民政人提供好的技术和好的服务，也能塑造其良好的行业形象。"我特别感激机关工会对我的信任，给了我施展能力的舞台和机会。"她由衷地说。

时下，学习传统理发技术的人越来越少，但她始终坚守着"梳、编、剃、刮、剪、染、补、捏、按、摩"这些传统的理发技术。她认为，关于传统理发技艺的传承，相对于硬性技术的传授，更重要的应是职业精神的继承。

女师傅曾在一家店做过十几年，是位资深发型师。她本来是当老板的，有20多位员工，理发美容样样精通，但觉得自己的长处不在管理上，做得心身都累，加上父亲常年患病需人照料，就决定不再开店了，来到民政局的理发室工作，按时上下班，节假日能正常休息，一边工作一边照顾家人。

就这样，我有一句没一句地和她唠嗑，看着她的手在我头发上比画、舞动着。我有时闭上眼，想象剪完后的模样，她并没因旁边有人在等而加快速度，还是在一小缕一小缕地、一小寸一小寸地精心修剪头发。她的慢条斯理、一丝不苟，让我不由心生好感：这女子，做事还真够认真细心的。

只见她将一块白色围布搭在我胸前，再把毛巾往脖子后面一塞，一手拿梳子，一手拿电推子，一招一式配合得当，手起发落，迅捷地剃好一面，侧过身再剃另一面。随着吹风机“呜呜”的声音，一个棱角分明、轮廓有形的头式就出来了。解开围布甩甩，轻拍了一下肩膀：“好了！”我便心满意足地笑着起身离去。

她的理发技艺不仅讲究快捷方便，三下五除二，干净利落，还注重因人而异设计发型。她的记性好，老顾客往店里椅子上一坐，不问就知要剪什么发型，分头、平头、刘海式、波浪形……只要你想要的发型，都能如你所愿。她剪发和做发型是根据人的脸形脖子长短而定，以前，我真没想到理发的学问还这么复杂，难怪她的生意总是那么好！我的头发长得像钢针一样既粗又硬，不好打理，所以我一直理平头，但内心又不喜欢理短发。有次我坐在理发店的镜子前，想着为什么发型不能变变？她自信地说，你把头发留长一点，进行软化就会变个发型，换个发式，换种心情嘛！于是，便按照这种方法尝试了，发型改变后，看着镜中的我，真成了一个不同的我。

我经常去小店理发，不仅仅是因为价格便宜，也因为她真诚待人，温情热忱。每次理发的过程给我的感觉不是在理发，而是在摆玩一件艺术品。给你捏捏肩膀，按按头部，所谓的松松筋骨，就像轻风拂过一般，给人特别舒爽的感觉。每次去理发，她总会主动与我攀谈，好像她什么都感兴趣，都关心，天南海北地侃侃而谈，从古代历史到当代的政治、文化、人生、理想，乃至看的电影，都喋喋不休。有时也给我说她在街头巷尾听来的奇闻逸事，只是她常把我问得哑口无言。她一边理发一边快乐地说着话，尽管都是些家长里短，听起来也津津有味，我们不时发出开心的笑声。每个来店里理发的人，都会感受到她的快乐。谁有个不高兴的事儿也会到店里来和她聊聊，经她开导都会高兴而去。

“你长年累月地站着干，不累吗？”我问道。“我喜欢，做什么不辛苦呢？”说到这里，她换了一种坚定的口气，“我这人只要认准的事，就会一直坚持下去！”说完，她快活地笑了，那笑声中充满自强、自信、自豪。

这就是小店理发师肖冬梅！

（载于2018年7月18日《中国社会报》、2019年12月26日《公益时报》、2018年7月6日《北京社区报》等）

人讲称职 事争一流

——记北京市民政局建设处工会主席尹崇波

他，偏瘦而略黑，齐刷刷的发白平头，配上一副老花眼镜，干练的形象一跃而出；他，言谈举止中表露出深沉、卓识的职业性；他，没有掷地有声的豪言壮语，没有惊天动地的业绩，只有醉心于工会工作的痴情和对民政事业割舍不下的爱心。他在领导心中，是一个与时俱进、让人放心，能独当一面的好干部；在同事心中，是一个爱岗敬业、无私奉献、以身作则的好领导；在职工群众心中，是一个敢干、敢护、知心、贴心的好朋友。他，就是北京市民政局建设处工会主席尹崇波。

一脸憨厚得近乎老实巴交的神情，走路办事时总爱半低着头，一副行色匆匆的样子……单看外表，尹崇波属于在人堆里很快就找不着的“平凡角色”。可一开口谈工会，他立刻就变得生动起来：思维敏捷，妙语连珠，尽管那一口夹杂着江浙方言的“彩色普通话”常常让听者一知半解，但他那种超乎寻常的感染力和幽默感还是让大家不时发出惊叹和笑声。

在人们的印象中，工会“无权无势”，充其量不过是“花瓶”，似乎也难有大的作为；工会主席在旁人眼里，似乎就是一个婆婆妈妈的角色，婚丧嫁娶、生老病死、劳保福利……但经过到建设处的一次深入采访，笔者改变了原来的看法。

做在实处——把工会工作当事业干

走近尹崇波，亲切的微笑让人似乎很难把这位随和的工会主席和当年那位叱咤风云的军人联系起来。

1954年，他出生在浙南东海之滨一个鱼米之乡的集镇上，祖籍山东，曾是商贾。到他父母这一代以务农为生，而且家境每况愈下。因为家庭贫困，他初中毕业便辍学，柔弱的双肩过早地承担起稼穑之事。田间劳作之余，于1970年来到福建做起了建筑工人。两年后，17岁的他怀着保卫祖国的强烈愿望，放弃打工从戎戍边。3年后同一批家乡出来从军的46人中，唯独提干的他忘我工作，奋发努力，立功受奖。军旅生涯14年间，无论是当文书、团支部书记还是组织干事，在各个岗位上他都干得很出色。

1987年军队裁减工作开始了，组织上批准了他的申请转业报告，恰在这时，同胞弟弟开办了一家外贸出口商品公司，正需要人协助料理。当时公司里经济效益比较好，年薪纯收入几十万元。西班牙一亲戚也在经营商贸让他去理财，年薪上百万元。这在当时是一个多么令人羡慕的数字和职业啊！在这节骨眼上，他收到去北京市民政局工会上班的通知，在经商与从政这架天平上，毅然在民政工会事业这头加重了砝码。

他的家乡经济比较发达，人也比较注重实惠，像他这样选择了工会这门“苦差事”有点不入流。尹崇波是个平民的儿子，深知生活的艰辛，骨子里就有着对老百姓淳朴的感情。到工会后，他经常讲的一句话就是:“当工会干部，心里要时刻装着职工群众。”

尹崇波从事民政工会工作几十年间，丝毫没有轻松一下、歇一歇的念头，而是努力去实现他“绝不把工会当作工作最后一站”的诺言:他潜心钻研民政、工会、经济管理、法律、文学等方面的专业知识，并获得民政系统为数不多的高级政工师职称，他用学到的这些知识和技能兢兢业业、始终如一地为职工群众服好务。

他上工地、下车间、访困难户;送温暖、维权益、让有限的经费惠及更多的困难职工，奔波操劳。没有对工会工作的热爱，没有对工运事业的崇高责任感和使命感，没有对职工群众怀有深情厚谊，是很难做到如此投入和忘我工作的。工会工作虽然平凡，但意义重大，它是党的事业的重要组成部分，是党联系职工群众的桥梁和纽带。做好工会工作，就是为党分忧，为民解愁，是具体实在的为人民服务。只要为职工谋利益，以为职工排忧解难为己任，就是莫大的充实。

做一个与时俱进的工会工作者是他的梦想。尹崇波认为，要想有地位，必须有作为。1997年，他离开了市局机关来到建设处任工会主席（后任党委副书记兼纪委书记），这样角色的转变对任何人来说，都是一个极大的挑战。但这位有着30多年党龄，从事政治工作30多年的党员干部把自己看得很轻松:“只要你对工作有一份责任感，再有一点激情，不管在哪里，不管身处什么岗位都是一样的。”在他的带领下，建设处工会工作焕发出勃勃生机。职工队伍素质有明显提高，出现了“五多五少”新局面:勤奋学习钻研业务的多了，不务正业浑浑噩噩混日子的少了;讲大局作奉献的多了，计较个人得失自私自利的少了;遵守社会公德、职业道德、家庭美德、人格品德的多了，违章违纪不文明的陋习少了；出满勤干满点的多了，迟到早退的少了；新人新事受表扬的多了，物业公司住户投诉的少了。工会工作得到了各级领导的肯定和赞扬，一些新举措、新经验、新成就在各种报刊、网站得到广泛宣传。在市政法系统体育运动会上龙卷风项目获第一名，在市民政系统春季健身活动中拔河项目获第二名，在市局“五月的鲜花”歌咏比赛中连年成绩名列前茅，等等。有力地促进全处上下的安全和稳定，推动了各项工作的改革和发展。

干在巧处——文化活动丰富多彩

尹崇波一直把“人讲称职、事争一流”作为自己的行动准则。他的工作作风是：严谨、心细、好胜、务实、雷厉风行。他要求别人做到的，自己首先做到。他把工作任务细化到每个单位每个人员，分解到每一个社所。他根据该处职工少、工作面广和人员分散的特点，采取因地因时因人因岗制宜的方法，开展文化体育活动。在处里自收自支、财力物力十分紧张的情况下，积极争取行政的支持，为处机关建立了棋牌室和乒乓球室等文体设施，下拨经费支援基层文化建设。动员职工踊跃报名参加上级组织的文化体育活动，得奖者都给予精神和物质奖励，营造了职工群众文化体育活动比学赶帮超的浓厚氛围。

处里先后组织职工去西柏坡、红旗渠、刘胡兰纪念馆、平北烈士陵园等爱国主义教育基地参观；先后组织员工游览了长白山、海南、云南等名山大川，陶冶了职工情操，增强了单位凝聚力，激发了职工工作的干劲和热情。

每年市局工会组织的“五月的鲜花”歌咏比赛活动，是员工展现歌舞艺术才华的机会。过去，该活动奖项与这个处无缘，职工参加该节目比赛作为应付差事，自愧不如别人，士气十分低落。尹崇波走马上任工会主席后，在职工中多次进行摸底调查，听取意见，发现职工中有不少爱好唱歌者，并有一股蕴藏在职工中奋发向上、甘愿争彩头的无穷力量，但缺乏指导开发合唱艺术潜能。于是，他产生了请音乐老师教唱的念头。可谁愿意教这群歌盲？老师从哪里请？经费从哪里出？工学矛盾怎么解决？这一系列的问题和难关，摆在世人面前。于是，他不厌其烦地多方做工作，最终难题一道道被攻克，翌年单位登上了领奖台。职工们为以辛勤汗水换来的成果欢呼雀跃时，大家的兴奋之情不亚于当奥运会冠军！

这就是文艺的力量。这种力量鼓舞着他不断开拓创新，推进处内文化体育活动向纵深发展。歌越唱越好，演唱水平越来越高，年年得奖，届届夺魁。在2010年的全市民政系统“五月的鲜花”职工合唱比赛中，该处合唱队不仅在选拔赛中名列前茅进入决赛，而且在决赛中脱颖而出获得特等奖的骄人佳绩。他们演唱的《民意大如天》，热情洋溢地颂扬了首都大民政理念。伴随着生动的旁白，甜美悠扬的歌声似战鼓吹响了大民政向大民生大民意进军的战斗号角，震撼了人们的心灵，抒发了首都民政人拳拳赤子之心和殷殷爱民情怀，富有很强的艺术感染力。许多听众为之感动，并产生了强烈的共鸣，现场出现了“江州司马青衫湿”的情景。为确保演唱质量，处工会周密筹划、精心组织、专门召开职工会，集思广益，献计献策，研究制订实施方案，邀请音乐专家作艺术指导，教大家发声技巧和气息运用方法，提高大家的自信心和合唱水平。集体活动凝聚了人心，振奋了精神，锻炼了队伍，极大地促进了业务工作的开展，为民政事业的发展注入了强大精神动力。

爱在细处——排忧解难惠职工

建设处的员工们常说，在他们的尹主席心中，只有职工唯独没有自己。与其员工聊天，提起尹崇波，他们十分敬佩地说："尹主席的最大特点可用八个字概括：'关爱职工、排忧解难'！"这句话深深地触动了我们：尹崇波同志，是一位胸存大爱，没有小我的优秀工会主席！

职工生病住院、家里有困难或发生突发事情，他都一一登门入户走访慰问，及时相助。对新来的同志，他总是通过不同的方式与他们促膝谈心。了解家庭情况，有没有什么困难，工作适应不适应，有没有压力，有什么想法和建议。在接触交谈过程中，他平易近人，坦诚相见，既了解对方的情况，也向同志袒露自己的内心世界，与职工搭起沟通的友谊桥梁。不少人有话愿意找他说，有苦愿意找他诉，有困难愿意求他帮，甚至有些小伙子找对象都请他当参谋把关，他还为员工当司仪主持婚礼。不负众望，敢替职工说话办事，赢得群众对他的信赖。在年轻职工心中，尹主席就是关爱他们的长者、知心朋友和贴心人。

10多年前，尹崇波在局工会工作时下基层了解到民政福利企业不少职工生活的困境，写了篇题为《福利企业职工的现状与对策》，提出建立领导干部联系困难户制度的建议，得到局领导的采纳。很快组成100多名党政领导干部逢年过节，登门入户为生活困难职工送米、面、油、衣、被等慰问品和慰问金，帮助解决生活中的实际困难。职工深切感受到组织上的温暖，逢人便说："党的阳光又照到我们的身上了。"领导干部联系困难户制度的建立，在京城引起强烈反响，被首都媒体称为寒风挡不住的一股暖流，在全国十城市民政系统工会工作研讨会上得到高度评价，受到全国总工会的表彰。职工朱红彤身患聋哑病，妻子患智力障碍，其父亲已过世，母亲因车祸瘫痪卧床不起，情绪低落。尹崇波视职工为亲人，一次次前去朱家探望，送去慰问品慰问金和精神食粮，使朱红彤的母亲重新扬起生活的风帆，身体逐渐好起来并能料理家务。后来朱红彤生了一个胖乎乎的儿子，母亲高兴得合不拢嘴。尹崇波每次去看望时，全家人依依惜别送他下楼，注目远望，久久舍不得离去。

职工师恩全患有多年肾病，失去了劳动能力，长期在家休息，每月自支医疗费上千元，儿子在广州上大学费用也比较大。后来师恩全的病情加重，一次感冒发烧，奄奄一息，医院发出病危通知书并告诉他，唯一的解决办法是做换肾手术治疗。换肾需用十来万元。面对这个巨大的数目怎么办？师恩全的亲友纷纷解囊相助。工会得知后，及时向党政组织报告争取支持，为其送去一笔救助款，为换肾手术提供了医疗费用。手术后，工会又多次登门探望，并给予物质和精神上的帮助，使师恩全的身体状况很快得以恢复。

尹崇波正是凭着热心侠义的品格，创下了口碑和威望，更赢得了众人的尊敬和信赖。

（载于2010年第12期《工会博览》，尹崇波因病于2017年去世）

一位公墓安全维护者的故事

——记北京市万安公墓、李大钊烈士陵园副主任石江海

坚持“安全为天，一切为安全让路”的理念，把安全的使命放在心上，把安全的责任扛在肩上，把安全的措施抓在手上，一个个昼与夜的执着，一次次冲锋陷阵的拼搏，一步步向着安全“零”目标的梦想奋勇前行，将汗水和热情挥洒在陵园，用责任铸就了单位的安全之盾。不久前，北京市万安公墓、李大钊烈士陵园副主任石江海在“2018年安监之星·北京榜样”活动中被评为“安监之星”。他有效地保障公墓和陵园安全生产的做法，值得借鉴。

干部走动式管理　真枪实干见成效

安全工作琐碎繁杂，是个苦差事，更是一份有了问题就要直接担责的工作。从事7年安全工作的石江海，始终牢记领导的要求：“抓安全管理要多转一转、多看一看，既不是走马观花，也不是纸上谈兵，而是时刻绷紧弦、铆足劲，动真格、把好关。只有

深入其中，才能把那些细枝末节或潜在的隐患排查出来。”这句话给他留下了深刻印象，一直记到现在。

他从日常检查入手，补齐安全管理最后一米距离的“短板”，推行“不见问题是坏事，发现问题是好事，解决问题是大事，回避问题是蠢事”的管理法，坚持走动式安全管理，做到重心下移，靠前指挥，紧盯现场。在认真执行领导带班规定的基础上，坚持“干部管理到现场，管人管事管思想”的原则，各级管理干部严格履行岗位职责，用“脚走到、眼看到、嘴说到”的理念，切实抓好现场管理。工作中，要求巡查人员每次巡查前根据实际情况，制定走动巡查时间、巡查路线、巡查内容，按职责分工，结合现场安全管理重点区域及部位，做到全面动态巡查，不留死角。

“哐”的一声，他循声走去。“什么呀？”便问。“镇流器坏了，换一个！”电工张师傅说。走过清运车，他又走了回来，捡起了那个镇流器，又黑又黄还带一丝烧煳的味道，生产日期依稀有2000年的字样。他仔细询问同批次镇流器还有多少，并决定全部进行检查。这一查又查出十多个已发黑、变黄的镇流器，及时剔除出去，避免它们“带病上岗”。

采用科学管理方法，开展自查互查活动，针对薄弱环节制定措施，实现对安全防范的超前控制。一次，他走过水井边，听到哗啦啦的流水声，感觉有点不对劲，虽走过去但又走回来了，打开井盖，看到水往井里面流，这是什么原因呢？经仔细查看，原来是管道老化开裂漏水导致井水倒灌。经与大家一起研究，他总结出了《如何发现常见安全隐患问题的若干办法》，对巡逻、相关一线岗位人员进行培训，用“异响、异味、异形”来观察和发现问题。经过集中培训，一批长期存在的安全隐患问题得到有效解决。诸如：偏僻角落焚烧问题、下班后无人值守岗位、分监控器安全用电问题、电线老化发热问题，等等。

他始终把陵园管理作为实现安全工作的关键环节，要求职能科室定期或不定期开展安全大检查、零点行动等安全督导检查，从多层面、全方位加强现场重点区域、重点环节、重点工序、重点时段、重点岗位的监管监控，及时把安全隐患消灭在萌芽状态，确保了作业现场始终处于可防、可管、可控状态。对于职工使用电动自行车增多、充电地点分散、充电方式不规范等问题，在院内设置3个专用充电点，集中充电，既方便职工，又消除了用电隐患。对单位财务室、业务室的电源插座进行统一更换，对陵园、业务室下班后采取拉闸断电的措施，对原骨灰堂24小时分监控设施进行改造并入总监控室，消除了一些潜在的安全事故苗头，做到防患于未然，守住公共安全底线。

他经常要求大家，用心就是要把安全常挂于心间，把员工的生命安全放在首位，把安全当作一切工作的重中之重去严格管理。用心就是要对安全隐患处处留心，对安全因素处处小心，对安全排查处处细心。唯有如此，才能构建起安全工作的防护网。“安全没有捷径，就是要不折不扣地严格按照规章制度执行，用责任和担当铸就安全防线。”这是石江海对大家的希望。走动式管理实行以来，职工群众的安全意识不断提高，干部的工作作风不断务实。

要变被动为主动　摸准安全之脉门

李大钊烈士陵园是全国爱国主义教育示范基地、全国青少年教育基地，每年来这里参观瞻仰者有数万人。

作为免费开放的场所，旅游团体为赶时间想先行一步参观，争取点时间是常有的事。“石主任，几家游客为抢着参观在大门外吵起来了！”保安经理小刘如是说。

为避免类似情况发生，石江海迅速组织陵园接待负责人、行保科和门卫值班人员，进行研究商榷。针对近年来接待参观人数持续攀升、主题活动增多的现象，他迅速组织商讨制订服务接待工作方案，明确人员分工和时间节点，对讲解的内容进行调整和熟悉；针对参观团体预约时间相对集中、不利于疏导的情况，研究制定按时间段安排参观单位、按人员可容量安排参观等预编排措施，并与预约单位妥善商定活动议程，尽可能缩短非参观时间，以提高最大接待量，达到最好的效果。同时，采取分段引导、按序参观、综合联动等对应办法，要求墓园大门、行经线路、陵园门口、主仪式活动现场的安保人员，协同做好秩序维护工作。仅去年的一天，就接待参观团体30批2759人，园区人员流动性大，对安全管理提出了挑战，这就需要墓园与陵园整体联动、各岗位人员通力协作，确保参观秩序井然有序和安全。

开展安全评估活动，实施风险超前预控，使职工树立“隐患就是事故”的信念。通过开展各种事故分析、反思活动，启发教育职工树立“事故皆可预防”的理念，将其落实到实际工作中，做到超前预防，变“事故追究型”安全管理为“超前的、系统的”事故预防型管理。举一反三，做到预有准备，对年度季度性工作提前做，重点抓，掌握了主动权。2018年雨水较勤、雨量又相对集中，汛期前及时修订了防汛方案，疏通了下水管、排洪管道，购买了相关防汛器材；针对墓园南侧围墙外、门头村施工堆土较多且紧邻围墙，遇暴雨冲刷堆土、易堵塞河道、危及围墙及墓碑安全等问题，他先后3次联系河道管理部门，协调堆土方的村委会现场查看，最终在汛期前，相关单位动用挖掘机械对堆土进行削高处理、2次对河道进行疏通，同时采取关小上游分闸口、增大下游泄洪口、封堵围墙泄水口等预防办法，7月17日墓园虽遇较大强降雨，但单位内外排水系统顺畅无阻，院内没有发生明显积水，顺利度汛。

“万安公墓有着80多年的历史，大大小小的墓碑依地而立，松树、柏树繁茂，在郁郁葱葱的树木映衬下，显得很有生命力，成为文化、学术、教育、政界名人的主要宝藏之地，是社会发展的缩影。这里的每一座墓都是一段历史，每一尊碑都是一个文化。”石江海说。增强全员的自主防范意识，实现群策群力、互防联防、齐抓共管体系，构建起坚不可摧的安全防线，每个人都应成为安全的守护者。他以“抓铁有痕、踏石留印”的作风，以探索创新、开拓进取的精神，朝着新的目标不断迈进，全心构筑起陵园坚固的安全长城。

运用科技手段　插上隐形翅膀

网络技术的开放性以及良好的对通性，使得监控系统不再局限于提供监控现场视频资源的简单功能，而在安全防范、提高效率、合理监管等方面提供更多的技术支持。陵园运用大数据管理模式促进社会矛盾的有效预防和化解，提升了治理现代化和服务能力。

“有人翻越南侧围墙！”对讲机中，监控值班员突然报告。那天正下着小雨，监控值班室突然报警，监控联动画面弹出显示南侧骨灰长廊围墙上趴着一名上身穿着浅色上衣的男子，警报响起、警灯闪烁，该男子停止翻越围墙，门卫应急值班小分队迅速到达现场，成功制止了男子试图翻越围墙的行为。

4月22日0时50分，门卫领班在值班室监控中发现大门外停车场内进入一辆车，遂通过监控加强对来车的观察，发现车内人爬到车上向一棵树挂东西后，迅速赶赴现场。发现中年女子脚踩汽车前引擎盖，已经将头部伸进了拴在树上的绳套内，准备上吊自缢，随即劝阻平息了这场轻生事件。

近几年，他们充分利用现代科技信息监控手段，陵园投资数百万元安装了报警视频联动管理系统，自建设运行以来，在上级部门的支持帮助下，紧紧围绕“建设平台、强化素质、有效处置”进行学习研究，有效地保证了安全。该系统运行以来，已有效吓阻、驱离5批次14位威胁陵园安全者，有效地维护了正常运营秩序，为平安殡葬提供了坚强的安全保障。

采访中，石江海谈道：“责任成就一切，安全没有捷径，就是不折不扣地统一认识、执行制度。今后，我们将牢树新型安全观，坚持用《中华人民共和国安全生产法》等法律法规做好安全工作，潜心研究基层单位安全运行规律，为单位安全发展提供扎实的安全保障。”随后他又说：“多年来，我经常对安全管理工作进行深入思索，注意将科学化管理模式运用到陵墓管理当中，突出科学组织，实施精细管理，形成上下一盘棋、齐心协力保安全的工作状态。”

虽然被评为“2018年安监之星·北京榜样”，在荣誉面前，石江海没有被耀眼的光环所陶醉，而是将其转化为保安全、保稳定的责任感和使命感，不断地向安全工作高峰攀登。

（载于2019年1月22日《中国社会报》）

爱民情韵的旋律惠百姓

——访歌曲《民政路上》词曲作者韩京津

《民政路上》同样情怀别样风景。韩京津说，北京民政70年春风化雨、春华秋实，一路走来不易，经验弥足珍贵。这些经验是在改革开放40年的实践中得来的，是市民政局组建70年以来的持续探索中得来的，70年的岁月难忘，民政局将向着光明美好的未来进发。

“民政路上，保障民生，多少无情的风风雨雨，化作温暖的情怀。”韩京津告诉笔者，她想写出层层递进，同时又富有画面感的歌词，所以在歌词的连接上，用了顶真的修辞方式。她没有为了单纯迎合流行而去降低音乐的深度。在创作中，她力图兼顾歌曲的艺术性与传播性。用排比句子的形式构建出每段落乐曲中强烈的倾诉感，同时又不失内在潮水般的律动。采用五声音阶韵律展开，之后又以节拍变化与连续的切分节奏推出民政路上的起承转合。以亲民曲调热烈亲切、质朴感人的韵味，充溢别样的艺术情调，给音乐创作增添一抹绚丽，歌曲方显温润、流畅、青春。编曲中还使用了大量多层次合音，以流行的方式去重新表达传统音乐元素。

北京市民政局是一个有着70年历史的老局，在社会主义建设和改革开放的过程中，作出了突出贡献，发挥了重要作用。在新形势下，面对党和政府赋予民政工作新职能新任务和人民群众的需求，民政部门再次走上民生发展和社会治理的中心舞台。

民政路上

韩京津 词
韩京津 曲

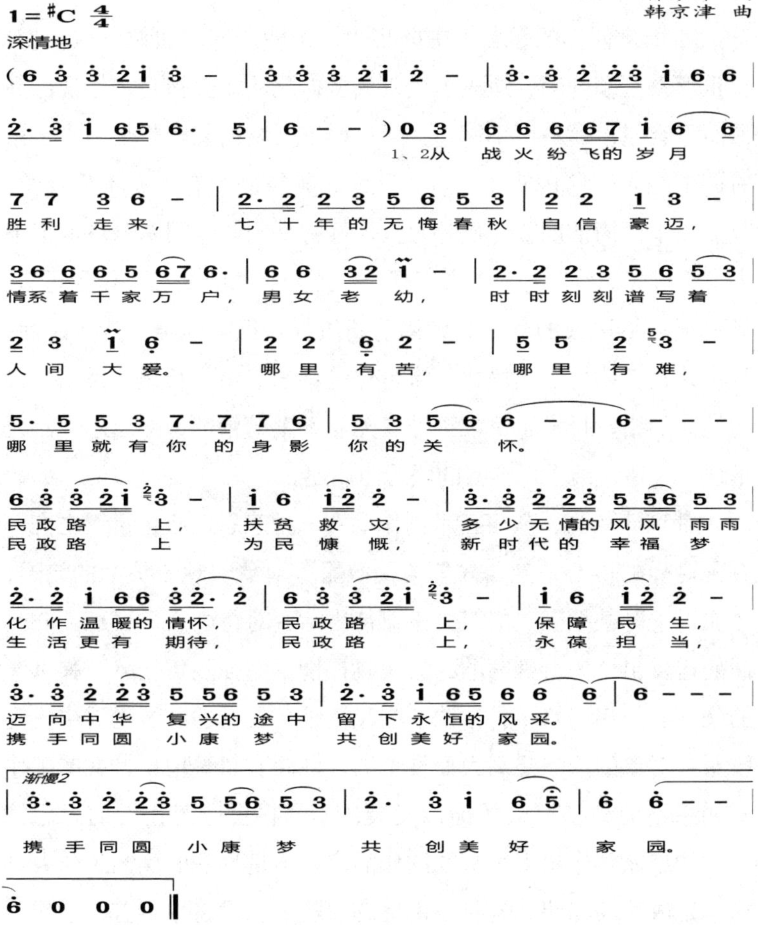

新时代的幸福梦是美好而具体的。韩京津说，这首歌里的独立意象很多，男女老幼、人间大爱、民政关怀、为民情怀、更有期待，有苦有难，有守望有担当。“小康梦太多了，但如果换一种思路，把追梦全过程的每一帧都当作不再重逢的相遇，那么民政路上，都是珍奇而独特的风景。为广大群众织就了美好生活的保障网，撑起了普惠民生的幸福伞，在首都大地上绘就出一幅幸福民生的新画卷。”

韩京津创作的歌曲，主题集中，结构严谨，曲调热烈亲切，音乐形象新颖鲜明，适应了民政人多样化的审美情趣，体现出高昂而不空喊、简洁而不简单、通俗而不平庸的艺术特征。在音乐曲调中融入一些民族化的音乐元素，旋律刚劲有力而不失抒情，节奏铿锵而简洁明快，质朴感人，好听好记，哼唱两遍就能记下来。听过《民政路上》的人们都说，这是真正的文艺工作者写的、是真正写给民政的歌。其旋律清新质朴、细腻优美、芳华时尚、雅俗共赏，体现出平民化、流行化的音乐追求，赞颂了民政为民的崇高品格，抒发了民政工作者无私奉献的精神，融思想性、艺术性于一体，给人以丰富的联想与启迪。

韩京津认为，从事艺术创作要有一种感恩之心、真诚之态。有了这样的内心情感，才能与民政服务对象实现心灵上的沟通，才能以平等甚至敬畏的眼光来对待生活、对待群众，真正从心灵深处迸发出“为百姓写歌、为民政抒情”的强烈责任感。韩京津的胸中总是流淌着一种浓浓的为民情结，在她的心灵世界中，民政服务对象的形象是高大而神圣的。她深有感触地说，文艺工作者如果不愿关注民政的建设发展，不懂得民政工作者的思想情感，就难以创作出大家喜欢的作品，就不是称职的文艺工作者。这是她成功的秘诀。她将爱民情感灌注于艺术之中，着力创作符合新时代民政人思想情感的作品，创作出了一首首好听好唱的为民爱民歌曲。

韩京津，一名情感细腻丰富、风华正茂，对艺术事业孜孜追求的文艺爱好者；一位潜能巨大、灵性十足，自觉唱响民政为民爱民理念的首都民政人。我们期待她踏着时代节奏，和着新时代民政人的情感韵律，创作出更多更好的鼓壮民威的优秀歌曲。

（载于2019年1月25日《北京社区报》、2019年第2期《北京民政》）

行走舞场看蝶变

朝阳初升，公园中响起欢快的音乐，人们用舞步唤醒了城市乡村。在那抑扬顿挫的旋律中，男女伴着节奏翩跹起舞，是一天劳作的放松。跳交谊舞曾是20世纪80年代年轻人重要的文化生活，也是珍藏在心中的一个美好记忆。

回想当时，交谊舞风靡祖国大地，我那颗年轻的心激荡无比，虽喜欢跳舞但动作不熟练，那时单位的食堂、会议室、学校的教室就是舞厅。每逢周末，负责文体活动的就召集人员，搬音响设备、张贴海报、把饭桌凳子挪走腾出地方，几盏白炽灯一开，接上电源，舞曲一起，饭堂就成了舞场。

男舞者的装束大都随意，我只记得女舞者的着装，冬天基本是军大衣或羽绒服加上高跟鞋。单位的食堂凳子较少，平时就餐去晚了都得站着吃，舞会人多就更要站着了。大家来了之后，慢慢围成一个圈。从搬桌凳时就开始播放舞曲，但每次都要等上很长时间才会有人到圈里去跳，一般最早跳的都是女士和女士搭伴，或男士和男士搭伴。可能这时人们主要是想暖暖场，等场子暖得差不多了，就陆续有男士邀请女士上场跳。由于食堂里空间大有点冷，人们嘴里呼出的气都能依稀看到。女士一旦受到邀请，也大都会马上脱下军大衣或羽绒服交给旁边的同伴或放在座位上，这样就会显露出漂亮衣裙。女士们打扮得花枝招展、艳丽俊俏，谈笑中充满着青春的活力，在舞厅里显得鲜艳夺目。舞林高手激情热舞，在激昂悠扬的旋律下，一对对男女载歌载舞，婀娜多姿。他们优美的舞姿和执着的精神深深地感染了我。初学者，步履生涩，肢体僵硬，我不敢主动靠前感到遗憾，就暗下决心，一定要学会跳舞。

想学跳舞必须要有老师来教，我主动拜师，一位叫王姐的愿意教我，并且说舞曲磁带也由她提供。她告诉我，要学会听舞曲的鼓点，跳舞的脚步要踩在鼓点上，这样才能与音乐合拍，跳起来由舞曲来指挥，与舞曲合拍了，男女舞伴也就能把舞跳和谐了。跳舞时，男士右手轻轻挨在女士的左后腰际间，女士的左手搭在男士的右肩上。起初，我没有舞感、跟不上节奏、记不住动作，经常踩到对方的脚。尽管前面练习踩鼓点很熟练了，但是与舞伴一块跳还是乱了阵脚。经过反复努力和练习，才熟练地掌握了舞蹈动作，我可以上场同舞者裙袂飞扬了。

刚学会跳舞，劲头和舞瘾都很大，到处找舞厅，我每星期都去上几次，舞票只需1元，条件也都很简陋。大点的舞厅内四周摆满了椅子，男女舞伴可以随便坐，舞厅中央吊只“魔鬼”灯，挂着花花绿绿的彩带绳，装上立体声音响，四周垂着旋转灯或激光灯，气氛十分柔和、温馨，地面光亮平滑，可容纳百余舞者。固定的音响设备可以播放舞曲，比用收录机播放音响效果好得多。除了放磁带外，舞台上还有歌手演唱、乐队伴奏。我盯上舞场里一位颜值较高的女孩，寻机走上前去，将她邀请到了舞池。我和她在众目睽睽下并肩走向舞场中央的时候，我显得春风得意。当舞曲响起，我们刚开始迈步时，那女孩突然停下了，轻轻地说了一句:“嗨，这不是三步，是四步！”霎时，让我十分尴尬。现在想起此事，还感到脸红。随着时间的推移，我的舞艺有所提高，但总感觉进步不大。我把交谊舞作为业余爱好，权当生活中的一种乐趣，只追求自然美，锻炼健康的体魄，不追求高水平。

虽然我的舞姿并不那么柔美，但找到了跳舞的感觉和情趣，感受到生命中的欢娱和带来的美好心情。当你跟着音乐跳完一整套动作，哪怕你的动作不够精准、姿势并不复杂多变，都会发自内心地感到舒畅和自豪。只要随着曲子的变化而变化，身体随着节奏而摆动，用心去体会，用身体去感受，就会乐在其中。我已经很久没跳了，工作一忙就容易忘记，更主要是没有舞伴，其实还是蛮喜欢的。坚持跳舞益处实在太多，只要锲而不舍、驰而不息，终有所获!

随着时代的发展，曾经的舞厅已渐渐退出了历史舞台。如今，人们由室内转到室外，把公园、广场和小区里面空旷的场地当作了露天舞场。不再有华丽的布景、绚烂的灯光和枯黄色土地的地面，跳完舞裤腿和鞋子也不再沾满尘埃，交谊舞者也由年轻帅小伙、漂亮姑娘变成了两鬓斑白的大伯大妈。虽少了些年轻时的激情和轻盈，但多了一份从容自在，悠然快乐，他们追求的是健康愉快和享受生活。跳的舞步也从单一的交谊舞，变成了广场舞、水兵舞、肚皮舞、踢踏舞、民族舞、霹雳舞等，也吸引了更多年轻朋友的加入。他们盈盈走来，丰姿尽展，舞态生风，曼妙灵动的身姿舞出了蓬勃的活力、时尚与动感。他们自信阳光的笑容、活泼热情的舞姿，跳出一种新感觉，跳出缤纷多彩的生活，真可谓百花齐放、不拘一格，从不同舞种汲取元素，为我所用，艺术性也将进一步提升。街头巷尾、广场公园、林间空隙等随处可见，这些场地大都是用平滑的花岗岩地砖铺就，跳起来更让人心情舒畅。

夜幕降临，无论是城市还是乡村，下了班，吃过饭，人们走出家门，这里一群、那里一帮地准时会合。只要音乐一响，居民便出门在广场上自弹自唱、自娱自乐、载歌载舞，优美的舞曲、动听的歌声、欢快的笑声汇成欢乐的海洋，用歌舞来表达自己内心的情感，处处可见伴着音乐舞动的身影，这似乎已经成了他们的日常。队伍中很多“50后”的精神面貌、热情活力和表现张力都不输年轻人。不少人表示，跳舞为他们构建起更丰富的社交空间，不仅与老友见面聚会频率越来越高，也能够不断结交新朋，在共同起舞中产生了共鸣与相互认同，成为沟通交流的一种外化艺术方式。大家觉得，这些活动让邻里间更显熟悉了，社区内愈加热闹了。优美的舞曲、欢快的笑语，给人们带来无尽的幸福和喜悦，分明感受到跳舞已成为城乡文化建设不可缺少的内容和城乡生活的亮点、风景线。全民健身，给新时代增添了一抹律动之美。让我们用跳舞的方式唤醒青春，提高生活质量，用张扬的方式点燃激情，舞出真我，释放最好的自己！

世事变化，历经沧桑。行走舞场的背后，也折射出我国改革开放40余年百姓生活发生的巨大变化，印证着时代的变更，记录着社会的转型，倾诉着大众对美好生活的向往，体现着与时代脉搏息息相通的思想情感。

（载于2018年9月12日《中国社会报》、2018年9月12日《北京社区报》、2020年5月7日《公益时报》）

与文字相伴初心有爱

初心有爱，文字有情，就是让个人感情与工作职责融合成民政人对于这个时代的责任担当，让为民服务的初心融入爱民的情谊。只有初心有爱的民政人，才能将宣传惠民政策落实得有力度更有温度。

初心里凝聚爱心

我是从20世纪80年代伊始给报刊电台写稿的，曾经在南方当兵的我，当上完导弹专业理论课、军事训练结束后，静下心来，年轻气盛的心便不安分起来，琢磨着怎样把自己的想法变成铅字。那时没有电脑，手机更没有，投递稿件唯一的办法就是执笔于手先写在草纸上，再一笔一画地誊在方格纸里，装进信封，贴足8分钱邮票，待邮递员来营区将其带到邮局。

起初，不知从何下笔。不是没有要说的话，而是不知该说什么，不该说什么。看似是对自己写作的高要求，实则是自己的自卑和不自信。自卑到害怕别人对我的表达说三道四，害怕自己挖掘不出深刻的思想。不自信到觉得自己写的文章不会有人看，也不会有人指点评判。于是每每写稿时犹豫不决、徘徊不定，等待最后的智慧沁入脑中，结果依然是自我失望。

随着时间的推移，我庆幸每一篇稿都如约刊登、如愿以偿。在写作中，我逐渐放下戒备，敞开心扉，直言直语，带着热情和诚意下笔，想写什么就写什么，不管别人怎么看。我已不再纠结要不要写，要写什么，只关注一颗自然诚实的心。

有可写的就认真地写，没有可写的就去阅读、去思考。我不再为了写而抓耳挠腮，为了应付差事而寥寥数语，只要诚实地写出观点、体现感受、展现思想，就能够无拘无束、放飞心情，变得更加自信，使自己不断地进步。

后来，我慢慢地感受到文字的力量和写作的欢愉，始终把说说咱民政事和献身党的新闻事业当作一生的价值追求，乐此不疲，初衷不悔。30多年来，无论当战士、通信员、新闻干事，还是当特约记者、处长等，我深深地喜爱上平凡而充实的这一行，精神生活越加丰富，对生活充满无尽的幻想。即使一个时期不负责此项工作，也没有放下手中的笔，总是在寻找素材笔耕不辍，对文字有执着的追求。我写故我在，我写故我乐。以此激发创作灵感，品味写作之乐，乐写快乐人生。

情感最能暖人心

写作永无止境。恒心最重要，坚持最有效。对事业、对工作要忠贞不贰、专心致志，把别人睡觉的时间、娱乐的时间用在工作上。因为初心有爱值得我争持，不管漫长的路上荆棘丛生或是布满沼泽，我都会一如既往决不退缩。不忘初衷，方得始终，才能在实现梦想的路上，走得更远，做得更大。

从心底里觉得码字有无限的光荣和幸福，让自己在写作中摔打，在文字中取暖，认为这份事业总有一种精神让我豪情万丈。与码字相伴，我找到了心中的爱和喜欢做的事，平淡的日子变得丰富多彩，清贫的生活变得有滋有味。

我融入首都民政领域后，深感改革发展的喜悦。北京市民政局带着百姓关切、怀着为民情怀、挂着群众冷暖，构建“大民生”格局的初心不改，着力解决民生领域的突出短板，致力促进民生改善与经济发展良性互动，从制度、体系层面着手，通过具体行动、举措发力，不断提高居民收入水平，城乡居民生活幸福指数节节攀升，一张越织越密的民生保障网，正在托起首都人民的幸福生活，让百姓充分享受改革发展带来的实惠和红利。

尤其是不断提高退休人员基本养老金水平和城乡居民养老保险基础养老金最低标准，使城乡老年群体的生活水平得到进一步改善；建立了覆盖全民的意外伤害附加保险制度、生育保险制度和城乡居民大病保险制度；在基本医疗保险报销后，还可获得高额医疗费用的大病保障；实现了居民日常生活不出社区这一美好愿景，提升其生活服务效能和城市品质，只希望他们能在社区生活得更舒心，形成了全市各街道各具特色的便民服务局面。

百姓的“多种需求”得到满足，就业、教育、医疗、住房等群众最关心、最直接、最现实的利益问题得到更好的解决；建设了覆盖区—街道—社区三级的文化馆、图书馆、演出场馆、数字电影院等公共文化活动空间，极大地丰富了群众精神文化生活，让居民真正享受到“文化民生”带来的幸福生活；为方便群众就近办理婚姻登记，率先在全国实现跨区通办通登，即北京居民可以任意选择自己结婚登记或者离婚登记机关办理结、离或者补领婚姻登记证（包括涉外、涉华侨、涉港澳台婚姻登记），等等，让老百姓的获得感切实提高。身处这座城市的我们，收获了太多感动、太多温暖、太多满足感，也体味到党和政府对群众利益的深情牵挂。

我撰写发表的千余篇民政民生新闻作品和理论文章，分别被新华社、《人民日报》《解放军报》《光明日报》《科技日报》《法制日报》《中国社会报》《北京民政》等媒体刊播，获得读者的普遍好评，共有上百篇文章获得全国、全军、二炮和省、直辖市各种奖励和荣誉，5次荣立三等功，5次被评为优秀党员。乡土文化方面的散文创作屡有收获，我得到了他们的认可，感到很有价值，也很开心，快乐之情难以言表。

我从中感悟道：码字之乐，苦中寓乐，乐在其中。在精神世界里，比谁都富有，比谁都快乐，它丰富了自己色彩斑斓的生活底蕴，夯实了对文字工作孜孜以求的根基。纵然有千辛万苦，也会依旧沉醉其间不愿归，依旧为其痴狂！这些年来，编辑老师对我每一篇文稿做到一遍一遍文字把关，细致认真，字斟句酌，只为作品精益求精……他们的悉心指点，给我莫大的帮助和支持，让我树立信心和勇气。

岁月更迭，我和文字始终前行，若没有这些，也无法坚持到现在。或许爱上码字，本身就是一种艰难的历练，未来的路上，将一如既往，铭记大家的好，初心永恒！只要平时留意生活，用心思考，多读多看，多写多练，多研究好作品，开拓业务新空间，就能平凡迭出有思想、有温度、有品质的佳作，将党的声音更加精准和全面地送到群众心坎上。

担当尽责跟党走

作文就是做人，写作就是写人生。2019年中华人民共和国成立70周年，也是伟大的党执政70周年，顺应新形势、迎接新挑战，我们不能忘记党的历史、宗旨、本色，必须有情怀、有担当、有操守，始终保持建党时共产党人的奋斗精神，保持对人民群众的赤子之心，才能更好地看清未来的路和走过的路，一切向前走，都不能忘记为什么要出发。民生保障中要有一种逢山开路、遇水架桥、永不言败的精神，面对是非敢于亮剑，面对矛盾敢于迎难而上，面对失误敢于承担责任。

今天我们依然在路上，肩负着新时代民政工作重要职责使命，坐在电脑前的时候，键盘上那26个字母就会使自己达到一种幸福快乐极致的状态。作为一名有32年党龄的民政新闻人，有责任、有义务在这些方面多做些事情，把握导向，坚守阵地，忠于职守，主动担当，在政治意识和舆论导向上跟着党走，在创作上跟着人民走，在创新上跟着时代走。我们要用心灵感受时代脉搏，用脚步丈量时代变迁，在身边点点滴滴的发展中，真正体验到民生工程带来的新变化，成为群众看得见、摸得着的幸福。幸福生活，是人们的美好向往；为民造福，是我们党的不懈追求。

（载于2019年第9期《北京民政》杂志）

翰墨写春秋 太极融丹青

——北京湘灏书画研究院院长祝秀成的书法艺术侧记

一缕长髯，一袭绸衫；身材修长，气质内敛，这是对祝秀成肖像的描写。他在书法艺术的追求上不拘成法，或篆、或行、或草，融太极拳的绵延之气、太极剑的行云流水于其中，笔断意不断、貌离神不离，笔势淋漓、气贯长虹，线条流畅、意华形朴，墨随心意、洒脱豪放，古朴中有逸趣，风雅中见凝重，清秀端庄，独具风韵。1954年，他生于河南唐河古城井楼街，系中国书法家协会理事、中国书画研究院院士。

书法在他心中是块特殊领地

回忆起自己的书艺之路，祝秀成说：与书法结缘，得益于王树人、密家珍、王霜安三位老师的启蒙和熏陶。三位老师博学多才，写得一手好字，咱家与其单位毗邻，老师们每每书写，我便成了在案台前铺纸磨墨的书童。长期的耳濡目染，祝秀成对毛笔字产生了浓厚的兴趣，时常在剩余的纸上涂鸦模仿，暗下决心要坚持不懈地勤学苦练，像他们一样写一手飘逸俊秀的好字。

1974年12月，祝秀成凭着一手漂亮的硬笔字，被部队招收入伍。不久，被挑选到师警卫分队，因为字写得好，在繁忙的训练工作之余，有了更为广阔的用武之地。出板报、刻会标、写宣传标语等，几乎所有空闲时间都在舞文弄墨，书法日见长进。由于常常得到领导和战友们的赞赏，他劲头更足，也更讲求质量，渐渐地开始迷上了书法。

书法代表着人类不可或缺的东方智慧或精神元素，需要有足够的耐心和信心，浓厚的兴趣必不可少。祝秀成就是如此，随着时间的推移，书法在他心中典雅圣洁，情至最深处、爱到最浓时，一谈起书法，他便神采奕奕；看到书法，他就沉迷其间；练起书法，他更是出神入化。就是在这种浓厚兴趣的驱使下，他始终没有放下手中的笔。无论行进间走还是静坐时，手总是不停地比比画画，真可谓心追手摩，神随笔走。“书为心画”在他身上得到了淋漓尽致的体现。

练字在他生活中不可或缺

从部队转业到新华书店工作后，得天独厚的学习条件，让祝秀成对书法的热爱与日俱增。随着书友交际范围的不断扩大，他注意向各种流派学习，眼观六路、耳听八方、博取众长，从各方面吸取别人的优点来丰富自己。他越学越感到自己的不足，越练越感到有提升的空间。2014年，他虽然已过花甲，可一直没有停止过手中的笔，常常是一气呵成写下密密麻麻几页纸后，才发觉手指已僵硬得伸不直了。

祝秀成精于金文、甲骨文书体，其笔力柔中带刚、气势宏大，观其行笔作书，气定神闲，虎步龙行，功力深厚，其作品广被海内外收藏家及书法爱好者喜爱和收藏。他最喜欢隶书，开始写《曹全碑》，反复地读帖、临帖、背帖，尽力临到与原帖相似，取其气韵，随其精神。他所临摩的碑帖秀美大气，字态雍容，没有一丝矫揉造作，却能体现与时俱进，内蕴时代风貌。他还苦心钻研柳公权、王羲之、王献之、米芾、杨在春、沈鹏等名家书体，孜孜不倦，潜心领悟。祝秀成说，自己从事书法，一旦提笔，一生追求；沉醉书法，时时在文化的浸润中得到无限的精神愉悦，内心的享受又妙不可言，就像是进入了终生追逐的梦境。

多年来，只要没有极其特殊的情况，他坚持每天练习书法12个小时，或读帖悟道，或悬腕习字练功，有时一钻研就是半天半夜，多少次端起墨汁当水喝，感到嘴巴里有着辛辣、苦涩的滋味，才发现杯子端错了。当天的目标若没达到就会吃不香睡不宁。这些年来，他用废的毛笔数以千计，习字用过的旧报纸成车拉，左右手都有练字磨起的茧子。他还注重学习书法理论，苦读《道德经》《中国书法史》等。在学习书法的同时，更注重对书法的感悟，始终保持对书法艺术的钟爱。潜心的钻研，祝秀成的字越写越好，找他求字的人也越来越多。

书法与太极在他心里相融共生

祝秀成从小爱好武术，学拳练剑，勤习不间断。当兵前和转业后一直坚持练习太极拳和舞剑，如此日复一日，一边强身健体，一边弘扬传统文化。30余年来，先后多次绛帐授徒，桃李群芳。他不懈地习武，艺名远播，慕名日众，有不远千里而拜者，在北京自创祝氏太极拳门派立宗谱40代，接收2000多名学生，随其学拳练剑。他以舞墨临池为趣，把佛法禅宗之意，用气、意、力书于草纸之上。他在打太极练书法之余，喜爱戏曲，爱好读书，唱豫剧、吹箫等均达到一定水平，年轻时曾在乡里戏班子唱过大戏；阅读了《论语》《孟子》《老子》《庄子》和大量的古诗文等书籍。这些，使得他的字外功底更加深厚，为提高书法水平和审美能力起到了重要的作用。

祝秀成把书法与太极融合在一起。他认为，书法是心灵的太极，太极是身体的书法。练太极剑有如行云流水，始终处于运动中。其动作衔接紧密，劲断意不断，势断意相连，如春蚕吐丝延绵不断。其柔中藏刚，内有虚实、动静、开合、屈伸等矛盾。这些矛盾是对立统一的，又是相互转化的。剑随身动，身带剑行。剑法又配合手、眼、身、步组成剑术组合，又由各种剑术组合而成完整的套路。视同于行草书法中的点、撇、捺等笔法，从而组成字法。练太极拳讲究动中求静，不求气而得气，充满了对称和谐之形，轻柔而凝重，舒展而紧凑。祝秀成的书写艺术，有笔法、字法、章法，做到行笔均匀，力达笔尖；笔锋上提时，气上行；按笔沉气，收笔放气，与太极拳、剑合二为一。祝秀成在长期习练武术的过程中，逐步悟到太极拳和书法艺术有许多地方是相同相通的。他说，打一套完整的太极拳，不仅没有疲累的感觉，反倒是心旷神怡、神清气爽。书法呢，如果创作一幅比较理想的行书作品，欣赏起来同样是心旷神怡。所以文武之道，一张一弛，相互配合，互为促进。

采访中，他深有感触地说：太极拳法、剑法与书法虽然是两个行当，但二者可融为一体，相辅相成。这其中首要的是悟性，悟性好就能拳、剑、书法合一。习文练武，这是我终生受益的法宝。当然，练好拳法剑法书法必须吃得苦中苦，只有黎明的即起，才会换来黄昏的美好；只有少年的努力，才会换来晚年的成功。学习拳法剑法，学习书法，要注意临摹古人取百家之长，必须笔笔有出处，字字有根源。太极拳法、剑法都可以得益于气功，心、手、笔一气贯通。意前笔后，相得益彰。

书法在他笔端呈现出醇厚朴茂

祝秀成的书法创作和书法理论在洗尽铅华的朴素中，赓续人文传统，重构浪漫古典。其作品温文儒雅、率真洒脱、沉稳融通、虚实相生；墨法干湿有度、知白守黑，变化无穷，气象万千。他悟出了汉字各种书体的精妙，书体日趋成熟，作品朴茂有趣。

前些年，祝秀成参加的书展主要以隶书为主，个别字取汉帛笔画，力争将书体灵魂呈现出骨力劲健、真力饱满，行笔潇洒自然，朴茂率真融入其中，所有作品既结构严谨、骨肉均适、俊秀清丽、波磔分明、方正有度，又烂漫多姿、笔情墨趣、不失轻柔。简言之，以汉字为载体、以笔墨为手段、以性情为灵魂，呈现出极好的审美艺术效果。写成的书法既个性鲜明、雅俗共赏，又灵活多变，尤其适合书写长篇大作，给人以大气、古朴、流畅、秀美的感觉。他创作出的山水画古雅清秀，把层峦叠嶂、气势磅礴的风景描绘得淋漓尽致。字里行间，可以看出深厚的功底和强烈的创新意识。

随着书写水平逐渐提高，祝秀成书法作品自成一体，形成了自己的风格。他密切关注当前的书法形势和发展方向，不断在作品中吸收合理的因素，并坚持投稿，积极参加比赛，曾参加国内外大赛30多次，屡次获奖，受到书法界广泛称道，被同行们称为获奖专业户。入展“北京大学第二届中华国际武术书画论坛比赛”获第一名、“北京大学第二届书画比赛”获中年组第一名、“岁月燃情·中国老年书画名家作品选集”获金奖、“中国中老年书画名家澳门回归十周年书画交流展”获金奖、“纪念邓小平诞辰105周年全国书画大赛”获精品特等奖、“第三届民族情全国书画艺术大赛”获金奖、“全国书法界美术界名家优秀作品迎国庆大型书画活动”获金奖、“庆祝建国六十周年翰墨颂伟人全国书画大赛”获金奖，等等。2014年，他又被国家艺术品鉴定评估工作委员会颁发了资质证书。

艺无止境。祝秀成说，虽然坚持学习书法取得了一些成绩，但还要一如既往地不懈努力，丰富学养，加强理论学习，深入剖析经典，把经典当成创作的源泉，与古人对话，与古贤沟通，在坚持传统的基础上，逐步形成独具一格的书体风貌。

（载于2016年10月19日《北京社区报》）

把抗战精神融入民生保障中

——参加抗战大阅兵观礼抒发感怀

又是一个金色的秋天。礼炮轰鸣、歌声嘹亮、铁骑滚滚、鹰击长空……隆重又壮观的纪念中国人民抗日战争暨世界反法西斯战争胜利70周年阅兵庆典在天安门广场隆重举行。我全神贯注地观看了盛大的阅兵式，热血沸腾，兴奋不已；我身为首都民政人有幸参加观礼感到无比的骄傲和自豪，近距离地感受到了军人的强悍和科技的进步。尤其是当严整的方阵队列迎面走来时，我能感受到方阵整齐的步点撼动着脚下的广场大地，那种震撼是振奋人心的。在观礼台上，我还目睹了空中战机翱翔的身形，编队飞行的直升机及空中护旗编队，以及各种新型的武器装备气势恢宏地通过检阅台，不禁心潮澎拜，百感交集。听着雄壮的《义勇军进行曲》，我眼前不时浮现出为抗战胜利而牺牲的将士们奋勇向前的身影，眼睛都湿润了。同时也给我留下了许多思考：中国人只有心手相牵挺起脊梁，才能实现中国梦和繁荣昌盛。

“9 · 3”大阅兵吸引了全世界的目光，虽然已完美收官，但它留给世界的热度和震撼仍未消散。纵观国内外舆论场，人们的关注焦点不再仅仅停留在阅兵的视听冲击上，而是透过受阅部队、地面装备、裁军30万的重大决定等，体察盛典背后更深的意涵。中国和平发展的决心得到国际社会高度评价，捍卫正义的历史观得到世界各国普遍赞赏。一方面着眼于国内，通过阅兵激发民族自豪感、增进国民认同感，凝聚人心一起为中国梦奋斗；另一方面着眼于国外，向世界各国彰显力量、决心和意志。聚力，凸显大阅兵中“五个首次”新风举措落地：首次以纪念抗战暨反法西斯战争胜利为主题专项阅兵，更能得到世界各国的认同，体现了国际范儿；首次邀请外国军队代表参加，显示出中国的国际地位，也看出我们有着保卫和平的同盟，体现了开放性；首次组织抗战老兵包括国民党军队老兵参阅，再现了中共在历史问题上的正确态度，更是对统一战线的肯定和弘扬，体现了包容性；首次按作战体系编排装备方队，体现了军队的时代性；首次安排50多名将军担任领队，呈现的是从严治军、不讲特殊的理念，展现的是我军领导干部以上率下、身先士卒的良好形象，体现了部队治理的科学性。

阅兵之日，必是世界震撼之时。此次阅兵，受阅的武器装备均为国产现役主战装备，具有以下特点：一是装备体系全，初次按作战体系编成6个模块，涉及作战各个要素、各个层次，显示了实战化特点。二是新装备比例大，受阅新装备达到84%，尤其令人振奋的是自行研发制造的武器装备，有许多达到世界一流水平，反映了我军现代化建设发展水平。三是装备科技含量高，展示的武器装备科技含量和信息化程度高，标志着我国先进技术水平和综合国力的提升。

这次阅兵，既是礼赞也是宣示，更是一次最深入最生动的宣传动员。全国放假一天，各国政要来京，先进武器亮相，老百姓看得过瘾、看得自豪，爱国主义情怀又创新高。这次阅兵，体会到了和平发展来之不易，感受到全国各族人民众志成城的力量和爱国强军的热情。这次阅兵，带来全社会对抗日战争的回顾、分析、思考，进而带来全社会对“过去怎么看、今天怎么办”的大思考。

14年抗战经历艰辛，有3500万中国军民倒在御侮疆场上。坚强不屈的中国人民挺起坚实的胸膛，浴血奋战。最终，日本在中国的顽强阻击下，也陷入了全世界反侵略人们的对立面，得道多助，失道寡助，最终惨败收场。这段历史不能忘却，更不容篡改和抹杀。前事不忘后事之师。我们强调铭记历史，并不是要延续仇恨，而是要以史为鉴，开创未来。展示力量、团结力量，大阅兵也有效地促进了中国和世界的和平与发展。彰显出我们追求和平及珍爱和平的决心，必将极大地鼓舞和振奋全国人民，令全球华人为之自豪。

观看完阅兵，我的心情像大海一样澎湃，中国取得了举世瞩目的巨大成就，是一代又一代的各族人民在严寒酷暑下，流血流汗，克服各种艰难险阻换来的。总有一种精神一脉相承，总有一种使命激荡持久，总有一种担当任重道远。实现民族复兴，精神支撑是比物质保障更为强大的力量源泉；捍卫和平果实，坚守历史事实与增强综合国力同样重要。在教育我们铭记艰苦卓绝的抗战岁月的同时，也启示我们必须扎实做好改善民生的各项工作，唯其如此，才能更好地汇民意、聚民心。历史和现实雄辩地证明，正是有了全体人民心往一处想、劲往一处使，才汇集起夺取抗战胜利的磅礴力量。作为华夏儿女，我们感到由衷的光荣和自豪，我们一定要以实际行动弘扬伟大的抗战精神；作为民政人，我们必须铭记党和人民的培育之恩，把知恩之心转化为以一流的工作标准干事业的报恩行动。带着抗战大阅兵观礼的那份记忆、荣耀与激励，我将全身心地投入到民政各项建设中，铭记民政“上为政府分忧，下为百姓解愁”的职责，永葆爱民情怀，用真情和厚爱为群众服务，尽心尽力地履行民政工作职能，把抗战精神与落实“四个全面”战略布局共同推进，把开展“三严三实”教育与完成民政重点工作任务结合起来，与开展规范管理建设年有机结合起来，把民政各项改革部署抓紧、抓实、抓落地，真正把民政干部职工的工作干劲和进取精神激发出来，释放创造潜能，并转化为搞好民政各项建设的强大动力，助推民生保障、社会服务和社会管理等民政工作任务的圆满完成，为把首都北京建设成首善之区和宜居之都蓄劲加力。

壮哉，抗战大阅兵！

（载于2015年第9期《北京民政》、2015年第9期《石柱山》）

风劲正是扬帆时

——盘点并寄语创刊4周年的《石柱山》杂志

唐河历史悠久，文化内涵和底蕴丰厚，有着五千年的文明史，可以说地灵人杰、名贤辈出。《石柱山》文化文学月刊，是伴随着唐河县社科联将要成立而创办起来的，创作成果丰硕，颇受大家的青睐和关注。它不仅仅是一本刊物，是属于自己发表文学作品的一块阵地，更是唐河一个互动交流的平台，对外的一扇橱窗、一张名片；是专门用以扶持和培养本地作家的一片沃土，是素质教育的苗圃，培养人才的摇篮！是为冲出唐河、走向全国乃至世界搭建的一个助跑冲刺平台，走向所有热爱中文的读者视野中，确实起到了学习、借鉴和提高的作用。

一个县、一座城的文化文学工作，从领衔来看，它代表的是社科联和作家协会，更是代表唐河文艺界的专业文艺刊物。对于一个县来说，刊物确实有点多，但从另一个方面来讲，说明唐河的文学氛围比较浓厚。县领导十分重视此项工作，每年都邀请知名作家回乡讲学，鼓舞了文学爱好者的士气，推进了全县文学创作事业发展。县社科联多次组织召开恳谈会，听取杂志生存和发展的意见，谋划发展之路，对其提出了更高的要求；还定期开展文学研讨、专题采风、主题笔会等活动，真正把刊物建成文学爱好者展示才能的舞台、健康成长的保障、提升素质的沃野。

2010年1月创刊的《石柱山》，作家、读者与它4载一道走来。创刊伊始就显示出了强劲的发展态势，推出了一批文学新人和唐河知名作家有影响力的作品。比如田中禾的《十七岁》、杨稼生的《失却的童话》、马新朝的《为谁活着》、金少庚的《逃离唐城》、郭富文的《雁过有声》……都是在《石柱山》首发的。金少庚现在已经成为南阳地区文坛极具影响力的中青年作家之一。之后，唐河籍当代很多知名人士都在《石柱山》发表过作品，可以说《石柱山》团结了一大批一流的作家群体，同时十分注重发现和推出本土文学新人，在这片热土上散发着独特的魅力。

《石柱山》与唐河改革发展步伐同步走来，弘扬先进文化，讴歌进取精神，坚持文学的主流方向，努力将思想性和艺术性相结合；坚持在把握唱响主旋律，弘扬正能量中一展风采；坚持科学发展理念，围绕育人才、出精品谋划工作，通过普及提高，促进全县文学创作健康发展；坚持积极向上的文学基调，刊登给人以力量、以启发、以思考的作品，努力展示主流文学品格，体现主流刊物品位，引导作者，引导读者，尤其是初学写作者不断成长。广大写作爱好者保持奋发进取的精神状态，潜心创作，勇于创新，推出一批无愧于我们伟大时代、无愧于唐河人民的精品力作。根据唐河当代文学事业发展趋势和需求，它的初创就为月刊。这样，出版总第47期，可谓一个质的飞跃，从一个侧面印证着新时期唐河文学事业的繁荣发展步伐。

《石柱山》经过4年的风雨历程，已形成了自己鲜明的特色，富有乡土的特征，有内涵、有质地、有智慧，独具文学魅力，在文化与文学方面可谓独树一帜。它虽然是一个县级刊物，从作品的质量和可读性来权衡绝不亚于省级刊物，国内像这样专发文化与文学作品的大型刊物目前还不多见。尤其近两年来，《石柱山》发表了一系列重要作品，有着一定的社会影响，被文化文学界广泛认同。同时，它还搭建起了本县与唐河籍在外人士、县与县、县与乡镇、乡镇与乡镇、群众与领导之间沟通的桥梁，搭建起一个联系本县作者与本县读者以及本县作者与作者间的桥梁，是推介本土作家、本土新作和本土新人的平台，及时展现了本县、乡镇的活动动态和一线干部群众的风采。

这些给唐河文学的发展需求带来新的机遇。无疑，应当把《石柱山》办成正在到来的中文阅读时代的首选文化文学期刊，在吸引南阳各地喜爱文化文学读者的同时，为唐河“文化走出去”战略服务，走向所有热爱文化工作的读者视野中，不断推出优秀作品，以飨国内外所有热爱文学的读者。

《石柱山》的产品意识就集中体现在这种刊物定位、栏目设计、版面安排、版式设计上，从封面设计制作、内文版式到内容编排，特别是选稿用稿上，编辑人员都以辛勤的劳动与付出、昂扬的负责精神来进行每一项工作，为唐河的改革发展鼓与呼、为百万干群的无私奉献歌与舞，把自己的智慧、心血和才智融入唐河发展、奋进的主旋律中。唐河的文化史上将深深镌刻编辑人员的创造和奉献！

为了形成阅读力，《石柱山》从基础性工作入手，力求扩大和满足阅读对象。在栏目设置上，开办有若干版块，“报告文学”“小说世界”“诗歌园地”“散文长廊”“文化论坛”“天南地北唐河人”等重点栏目，涵盖了文学的众多类型，可以满足不同作者和文学爱好者的创作需求和阅读要求；在特定对象上，从全县实际情况出发，从激发创作活力、培养文学新人入手，开办有“精神高地”等专栏，重点编发初、高中学生作品，可以吸引教育界领导、教师、学生和家长关注；在面对大众上，立足唐河，面向全国，不仅办成唐河文学爱好者的文学阅读园地，而且办成唐河人的文学阅读园地。为此，随着社会的变化、文坛的变化、读者阅读需求的变化，也作了一些与时俱进的调整。现在成为综合版块，对于喜爱小说的读者和小说家，《石柱山》是首选；对于喜爱诗歌的读者和诗人们，又是一片优美的园地；对于喜爱散文的读者和散文作家，同样有属于他们的版面；对于喜爱评论的读者、评论家，也为其提供一块值得品读的权威评论专栏。再如“温馨家园”“乡土记忆”和“乡风民俗”等栏目，主要刊登本地趣事、逸事，唐河过往历史故事、人物记事等，深受唐河人欢迎，有效地扩大了阅读人群。特别是同籍在外创业成功人士喜欢上这本杂志，甚至有些爱不释手，一期不落保存完整。

《石柱山》的每一个栏目都值得关注。除了传统的小说、纪实作品、诗歌等栏目已受到读者的关注和好评，散文栏目也备受瞩目。现在这些栏目相映成辉，获得读者的认可，也获得相关部门的高度认同，与其他栏目一起形成《石柱山》的品牌栏目。

《石柱山》走过的路还不长，未来的路还很远。未来会面临种种机遇和挑战，需要勇敢地去面对，要有一个改革的心态、从容的心态，要学会钻研和竞争，顺应潮流才有未来，才有希望；还要一如既往地对办刊质量做到精益求精，力求体现它的创作风貌。合理的定位，明确的宗旨，再加上鲜明而有特色的风格，刊物才会在读者中产生恒久的新鲜感和稳定的吸引力。为让喜爱文学的人愿意看，使其带来良好的文化效应，该刊应致力于抓好以下几点。

——注重阅读交流。办刊的主旨是推介本土作家、本土新作和本土新人。阅读中发现的本土新作，要舍得版面大力推介，刊发那些内容较好、质量不错的作品。由此，能聚合一大批文学创作新生力量。这样，不仅丰富了稿源，提高了质量，而且增强了本土作家和文学新人相互间的了解和交流，从而有效地推动文学创作水准的跃升，提升杂志的厚重感和阅读量。

——注重文学研讨。文学创作作为一种文化软实力，归根到底要靠作品的质量说话。近年来，为丰富本地稿源，通过开展系列文学采风和文学研讨活动，边开展作品研讨，边进行文学采风，广泛吸引文学爱好者参与文学创作实践。把创作的笔触深入基层干部群众的内心世界，书写他们的心路历程，讴歌他们的精神风貌，让优秀的一线干群成为文学表现的对象，激励优秀人才脱颖而出，在实践中锤炼成长。

——注重文学借鉴。既看重本土作家作品，也钟情外埠作家作品。前者看重的是发展提高唐河文学创作，后者钟情的是借鉴外力促进文学创作。这样不仅可以满足文学爱好者的需求，而且可以张扬文学独特品性和文学追求。捧读他们的作品，使其在浓浓的书香中体味知识的甘醇，从现实生活中撷取人们关注的创作题材，构建独具现实魅力和文学魅力的人物典型和艺术境界，使文学作品成为一种诠释真善美、揭露假恶丑的形象表达，并以比较完美的艺术叙述风格和品位，将文学作品推到一定高度，能够给人一种艺术上的美学思考和享受。此外，还设有“移民丰收杯”“金秋笔会奖”等奖项，这些奖项相互弥补，对《石柱山》的立体发展、良性循环起到重要的促进作用。

一直以来，《石柱山》顺应广大干群的需求，始终恪守一种真实、质朴、专注与长远的办刊态度，不仅为写作、摄影爱好者搭建了施展才华的舞台，为一线干群创造了展示个人素质的平台，也为文学爱好者构架起相互交流的渠道。但好作品若不能进行有效的包装，也会使好作品大打折扣，甚至黯然失色。在版面的设计与制作上，用版面的刻意留白来表现虚实关系，用传统与现代、虚与实进行碰撞，会使版面显得极具灵气、美感和视觉冲击力。因此，要不断创新版面，使栏目更加贴近一线，以满足不同干群的口味，为读者烹制出一顿顿色、香、味俱全的视觉盛宴。

除此之外，《石柱山》应建立自己的网站，开设一些栏目，把本刊所发原创作品先贴一部分上去。逐步推出《石柱山》网络版。既然已经进入网络阅读时代，也应为网络读者服务。继续发挥其独特的魅力，起到桥梁、旗帜作用，努力把它办好，使其成为唐河文化的窗口，干群展示才情的平台，对外交流的名片，成为干部群众的良师益友。要坚持先进文化发展方向，以正确导向引领，以真诚态度关心，以有效措施支持，以多种方式培养，使文学队伍不断壮大，具有地域特色的优秀作品不断涌现，在大报大刊发表作品数量逐年攀升，锐气十足的文学新人层出不穷，大力发展先进文化，努力创作优秀作品，为唐河文化文学大繁荣大发展作出新贡献。

希望《石柱山》越办越好看，朋友满天下，更上一层楼！

（载于2014年第11期《石柱山》）

民政文化篇

欢天喜地《灯笼舞》

新疆舞《亚克西》

2014 年 5 月北京市民政局工会主办文艺会演上演出舞蹈《火》

作者（前排左六）与首都民政系统职工参加中华人民共和国成立70周年群众游行“民主与法治”方阵

作者（二排右四）参加北京市民政局党员干部“弘扬井冈精神、践行初心使命”主题党性教育专题培训班

盛世欢歌迈进新时代

——首都民政系统职工参加国庆70周年盛大群众游行纪实

在万众瞩目的中华人民共和国成立70华诞之际，首都20多万军民以阅兵仪式、群众游行和联欢活动把长安街变成欢乐的海洋。威武雄壮的受阅部队阅兵式后，华丽壮观的群众游行开始了。北京市委社会工委市民政局23名干部参与“民主与法治”游行方阵中，穿着表演盛装，雄姿英发、神采飞扬、步伐矫健，接受党和人民的检阅，为庆典活动贡献民政人的智慧和正能量，展现了不忘初心的本色，唱出了为之自豪的赞歌，为礼赞新中国、奋进新时代舞动激情。整个广场从空中到地面，色彩缤纷、蔚为壮观，我们是参与者更是见证者，能够以这样的方式祝福祖国华诞，心情是多么的激动、喜悦和豪迈！

气势如虹受检阅　扬我国威耀后人

带着使命，我们出发！多次换乘，集结待命，严格安检！带着对祖国的祝福，我们走上台击节而歌，朝着祖国庆典的舞台自豪进发！在共同期盼中，那庄严神圣、激动人心的时刻终于到来了。

10月1日凌晨，首都民政队伍及其他受阅人员相继抵达东单路口南集结。蓝天下，被金色阳光铺洒的长安街明亮而宽阔，姹紫嫣红的花坛、飘扬的红旗，映照着道路上支支威武雄壮的受阅队伍里张张坚毅的脸庞。伴随隆隆的礼炮声，陆海空三军、火箭军和战略支援部队官兵、部分新型武器装备在举世瞩目中展露风采，预警机、飞行表演队飞机变换队形，用彩色的烟雾在空中画下美丽图案。随之，群众游行的音乐响起来了，我们的心也随着音乐跳动着、跳动着。伴着"今天是你的生日"的音乐声，一个个方阵、一辆辆彩车、一队队文艺表演，依次缓缓地通过天安门广场。游行群众迈着整齐的步伐、面带幸福的微笑，阔步前行在长安街上。庞大的队伍里更是载歌载舞：扭秧歌的、舞狮子的、滑平衡车的、放飞鸟儿的，甚至有快递小哥骑起两轮车身背包裹物品的、大妈跳广场舞的……多个表演区块各具特色又浑然一体，广场上唱响了盛世欢歌。

随着《宣誓号角》《同心共筑中国梦》等经典歌曲声响起，我们在远处就开始跟着节奏的韵律整齐地走起来，努力地走得更整齐，一步步、一点点地朝前迈进，渐渐地离天安门城楼越来越近了，心情也由最开始的兴奋变成了紧张和激动，但永远铭记共同铸就的坚定信念：一定要走好，为首都争光，为国庆献礼！这一刻，我们要用最真诚的方式，向祖国祝福！我们的方阵是由社会各界人士和政法大学学生等2232名身着绿、蓝、黄各色西装和衬衣组成的，我们左手持国旗、右手持花朵，编排成各种动作，跟着熟悉的音乐节拍，"踏乐而行，随乐而动"，人人在心中默念着拍子，豪情满怀、意气风发、昂首挺胸、飒爽英姿地以整齐无误的步伐前进，手中的持物每次高擎头顶，华丽挥舞，有节奏地、一律地时而升起，时而落下，以“自由、生动、欢愉、活泼”的形式来展现，努力做到情、景、人高度融合，用骄人的身姿自信地走过天安门前受阅区，以昂扬状态、一流标准、最严要求接受党和人民的检阅，吸引世界目光的聚焦。顿感鼻子有些酸，眼睛有些胀，但脸上却挂着璀璨笑容，难掩的激动无法用语言来形容。听到远处传来的阵阵掌声，“群众情绪像火山爆发”，我知道我们成功了，我们伟大的祖国成功了，此时也受到极大震撼！习近平等领导同志满面笑容地频频鼓掌微笑招手致意，现场观礼的各界代表手持国旗摇晃着，热烈鼓掌，群情振奋，欢声雷动。城楼上下真情交融，广场内外一片欢腾，同庆这个盛大节日，共祝祖国明天更加美好！今天，坚持中国特色社会主义政治发展道路，必须推进国家治理体系和治理能力现代化，用更加健全的制度体系保证人民当家做主的权利，坚定不移地走中国特色社会主义法治道路。

对这个时代的关注和迸发的喜悦之情，是中华民族伟大复兴的行动力量，是赤诚的心、火热的爱汇入时代的大合唱。步入疏散区后，队长甘承伟抑制不住心中的激动，边走边与队友们说：“70年的风雨中，中华巨龙正腾飞，创造了一个个奇迹，经济建设取得了巨大的成就，让国人自豪。祖国向世人展现一个正在和平崛起的泱泱大国形象，屹立于世界东方的浩浩中华气派和华夏精神，已成为支持经济全球化新型开放的东方巨人！今日，即便虚拟现实等技术带来综合感官体验，我们依然需要歌舞这种最古老的媒介，以最直接的方式，向山河致敬、为奋斗高歌、为人民喝彩。国庆游行壮国威，振民心！这是中华人民共和国成立以来伟大成就的检阅，是人民感情的自然流露，既是对过去很好的总结和顺应民意的盛典，也是对炎黄子孙最生动最实际的主题教育和爱国主义教育，更是中国人民革命意志的大检阅！虽然我们历尽艰难，却磨炼了坚忍不拔的耐力和淡定从容的意念。有幸参与其中，既是人民的信任与重托，更是我们无上的光荣和自豪。”

虽然国庆群众游行已经结束，但每当回想起100天训练、彩排、受阅的经历时，都会百感交集、热血沸腾。

为优质完成此次任务，北京市委社会工委市民政局领导将其作为重大政治任务、应尽的责任，亲自谋划设计、亲自动员部署、亲自领导推动，各项工作进展顺利；并成立了临时党支部，确保组织到位、人员到位、机制到位、保障到位；还召开了“庆八一守初心、担使命迎国庆”专题组织生活会暨临战动员部署会，军转干部和大家交流心得体会；不仅重点对保密安全、体能、步伐、队列、互动动作、情绪表达等内容进行了教育训练，还对疏散集结、应急处置等进行演练；组织观看了《这一步》《八天七夜》《176个小时》《建国大业》《国庆纪事》《决胜时刻》等专题片；举行了“话使命·表决心”誓师大会；拍摄并制作《我们一同走在长安街上》国庆庆祝游行活动纪念光盘；每次训练演练后，都进行质量分析、经验总结和全面的点评；开展“祖国，我想对你说”祝福祖国感言等活动，全方位多角度深层次地丰富大家的文化生活。在保证每一次训练卓有成效的基础上，通过深入细致的思想政治工作，让每位队员认识到参加庆祝活动的重要意义，将共产党人的初心和使命担在肩上、融入血脉，增强做好新时代首都社会建设和民政工作的使命感和自豪感。

动作精雕细又琢　合练预演同打仗

听着人群的欢呼声我们无不心潮澎湃，昔日训练场上咸涩的汗水就在这一瞬间化为内心的甜蜜与骄傲。眼光将笑容点亮，心中满是自豪；乐声中，心与心在歌唱，举手投足间，点点都是感动。

深夜1点，万籁俱寂，夜色朦胧，队员们起床后快步登上大巴车。上车时，还带着一丝困意。猛然发现座位上早已准备好了的早餐，有面包、牛奶、矿泉水、巧克力，还有护肤品。“谁需要塑料袋以防晕车？”“还有谁没有发到雨披”……顾不得车厢里的微冷，暖流直涌入心间。

星星点点伴我行，浩荡车队显威风。队员们忍受了两个多小时的长途颠簸与晕车，沐浴着晨光于早上4:30到达。睁开睡意惺忪的双眼，发现一缕暗淡的光线斜斜地照在车窗前，走上车外空旷的飞机跑道，身穿短袖T恤，小风一刮，顿觉异常的寒冷，这里没有居住设施，荒芜的草地成为临时的遮掩。7时整，“一二三四”，声声传递在宽阔的机场上，即使机场再空旷，声音再分散，大家仍然步调一致，一心向前，别无他念。晕车的没有怨言，排长队上厕所的没有牢骚，反复在发烫的水泥路上走几个来回的没有抱怨，因为每个人心中都装着坚定的意念，为了国家的荣誉，必须尽自己最大努力，以最高的工作热情、最强的组织纪律、最佳的精神状态，全力以赴、稳中求进、精益求精、万无一失，出色地完成各项任务，向党和人民交上一份满意的答卷。

豪情胸中激荡，梦想汇聚能量。2019年7月，在北京双拥大厦里，开始了国庆群众游行中的立正、稍息、向右（左）看齐、停止间转法、行进与停止等最起初的军事队列训练。王建超教员由简到繁、由易到难、由分解到连贯，对每个动作要领都进行了细致的讲解和示范，做到基本动作讲到位、指导到位、训练到位。队员们在一遍遍的口令声中认真做着这些简单的动作，力求做到动作有力规范准确到位，完成好单兵的技术要领。全体队员都能严格按照口令要求，认真完成每一个训练动作，全身心地投入到强化训练当中。

可别小瞧了拔军姿，两眼目视前方、嘴要闭、颈要直、胸要挺、腹要收、腿要绷的立正姿势，任何没当过兵的人站上10分钟就知道其中的滋味了。虽然动作简单，但要做得标准，做到完美，并非一件容易的事情，必须俯下身子去学。若不认真学习和钻研，不吃透标准、掌握方法，就不能达到训练要求。枯燥、乏味的动作一遍遍地走，苦涩的汗水一次次地淌过脊梁，严肃的教员一回回地教导，这些都在休息的片刻化作欢声笑语。此外，还有每天5000米的体能训练，为的是增强每个人的体能和肌肉力量。

方阵里动作多、标准高、难度大，做好且排面整齐是队列训练的难点。不仅要整个方队一起练，而且要小分队精细练，行进、举花、落花、转头……每个动作都精确到具体的高度、角度、幅度，确保每一列、每一行不管斜看、正看、近看、远看均整齐划一。

队员们顶烈日冒酷暑，往返齐步踏在游行训练道上，汗流如雨打湿了衣衫，迈出的脚步却扎实稳健。一天训练下来，精疲力竭，没有坚强的意志和刻苦拼搏的精神，是很难支撑下来的。只因有了为国争光的担当，大家才战胜了困难，超越了自我，变得坚不可摧。在训练当中有的队员受到了批评，但都能虚心接受，加以改正，以更加饱满的热情共同迎接受阅这一庄严时刻。

为保证大家踩上乐点、踏上节拍，实现平时训练与现场表演“无缝”衔接，踩乐点训练中，一个表情、一个手势、一个动作，全要反复练、持续练，都是虎虎生风。通过反复播放、交叉播放背景音乐等方法，培养大家的音乐感和节奏感，使其在潜移默化中牢记于心。在休息间隙，大家还在互相讨论切磋标准动作要领，动作做得不规范的队员主动向做得好的讨要经验，设法将自己的动作做得标准一些。我们经常从早晨6时“闻鸡起舞”，到晚上9时才“鸣金收兵”，使得训练成绩一路飙升。

排面终于走得整齐有序了，但手持物的训练又遇到了节拍统一、手脚统一等问题。为了解决这些问题，我们调动了全身所有的细胞和组织结构，用嘴数节拍，用眼与队友标齐，用耳听音乐，用手不断变化手持物，用腿按照标准距离迈步，用脑统筹人体器官。有的队员晕倒了，照旧说能挺下来；有的脚崴了，说能忍住；有的总感觉喉咙不舒服恶心，劝其休息，但其仍坚持完成训练。临时党支部书记王宇晓，妻子高烧生病，女儿面临高考，家庭遇到难过的坎，作为家里顶梁柱的他不在跟前肯定心急如焚。为此，他克服了各种困难，坚守岗位，把训练作为第一要务。谈起动作全都门儿清，却常常把家里托付的事忘得一干二净。

在队伍里，像他这样步入知天命之年的军转干部占三分之一。他们发挥传帮带作用，将部队上练就的好作风带到训练中，没有豪言壮语，只是悄悄地把“使命重于泰山”放在了心中，诠释了对信仰的坚守、对初心的坚持、对使命的践行，彰显了新时代民政人担当作为、责任使命、勇挑重担的思想品格和精神风貌。跫然足音，传递着一个共同的心声：无论过去现在未来遇有艰难险阻，我们都是党和人民最可信赖依靠的力量。

周末本是难得的闲暇时光，为了不影响白天的交通，每次合练预演都安排在周六凌晨或上午。演练是成千上万人的训练，是对方阵全流程、全要素联合演练，包括集结疏散、整体行进、应急处置、转换场地，以及与联合军乐团、合唱团的磨合，和对阅兵方队、联欢活动的前后衔接进行全面检验。从凌晨集合到综合验收再到顺利返回，全程不少于13个小时。晒黑的皮肤是他们骄傲的颜色，彻夜不眠的黑眼圈是个人成绩的标志，无法休息的周末是另类身心的放松。大家无眠无休无懈怠，战困战累战骄阳，有精有神有力量，次次出色完成大规模综合性演练和验收任务，以实际行动验证了什么是责任和担当！虽然大家很苦很累、身心疲惫，但都情绪饱满、开心愉快。演练精确到分、细化到秒，质量一次比一次高，整体效果一次比一次好。训练中，指挥部仔细打磨每个细节，力臻完美，整个演练如同打仗，只为最后在舞台上精彩展现，做好了正式受阅的充分准备。因为大家深知，演练让大家看到一种别样的风采，感受与众不同的人生。

无论是在骄阳似火的消防总队培训基地、乡村赛马场、良乡机场、尘土飞扬的阅兵村合练，还是深夜的天安门地区彩排，大家始终抬起自信的额头、挺起昂首的胸膛、露出灿烂的笑容，人人精神饱满，场场欢愉活泼。不管换乘待命等候，还是集结恭候安检，大家心甘情愿，天当房地当床，困了昏昏睡在马路旁，矿泉水瓶枕戈而卧，凑合着在人行道上小憩，出现了多次和衣睡马路的感人场景。大家克服更改手持物摆动方向、变更背景音乐、表演动作难度大和艰苦环境带来的不利因素，不论是方阵的整体行进，还是情绪的自然表达，都能以精准的动作、完美的表现、迅速的集结来彰显对新时代的热爱和赞美，经过努力，终于圆满完成了为国庆70周年献礼的准备阶段任务，受到了中央、市委市政府和市国庆游行指挥部领导的高度赞扬。

许多队员练完队列后，回到单位处理工作、参加学习，用心完成各项日常工作。在他们的带动下，大家的政治热情和干劲倍增，组织纪律性明显增强，服从命令听指挥，指到哪里就冲到哪里。参加国庆游行活动，对参加者的意志、品质、思想作风都是一种磨炼与考验。时至今日，想起这些往事，仍历历在目，感慨不已。

让70周年国庆的天空记住我们的笑脸，让五彩缤纷的光立方映出我们的身姿。方阵走得好，关键时刻能体现出齐心协力的力量，大家在启程时互相鼓励加油，提醒彼此踏准节奏，看齐排面。队友们即使通宵达旦也丝毫没有睡意，放弃了与家人团聚却毫不介意，一回到家里迫不及待地在电视上观看庆典重播，瞪大眼睛盯着屏幕，找“民主与法治”方阵的身影，欣赏举花的效果。受阅队员李勇感慨地回忆道：“人生中能这样走过天安门的机会可能只有一次！现在回想起来，虽然训练很辛苦，但在这里绽放快乐、结识新朋，确实感到无比的光荣和幸福！我真的觉得什么都值了，曾经的苦累都没有了，我想如果给我一次重新选择的机会还会报名参加，并且会更加义无反顾！”

携手联合绘长卷　共叙感恩新华章

“大地、江河、长城”无不彰显祖国疆土的宏伟广阔，一首《祖国赞歌》诉说我们的新生活。“我们走进了新时代，迎来幸福的新生活，复兴之步在向前迈，一个富强的大中国……”这首《幸福新生活》不仅歌颂祖国的大好河山和唱响对祖国的无限热爱，也描述了在这个新时代里人们的幸福生活。

夫妻俩“偶遇”演练场，只为一个共同的目标。丈夫李凯，来自北京市民政局，妻子朱娜斐，来自北京工业大学。一对年轻夫妇，因共同的使命意外相聚在了群众游行演练场。他俩的距离虽然只隔5个方阵，两人却很少有时间交流，妻子承担课程，加班加点担负着教学任务，丈夫要做好社会建设和保障民生工作。为了这一天，他们舍小家顾大家，平日各自忙碌，舍弃与家人欢聚一堂、共享天伦时光的大局意识和奉献精神，深深打动着周围的每一个人。

说起祖国的变化，李凯深有感触地说："我觉得最直观的就是住房。从低矮的平房到鳞次栉比的楼房，从砖泥构建到钢筋为骨。随着时代的变化，农村从茅草屋搬进了高楼，见证了中华人民共和国成立以来，祖国走向繁荣昌盛的道路。当然，房子不在于大小、新旧，只有和家里人在一起的地方才是最幸福、最温暖的地方。而给我印象最深的还是交通。记得过去出行的交通工具'基本靠走'，全靠两条腿，且通行的路是沙土路，路况也差，多数是牛车马车人力车，速度慢，时间长，出行距离短。随着科技的发展，当今交通工具种类也多样化起来，小汽车、公交车、飞机、高铁、地铁等应有尽有，给出行带来了极大的便利。"

既反复做信访人的思想工作，跟踪案件的办理效果，又坚持队列训练的受阅队员董连会一字一板地说："是什么力量，让一个一穷二白、饱受侵略，什么技术都是靠外国的中国一跃而起，大踏步赶上时代潮流，屹立世界民族之林？我们迈向繁荣成了发展中的强盛国家：社会生产力不断发展、综合国力不断增强、工农业生产蒸蒸日上、人民生活普遍改善、科学技术突飞猛进、改革开放蓬勃发展，GDP跻身于世界前列。今天的中国人民终于可以扬眉吐气了，而这些成功的背后离不开艰辛的努力和默默的付出。伟大的成果来之不易，更需要当今中国人倍加珍惜，挺起脊梁。让我们把如火的激情熔铸于履行使命的实际行动中，用肩膀和汗水承担起祖国和人民的期望，用无悔的青春为人民的幸福、祖国的复兴贡献力量。"

方框标兵李啸虎充满激情地说："作为一名机关党员干部，我要始终保持对党忠诚、政治敏锐、敢于担当。要树立终身学习理念，坚持经常学习、挤时间学习，确保学习效果，努力增强解决问题的能力。通过学习，聚焦落实总目标，牢固树立维护社会稳定和长治久安的战略理念，在大是大非面前立场坚定、旗帜鲜明，做一名政治上靠得住、业务上有本事、自觉维护党纪的忠诚卫士。要把自身工作同人民群众的期盼有机结合起来，敢于直面矛盾和困难，为国履职，为民尽责。坚决做到守好阵地、守住忠诚、报效祖国。”

从山东省县级民政部门干到省市级机关、一步一个脚印踏踏实实走出来的受阅队员王梅真诚地说：“70个春去秋来，我们都以伟大祖国母亲的每个时期发展为荣，在世界舞台上，中国以前所未有的伟岸形象，一次次地顽强不屈、一次次地屹立不倒、一次次地战胜对手，展现出不变的中华精神。作为新时代新女性，肩负着新的历史使命和社会责任，祖国养育了我们，我们就应当树立远大理想和抱负，要深怀爱民之心，恪守为民之责，善谋富民之策，多办利民之事，始终把群众的呼声作为第一信号，把群众的满意作为第一追求，把提高人民群众的物质文化生活水平作为第一目标，真正做到情为民所系、权为民所用、利为民所谋。”

抒家国情怀，传时代新韵，和人民一起与时代同行，与祖国共进。处在这样一个伟大时代，是我们的幸运。为这个伟大时代奋斗，是我们的责任。参加重大活动，使其有机会去实现自己的梦想和价值。国庆游行让我们感悟到了很多，它带给我的是一笔不能用金钱来衡量的财富，定会好好珍惜！

（载于2019年10月16日《中国社会报》，并荣登“学习强国”全国平台，2019年10月18日载于《北京社区报》、千龙网·首都网，载于2019年第10期《北京民政》）

首都大民政文化创新发展绽放魅力

——丰富文化内涵　增强时代气息　锻造特色人才
开展特色活动

新年伊始，首都大民政文化战线捷报频传：北京市福利彩票年度销售首次突破50亿元；全市直属福利企业在岗职工人均月收入超过3000元，实现了此前翻一番的目标；北京市民政局领导进山（走街）入户体察民情连续17年形成制度，数千名基层群众共享思想文化大餐；出台的《关于加快建设大民政文化的意见》，被民政部在全国重点推介。走进北京市民政系统，处处感受到浓郁的民政特色文化氛围涌动的热潮，展现在笔者面前的是一幅大民政文化与民政特色文化交融共生、独具风华的恢宏画卷。

越是地处偏远艰苦地区，越是要让先进民政文化落户扎根，最大限度地满足民政职工精神文化需求。北京市民政局党委一直以来，在抓业务的同时，还深耕厚植民政文化。北京市民政局结合首都大民政建设的需要和肩负的形势任务，弘扬主旋律、提倡多样化，明确大民政文化建设的发展目标和主要任务，倾心打造以“民本、务实、平等、奉献”为精神内核的“大民政文化”，初步形成了以“民生至上、厚德助人、开放包容、公平正义”为主要内容的首都大民政文化核心理念。这种“大文化”的阳光雨露滋润了民政干部职工的心田，促进了以民生为大、民心为上等各项任务的圆满完成。各项工作的创新发展，又推动了首都大民政文化更具时代气息，更具吸引力，更具感染力。

完善基本设施　支撑民政文化

踏进北京社区，笔者了解到，北京市民政局通过精心开展顶层设计和总体规划，筹措资金完善文化基础设施，经过几年的积淀发展，每个单位都拥有多功能文化活动室、图书室、阅览室和文化创作室，及健身房、乒乓球室、篮球场等一流的文体活动场所每一个角落都是别具特色的文化乐园，大民政文化已经渗透到每一座民政院落、每一个社区角落。局域网和民政网进社区、进乡村、进企业、进机关、进学校，延伸到站所点位。民政职工走到哪儿，具有大民政特色的文化基因就扎根到哪儿，实现横向互联纵向互通，切实使广大职工时时享受现代文化成果。北京民政网络建起了多个栏目支撑的内容体系，形成包括“基本生活救助”“士兵复退”“为老服务”“殡仪服务”“社区便民服务”等在内的15个品牌。民政网日益成为首都民政人为民服务的好园地、没有围墙的大学校、全时开放的俱乐部、民生问题的新阵地。《北京社区报》、网站、微博、96156热线等民政传媒资源，不断推出文化创意产品，提高大民政文化的美誉度，丰富了民政文化生活。如今，无论在城市还是山村，百姓都可以点击浏览、上网冲浪、欣赏影视、在线读书，利用网络实现娱乐资讯实时化，开展网上学习交流，举办网络学习课堂，不断丰富网络文化活动形式，真正使民政网络成为文化工作的好帮手、学习成才的大课堂、休闲娱乐的新园地。

盘活人才资源　推动民政文化

发掘民政人才资源，加大文化人才引进，采取社会合作、岗位实践、在职进修、交流培养等方式，打造一支富有朝气、勇于创新的大民政文化人才队伍，提升民政干部职工文化建设能力，为群众性文化创造提供人才支撑。这几年，该局党委先后与几家文艺院校签订了人才培养协议，通过请进来教、送出去学，培养了一批能写会编、能演会唱的特色人才。在北京市军休艺术团、北京市金秋艺术团、北京市老年金典艺术团、北京市残疾艺术团、北京市孤残艺术团等5支享誉国内外的业余演出团体的辐射带动下，一大批由人才队伍组成的“歌唱队”“健美队”“体操队”“摄影队”“书法队”“绘画队”等如雨后春笋般地生长。在这一支支队伍的带领下，迅速“构筑”起一个又一个健康向上的文体活动舞台，广泛开展各种群众性文化活动。全市民政系统注重发挥人才优势，经常举办广播体操展示运动会、职工体育运动会、专题文艺晚会、大型歌咏比赛演唱会、大民政事业成就展等活动，推出一批内涵深刻、艺术精湛、形式精美，反映民政生活、体现民政特色、展现民政人风采的文学艺术作品。把优秀节目送到执行任务、小远散单位和社区，使特色文化品牌形象不断树牢，品牌效应日益彰显，抒发了对党和祖国无限热爱和再创大民政辉煌的豪迈情怀。北京市民政局还将“说、唱、写、演、练”等基本技法运用到大民政文化建设中，实现了民政文化与民生需求的有效衔接，为推动首都大民政文化发展繁荣夯实基础。

打造特色品牌　创新民政文化

不断打造首都的特色品牌民政文化，丰富民政文化的时代内涵，秉承优秀文化成果，是北京民政文化建设的一大亮点。这些年，通过召开北京民政职工运动会、文艺联欢会，组织书画摄影展，尊老爱幼、邻里互助、扶贫济困、拥政爱民等多种活动，营造孝道文化、慈善文化、双拥文化、婚俗文化、丧葬文化、地名文化等多种形式的文化格局，不断丰富和发展大民政文化的内涵与外延，找准其外在表现形式与内在作用的契合点，结合自身特点进行转化，用以提升干群的精神境界、内涵素养，引领社会道德风尚。该局党委还在职工中开展“唱读讲传看”和写书励志活动，引导大家将情感历程、民生趣事、山川感怀写出来，与大家同分享。迄今，编辑出版了《大民政的理论和实践与中国经验的成长——夯实中国特色世界城市基础的“北京经验”》《大民政——普惠民生之路》、大民政文化研讨论文集等书籍20多部；注重发挥社会文化资源优势，主动邀请文学家、艺术家走进民政，体验基层民政的真实生活，创作了《九养新歌》《数说民政》《善行天下》《民意大如天》等近百个文艺精品节目，定期举办晚会编排、文艺创作、球类裁判等培训班，建立起一支梯次衔接、素质过硬的基层文化骨干队伍，塑造富有民政特色的大民政品牌文化，提高民政事业的认知度和认同感。树立和宣传一批民政文化工作先进典型，充分发挥先进典型的示范作用，鼓舞振奋民政人的奋斗精神，激发大家的积极性、主动性和创造性，引导舆论导向，展示厚重文化，提升了民政文化的软实力和社会影响力，不断为首都大民政建设注入新的活力。

扩大传媒载体　繁荣民政文化

依托民政文化研究会，利用高校科研机构智力资源充沛的优势，深入挖掘民政文化的时代内涵，完善大民政文化理论体系；加强对军休、老龄、社区、赈灾、社团、殡葬等特色亮点文化研究，初步形成具有北京特色、时代特征的大民政文化体系，研究加强改进大民政文化工作的措施办法，使民政文化发展步伐与生产力生成提高相一致，与民生建设科学发展相协调。2012年以《北京社区报》转制为契机，建立民政传媒集团，加强与北京城市广播、千龙网等媒体合作，打造全方位、立体化大民政文化传播体系。各级加强组织领导，定期举办大民政文化专题联席会，设立大民政文化研究课题，定期发布民政研究指南，将文化建设考评纳入各级领导班子和领导干部绩效考核，每年组织检查考评并形成督查报告。以民政教育管理学院为重点，打造大民政文化建设培训基地，组织编写系列大民政文化丛书，撰写大民政文化培训教材，切实加强民政干部的教育培训，使广大民政干部职工具备与大民政建设相适应的理想信念、思维方式，为大民政建设储备优秀的文化人才。注重文字、音像等档案资料的收集、整理，整合利用民政博物馆资源优势，打造一批爱国主义教育基地，宣传展示民政文化发展历程。面向社会公众开放民政系统工作场所，展示民政文化内涵，彰显民政人的亲和力，让文化惠民政策落到实处。充分照顾民政职工的文化基础和审美特点，既要有“阳春白雪”，又要有“喜闻乐见”，使不同层次、不同需求的职工各得其所、各展所长。鼓励人人参与、原始创新、个性发展，使大家能够充分发挥自身主观能动性，营造和谐、宽松、健康、向上的文化氛围，推动民政文化事业逐步走向繁荣。

这一切都是各级加大对民政文化建设投入的结果。为振兴民政文化，市民政局加大对大民政文化建设的经费投入，安排专项资金，用于支持大民政文化学习教育、理论研究、文艺创作。建立完善大民政文化评选奖惩激励制度，细化考评办法，对在基层文化工作中作出突出贡献、取得创新成果的单位和个人，大力表彰、施以重奖。面向社会公开征集大民政文化作品，对优秀文化作品给予奖励，吸引更多文化名家学者关注、走进和书写民政工作。着力加强民政活动中心、活动室、图书室等基层文化设施建设，有效地整合现有各级、各类民政文化设施资源，拓展其娱乐功能，在提升文化设施的利用率、服务水平和群众性文化活动品位、培育民政职工文化素养等方面使劲用力。建立多元筹资机制，探索从社会捐赠资金等安排部分资金用于支持民政文化类公益项目的发展，不断改善文化条件，为干群创造文化、发展文化提供硬件基础，努力营造百花齐放的良好环境，为文化创造和基层文化建设发展提供坚实保障。

文化催人奋进，精神助推发展。在蓬勃开展的群众性文化创作活动和大民政文化的浓厚氛围中，广大民政干部职工不仅愉悦了身心，还提升了审美情趣，提高了综合素质。如今，“敢为人先、拒绝平庸、争创一流、无私奉献”已成为首都民政人共有的气质和共同的追求。面对繁重的民生保障任务，大家始终以一流工作标准和昂扬精神状态投入各项工作，圆满完成了民生工作、扶贫济困、抢险救灾和重点工程建设等重大任务，大民政工作创新、社会救助、优抚安置、老龄工作、社区服务、社会福利和慈善事业等多项工作都走在了全国前列，该局全面建设呈现出蒸蒸日上的喜人局面，正在为积极打造有中国特色的和谐宜居首善之区和先进文化之都集智汇力。

专家点评

构建无愧于时代的民政文化

近年来，北京市通过“完善基本设施、盘活人才资源、打造特色品牌、扩大传媒载体”来打造大民政文化，使民政与文化的内涵紧密地联系在一起。北京市大民政文化建设之“新”，就在于把传统民政的“事”与现代民政的“人”联系到一起，通过营造现代大民政的文化氛围，提升民政人的素质，强化民政根基，推动民政事业发展，从而更体现出“以人为本”的核心理念。

民政文化是一种行业文化，是从文化的深层面来研究和探索民政部门实施行政决策、行政行为过程中形成的有形或无形的成果，也是民政事业的重要组成部分。

传统民政工作比较注重物质层面，重钱和物，对文化的“软实力”重视不够。民政文化作为一种“软实力”，是民政事业发展的灵魂，是精神层面的东西，是精神文化、内动力、环境氛围等要素通过内部作用来改造外部，通过自身素质的提高来推进民政工作，渗透于民政事业的各个层面之中。这是提升民政事业发展水平的强大力量，对民政工作和事业具有很强的推动作用。

民政事业要实现整体跨越和再提升，主要取决于核心文化、人的思想精神状态、制度法规、设施形态和物质形态，关键的一点在于精神文化创新和观念层改变。北京的探索实践证明，这种民政文化“软实力”一旦形成，就可以发挥团结、凝聚人心的强大作用。形成对民政工作者行为的牵引和约束，在民政事业的跨越发展中起到积极的推动作用。

（载于2012年2月20日《中国社会报》头版头条）

让精神旗帜在这里飘起来

——首都民政文化实践扫描

国家之魂魄，文以化之；民政之精神，文以励之。在首都民政事业加速推进建设发展的伟大征途中，首都先进民政文化始终高擎人间大爱的精神火炬，以其绝对的忠诚、雄健的风骨、豪迈的姿态，高蹈于流俗之上，大力培塑广大干群的品质涵养，倾力打造民政文化建设新亮点，将“政治建民、文化育民”方针贯穿于民政工作的全过程，走出了一条从文化“娱人”到文化“育人”的文化建民之路。

用先进民政文化凝神聚气铸魂

科学理论引领先进民政文化繁荣发展。依托烈士陵园、博物馆、纪念馆等红色文化场所和革命教育基地，组织现场开展宣誓、演讲、讲传统故事等活动，不断增强民政人对优良传统的认同感，使这些场所成为理论武装和文化教育的前沿阵地，让其在形象直观的参观学习中接受革命传统教育，浓厚崇尚革命真理、坚定理想信念的文化氛围。

以文化熏陶促进思想升华，是民政系统深化科学理论武装的有效途径。在北京每一个社区角落里，先进文化与理论武装工作无缝链接，取得明显成效。民政人将党史与民政发展史融合，在社区建立“井冈山林”“大民政园”“孺子牛路”等文化“景点”，自办的“民史讲坛”“小百家讲坛”“爱岗敬业标兵”等栏目，引导大家在历史与现实的穿越中明史增智、怡情励志。通过积极开展形式多样的文化活动，营造有利于首都民政人成长进步的文化环境与氛围。举办庆祝中华人民共和国成立60周年民政系统书法绘画摄影展、首都民政事业成就展和全民健身运动会等群众性文化活动，以及“万名民政职工大合唱”、“五月的鲜花”歌咏赛、广场舞大赛、专题文艺晚会、大型歌咏比赛演唱会、广播体操展示会、职工体育运动会等为主题的民写民、民演民、民参民文体活动，有效地强化了干部职工的精神支柱。

几年来，在先进民政文化建设实践中，从党的创新理论中汲取文化内涵，培养为民品质，涌现出大批劳动模范和先进工作者。杜斌、刘瑞安、林海燕、闫立杰、王树立、程静、邢晓巍、金广延、成秉仕、王效凡……还有名扬全国的民政窗口单位：北京第一社会福利院、北京儿童福利院、北京殡葬管理系统等，一个个响亮的名字映耀长空。在党的创新理论哺育下，通过先进民政文化的滋养，广大干群的理想信念更加坚定，为民意识不断增强，奉献精神更加昂扬。

从文化“娱人”到文化“育人”

加强民政文化建设，创造首都民政之歌，提出以“民本、务实、平等、奉献”为精神内核的首都民政文化，以“民生至上、厚德助人、开放包容、公平正义”为核心理念。这种大文化的阳光雨露滋润了民政干部职工的心田，促进了以民生为大、民心之上等任务的圆满完成。

各项工作的创新发展，又促进了首都民政文化更具时代气息，更具吸引力，更具感染力。2008年8月，北京奥运会国家体育馆中，第29届奥林匹克运动会体操女子高低杠决赛正在紧张进行，市民政局职工樊晓林的女儿何可欣一路过关斩将，最终以16.725分获得冠军，在时隔4年的伦敦奥运会体操女子高低杠决赛上，她又以15.933分获得了亚军。在全国乃至全球大赛上获大奖，何可欣不是第一个，也不是最后一个。北京残奥会获射击金牌的市民政工业总公司企业干部林海燕，多次获远东及南太平洋地区残疾人运动会暨锦标赛、邀请赛冠军的市民福实业总公司企业干部高保信，举重银牌得主的市第二社会福利院职工蔡海龙等一大批文体骨干摘金夺银，形成了民政文化人才方阵。

为积极扶持、培育、发掘各类文体骨干，全系统普遍建立了文体联合会以及艺术团、书画研究会、诗词协会、摄影协会等群众性文体组织。仅在市军休艺术团等全市民政系统680多个群众性文艺团体的带动下，就经常开展活动和比赛。近些年，全市民政系统组织主题文化活动200多场次，吸引了8万人次参与。在2012年全国民政系统书画摄影评比中，市军休办一举荣获组织奖和7个一等奖。其间，还编纂出版了一大批诗词、书法、绘画、摄影、回忆录等反映民政和军休干部工作生活的书籍。注重发挥社会文化资源优势，主动邀请文学家、艺术家走进民政，体验基层民政的真实生活，创作了《九养新歌》《数说民政》《善行天下》《民意大如天》等近百个文艺精品节目，定期举办晚会编排、文艺创作、球类裁判等培训班，建立起一支梯次衔接、素质过硬的基层文化骨干队伍，塑造富有民政特色的民政品牌文化，提高民政事业的认知度和认同感。

发掘民政人才资源，加大文化人才引进，为群众性文化创造提供人才支撑。通过请进来教、送出去学，培养了一批能写会编、能演会唱的特色人才。在市军休艺术团、市金秋艺术团、市老年金典艺术团、市残疾艺术团、市孤残艺术团等5支享誉国内外的业余演出团体的辐射带动下，一大批由人才队伍组成的“歌唱队”“健美队”“体操队”“摄影队”“书法队”“绘画队”等应运而生。

在这一支支队伍的带领下，迅速构筑起一个又一个健康向上的文体活动舞台，经常举办广播体操展示运动会、专题文艺晚会、职工体育运动会，广泛开展各种群众性文化活动。采取集中组织与自主开展相结合的形式，每逢重大节日、重要时期和重大任务，通过举办大型专题文艺演出、季度文艺会演等形式，推出一批内涵深刻、内容精湛、形式精美，反映社区生活、体现民政特色、展现民政人风采的文学艺术作品，进一步升华主题教育成效，实现文化育人。开展“节队文化”“点位文化”“岗位文化”等小型多样的文化活动，组织班组书法、摄影、诗歌、电脑等各类兴趣小组，积极开展学习成才活动。同时，积极开展故事会、猜灯谜、读书演讲等与干群兴趣接近、易于组织的文化活动，实现“文化娱人”。

打造文化长廊，在办公楼层的走廊挂置以凸显民政精神为主题的书画作品，包括经典诗词、格言警句等，以体现浓厚的文化氛围和崇高的民政精神、民政理念。把优秀节目送到执行任务、小远散单位和居民社区，使特色文化品牌形象不断树牢，品牌效应日益彰显。将“说、唱、写、演、练”等基本技法运用到民政文化建设中，实现了民政文化与民生需求的有效衔接，为推动首都民政文化发展繁荣夯实了基础。

打造民政特色活动，植入文化基因

盛夏，开往四川的救灾车辆尚未启动，精彩纷呈的夏日文化广场活动便拉开帷幕：送货场上，救灾宣传文化车随行保障，从制作标语到网络办公样样能行；帐篷旁，多功能网络车集上网、娱乐、会议等功能于一体，鼠标一点，天下事尽知；工作间隙，文艺小分队在驻地穿梭演出。参援人员说，社区文化是他们救灾援建的“营养餐”，能保证其斗志不动摇，作风不松懈。

曾几何时，由于民政文化没有较为科学完整的评价体系，加之思想认识上存有误区，一些人对民政文化建设的重要性认识不足，把民政文化“看小了、看单了、看窄了”。

加强民政文化建设，改善干群文化生活条件刻不容缓。应举办民政文化工作观摩研讨活动，着重研讨如何深化民政文化建设、实现为民文化突破问题，研究文化建设先进经验，感受民政文化创新发展的律动。

一次次会议就是一次次新的起点，一次次研讨就是一次次有力的促进，民政文化建设发展不断向更高目标推进。具有民政特点的民政特色文化建设跳出了“娱乐”的视域，为激发干群奉献精神、促进民政事业创新发展提供了广阔舞台。

由此，市民政局党委制定下发了《关于加快建设民政文化的意见》，对民政文化的重要意义、总体要求、核心理念、发展目标、主要任务和保障措施进一步规范，对发展民政文化作出全面部署，推动先进民政文化建设向着更高层次迈进，使民政理念上升为制度，变成工作。通过民政文化，从文化自觉、理论自觉提升到文化自信、理论自信，提高对深化民政工作、全面加强民政法治建设、规范引领民政事业健康发展的信心。为展示首都民政新形象，成立了首都民政文化研究会，创办了《京民艺苑》《会员之友》《慈善北京》等刊物，从灵魂深处挖掘民政人的思想精神之光，多角度地展示民政人崇高的精神境界和有效履行历史使命的战斗风采，抒发民政人情怀，彰显民政人精神。

为倡导“节俭养德、全民节约”，市民政局党委十分重视职工食堂建设，要求所属单位运用普通食材做出精美的具有本单位食堂烹制特色的厨艺作品，形成特色小吃、饮食养生等饮食文化，将其拍摄制成VCR进行播放，旨在互相学习和借鉴，被称作“舌尖上的民政”，深受大家的青睐和喜爱。

大力传承“民政文化精神”，借“文化基因”植入“暖心工程”，打造独具特色的民政文化，筑牢干群“爱民如家，主动作为”的敬业精神。借助初到民政部门的学子、军转干部报到等时机，组织大家学习民政发展历程，邀请老典型作报告，使大家了解老一辈民政人献身民政事业的感人事迹，让大家在思索感悟中增强吃苦奉献意识。把历年来的劳动模范、先进人物、爱岗敬业标兵的简要事迹整理成册下发，在社区醒目位置悬挂“山高存志远，苦中有作为”“民政人没有选择环境的权利，却有战胜环境的勇气”，让干群时刻受到熏陶。发动干群为院落规划、绿化献计献策，组织大家松土、植草、种树，开展绘画、摄影比赛等活动，构建以励志文化、安全文化为主题的民政文化；组建篮球队、足球队、秧歌表演队，形成“一街一景”“一区一品”的文化建设格局。

伴随着民政事业发展的铿锵步伐，首都民政文化建设与时俱进、全面发展，逐步形成以培养和弘扬民政精神为主旨的特色文化体系。社区文化、双拥文化、婚俗文化、殡葬文化……成为反映民政建设风貌的一张张名片，展示干群精神世界的一道道亮丽风景。楼门文化、邻里文化、重阳文化、点位文化、岗位文化、广场文化、慈善文化、孝道文化、地名文化、福利文化等如雨后春笋，在为民之政的土壤里发芽生长。此外，社团文化、福利文化、养老文化、殡仪文化、祭礼文化、赈灾文化、彩票文化等民政“行业文化”层出不穷、枝繁叶茂，进一步丰富了民政先进文化体系。

步入北京社区，我们欣喜地看到，基础设施“硬条件”和政治文化“软环境”逐步配套完善，鲜明民政品格与浓郁文化氛围相互融合，民史馆、荣誉室、网络室、健身室等文体场所充满现代气息，干群足不出户就能享受现代文明成果，感知时代风尚。政治导向鲜明、民政元素凸显、服务气氛浓厚的民政特色文化蔚为壮观、引领新潮。丰富多彩的民政文化活动，极大地凝聚了民心、激励了斗志、陶冶了情操，实现了民政文化能力的提高和管理教育的双丰收，彰显出了“文化出战斗力”的独特魅力。

通过营造浓厚的民政文化环境，使身处其间的民政干群时时刻刻受到先进文化的熏陶，切实提升民政文化素养。在蓬勃开展的群众性文化创作活动和民政文化的浓厚氛围中，民政文化人才队伍建设形成良好“磁场效应”，促使首都民政先进文化之舟扬帆远航，打好民生工作组合拳，推进民政社会治理现代化构建大民生格局，提升群众满意度。

（载于2014年第9期《京民文苑》、2014年第10期《北京民政》）

用特色文化引领民政建设发展的探索

一个民族的觉醒，首先是思想文化上的觉醒；一个政党的力量，取决于文化自觉与文化自信；一个单位的强弱，很大程度上依赖于文化发展的快慢。

多年来，首都民政人始终用大民政理念锻造人才，用特色文化引领方向、凝聚力量、推动工作，使之转化为干部职工精神品格、工作标准和行为准则，集中出台400多项惠民利民政策，多项工作走在全国前列。透视首都民政艰苦创业、创新跨越的历程，用“民本、务实、平等、奉献”的核心价值观牵引和激励，是这一特色文化形成的重要原因。

民政文化建设应坚持思想为先，甘于奉献，在植根铸魂中昂扬精气神

民政文化是宣传普及党的创新理论的思想阵地和重要载体，对强基固本、凝魂聚气有着不可替代的作用。发挥民政文化的熏陶、激励功能，营造满足民政人精神需求、提升精神境界的文化

环境，对于激发其爱国奉献、履职尽责、崇尚荣誉的精神动力，具有重要的引导助推作用。

应在娱乐活动中凝心聚力。建立先进民政文化，死守传统观念不行，沿用过去模式也不行，必须积极更新理念，改进手段，使之常建常新，充满活力。通过开展“知党爱党跟党走”主题活动，广泛开展“单位文化”“点位文化”“岗位文化”等小型多样的活动，组织班组车间书法、摄影、诗歌、电脑等各类兴趣小组，积极开展学习成才活动。同时开展趣味竞猜、知识提问、红歌传唱、读书演讲、卡拉OK比赛等与大家兴趣相近、易于组织的文化活动，为干群搭建沟通交流、展示特长的舞台。以形象直观、灵活多样的形式向干群灌输党的创新理论，净化心灵，校正价值取向，坚定爱党信党跟党走、爱民知民献民政的理想信念，达到“以活动促工作，以活动聚人心”的目的，实现“文化娱人”，纯洁精神家园。应在拓展平台中搞好实践感悟。民政文化具有特殊的育人功能。坚持把民政文化建设与心理教育相结合，形成向全时空延伸、向多渠道拓展、向人性化贴近的教育格局。利用《北京社区报》《北京民政》《京民文苑》、民政网站、96156热线、微博等传媒资源，不断推出文化创意产品，提高民政文化的美誉度，丰富民政文化生活。定期组织干群到驻地革命纪念馆、爱国主义教育基地、现代大型企业、社会主义新农村等场所参观学习，了解改革开放科学发展的累累硕果，开阔眼界、开拓思路、增长见识，切身感悟党的创新理论价值，在潜移默化中让干群自觉把红色资源植根于心灵，使其成为汲取历史营养的有效载体。还应在浓厚氛围中搞好舆论引导。传统的先进民政文化对党的创新理论的承载，更能充分发挥教育人、启发人、引导人、塑造人和改造人的功效，使其焕发新的生命力。将党史与民政发展史融合，在社区建立“井冈山林”“民政园”“孺子牛路”等文化“景点”，在历史与现实的穿越中，怡情励志；汇集干群智慧，将参观革命旧址时记下的对联、牌匾内容和民政优良传统绘到板报中，刻在文化石上，印上灯箱，写进橱窗，搬进岗位上；在各单位自办的小报或简报中开设“小百家讲坛”“民政风采”等栏目，拓展其娱乐功能，尽情展示新时期民政人的文化内涵。努力打造注重和谐、体现风格、凸显特色的社区文化，让英模形象、警句格言充满干群工作生活的各个角落，营造立体式政治文化环境，激发干部职工爱党爱国爱民的无限热情，筑牢履职使命、献身民政的坚定信念。

民政文化建设应坚持保证中心，普惠于民，在强化理想信念中增强凝聚力

民政文化是滋养和孕育理想信念的沃土，是生产力的构成要素，用先进民政文化凝聚激发干群的精神力量，是大民政文化建设的内在要求。

应在发扬革命优良传统中激励斗志。甘于奉献、乐于助人是民政人美德和价值的集中体现，革命优良传统弘扬民政人美德、彰显民政人价值。在民政文化建设中，要不断引入红色元素，邀请以党史专家、革命老战士、老党员为主体的军内外“红色教员”话传统，解析“井冈山精神”“长征精神”“延安精神”等革命精神，帮助大家弄清革命传统的深刻内涵，使革命精神真正融入心灵、融入血脉。引导大家自觉从中汲取营养，获得“原动力”，使“传统”的力量在民政人身上闪光。应在为民服务中提升厚实底气。把民政文化和无私奉献作为一种科学精神来传承，作为一

种人品官德来追求，作为一种行为规范来养成，努力做到以文化软实力提升“解决民生、落实民权、维护民利”为中心的硬实力，使其成为社会经济发展的“硬支撑”。把民政文化渗透到扶贫济困、抢险救灾、见义勇为和重点工程建设等活动的各个环节，做到统筹兼顾、软硬相济，形成互相联动、相得益彰的局面。要针对青年职工爱挑战、敢争先的性格特点，组织开展技能竞赛，培养昂扬斗志，增强集体荣誉感和团队情神。把民政文化渗透到各项工作中去，把握干群“身处首都，生活节奏快，文化发展快，知识更新快”的现实，把增加科技、信息和知识含量作为丰富品牌文化内涵的突破口。把文化活动与心理教育有机结合起来，结合工作编创“信任之旅”“同舟共济”等心理游戏，帮助干群增加感情，缓解压力。将文艺创作融进日常工作，将救助值勤的操作规范、流程、要领编成顺口溜、三句半、快板；把枯燥的民政信访、接济工作开发成各种游戏；把综合性、协调性、政策性强的社区、基层政权和优抚工作等民政业务术语编成歌来唱……在首都民政沃土上不断丰富内容和内涵的“民政文化”，为干群提供了强大的精神动力，产生良好的群体效应。应在打造特色文化品牌中激发动力。创新与文化发展同行，品牌文化的发展力来自不断地创新与突破。打造特色文化品牌是提升民政文化层次的重要途径，目的在于引领思想，规范行为，塑造民政人形象。打造特色文化品牌，就是总结提炼民政文化中蕴含的精神力量，形成独具特色的拳头标识。在新的历史时期，深刻挖掘其文化内涵，凝练民政人的职业特质、优良传统和文化精髓，形成富有特色的品牌文化，这样才能使它成为凝聚民心、鼓舞士气的精神纽带，激励干群献身民政、建功立业。

民政文化建设必须紧跟时代，勇于探索，在坚持为民服务中谋求大发展

民政文化的生命力在于其鲜明的时代性，只有紧跟时代发展和形势任务变化，在内容和形式等方面大胆开拓，使之与时代同步、与工作合拍、与群众共鸣，才能更好地为社会经济建设和维护首都稳定服务。

应紧跟时代步伐谋发展。随着时代发展，民政文化不能仅仅定位在开展文体活动上，应从党和政府赋予的职责任务出发，构建民政人共同遵循的政治信念、价值观念、道德规范和奋斗目标。要紧跟时代发展要求，把思想政治教育、思想道德建设、科学文化知识的学习纳入民政文化建设范畴，进一步拓宽文化建设领域。特别是注重发挥网络传媒优势，使网络成为开展文化活动的新阵地，实现民政文化活动形式的多样化、内容的新颖化。如建立网上荣誉室、网上阅览室，开设“民政史上的今天”“民政论坛”等专栏……让大家看到的是励志标语，听到的是优良传统，形象、直观地接受民政文化熏陶，感受特色民政网络的文化魅力。应注重吸收借鉴求创新。民政文化应以海纳百川的胸怀，吸收一切文化的有益成分，在取百家之长的过程中不断完善。建民史馆、民政博物馆、民政展室和荣誉室等教育基地，侧重于行业发展史、行业发展沿革、民政创新项目和民政人的精神风貌。旨在让更多民政人通过各具特色的民政文化宣传场地，在提高大家对民政文化建设工作重视的同时，引导大家献身民政，踏实工作。要把学习吸纳优秀传统文化成果，作为用先进文化占领阵地的大事来抓，开展“传统文化进社区”活动，组建业余文艺演出队、秧歌、太极扇、威风锣鼓、狮子龙灯、安塞腰鼓、相声快

板、长号长笛和篮球排球等多支传统特色文化队伍，广泛开展各种群众性广场文化活动。坚持贴近群众、贴近生活，注重在交流中展现民政文化的强大魅力，积极把优秀的文艺晚会和节目送到社区，让更多的民政人了解民政文化的特色，扩大影响力，以此陶冶情操、鼓舞士气。应着眼干群需求见实效。当前机关和企事业单位以“80”“90后”为主体，在思想观念、价值取向、行为方式等方面，都打上了鲜明的时代烙印。他们对文化的需求已不仅仅停留在打打球、下下棋，这些传统项目对于他们已失去了新鲜感和吸引力。应紧贴干群需求，根据单位工作性质、驻地环境、人员结构的差别，实行分类指导，紧紧抓住为民服务、为生产力服务这个根本，因地制宜地满足不同层次干群的兴趣爱好。引入电子竞技、职工健身操、健美、街舞，建立音乐喷泉、雕塑、凉亭绿化美化景点，设置政治性、哲理性强的名言警句灯箱，开设远程教学、文化网苑、收发电子邮件服务等充满时代特征的文化活动，调动广大干群主动参与活动的积极性。把为民服务作为基础工程、民生工程，不断拓宽公共服务领域，在寓教于乐中陶冶情趣，丰富文化生活，加深广大民政职工之间的情感，推进和谐民政的建设，营造百花齐放的良好环境，为民政文化创造和群众性文化建设发展提供坚实保障。

由此可见，围绕服务和保障民生的各项工作，充分发挥干部职工的想象力和创造力，民政文化的丰富内涵才得以充分展示，民政文化事业就能像鲜花一样怒放京城，越来越让人赏心悦目，干群敢打头阵的昂扬斗志也能在舞文弄墨、吹拉弹唱、动手动脑中得到砥砺与培养。

（载于2012年第12期《中国民政》、2013年2月下旬《工会博览》、2015年“我与民政”征文汇编）

突出“四新”加强基层民政文化建设

民政事业的大厦是由一个个基层单位构筑的，先进民政文化建设的主力军是基层民政干部职工。只有广泛扎实地开展基层民政文化活动，才能有效地促进民政文化建设整体推进、协调发展，形成主旨突出、特色鲜明、体系完备的基层民政文化体系，为圆满完成各项工作任务提供强大的精神动力和可靠的政治保证。

一、推动优良传统新发展，在打造基层民政文化品牌上用力气

要突出“民”字，增强品牌吸引力。应围绕“以民为本，为民解困”的主旨，不断增强民政文化的社会认同，打造“为民服务”的民政文化品牌。干部职工是民政建设的主体，基层民政文化必须以满足群众日益增长的精神文化需求为根本出发点，切实实现其文化利益。无论是创作文艺节目，还是安排文化活动项目，都要真实反映基层民政干部职工多姿多彩的现实生活，生动地再现一线干部职工的真挚情感，热情讴歌平凡而壮丽的社区生

活。只有这样，干部职工才会主动参与、积极作为，基层民政文化建设才能成果频出、欣欣向荣。

要突出“生”字，强化品牌感染力。借助民主的力量、民主的智慧解决民生的难题，最终达到让百姓享有民主，享受民生。着眼民政使命任务，坚持把首都民政队伍“民本、务实、平等、奉献”的核心价值观融入基层民政文化建设之中，让一批旗帜鲜明、激情澎湃、战斗性强的优秀作品成为基层民政文化主旋律。同时，要广泛开展征集战斗口号、喊响战斗誓言、书写战斗格言活动，集体传唱战斗精神歌曲，不断强化民政文化铸魂育人、爱民服务功能，铸牢履行民政为民使命的精神支柱。

要突出“广”字，塑造品牌影响力。基层民政文化发展要始终与时代发展和社会发展相伴而生、相伴而行。紧跟时代步伐，紧贴使命任务，坚持在“广”字上做文章。在巩固提高市局、各区民政部门层面业余文艺演出水平的基础上，大力开展基层业余文艺演出，坚持民写民、民演民、民唱民。根据身边人、身边事创作文艺节目，经常进行文艺演出、举办歌咏大会、诗歌朗诵会、卡拉OK比赛，组织舞龙、舞狮、腰鼓表演等活动，逢重大节日，都要有晚会。成立读书兴趣小组，开展读书体会交流，建立表彰激励机制，营造“好读书、读好书、读书好”的浓厚氛围。引导大家在读书学习中提高思想层次和文化品位，增强文化素质。

二、运用科学技术新手段，在拓展基层民政文化建设领域上花时间

一是开发内部网络资源。充分利用自主研发的内部网络系

统，在局域网平台上添加文化功能模块，建设网上电子图书馆、网上文化“大观园”、网上红色电影院等文化园地；开设“新闻早报”“民眼看民”“民政职工点唱机”等特色栏目，开展网上学习交流、举办网络学习课堂，丰富网络文化活动形式。进行民政网扩容改造，实现网络进街道、社区；制作民政文化工作专题网页，确保信息网络的正确导向，真正使社区网络成为文化工作的好帮手、学习成才的大课堂、休闲娱乐的新园地。

二是开设远程教学、娱乐比赛、影视欣赏、网上读书、收发电子邮件等服务项目，实现基层教育娱乐咨询实时化。运用互联网信息大、资料检索快的优势，集中开展“文化巡游”活动，及时掌握最新文化动态，吸收、借鉴社会主义文化建设好的经验和成果，丰富社区文化工作的形式内容。

三是运用现代文化设施。尽可能让基层民政文化建设与社会文化建设同步发展，积极为社区配备液晶电视、智能投影系统、DVD影视系统、高保真音响、综合健身器等现代化文体器材，提高民政文化的科技含量和品位。针对民政为民服务多、文化活动多的实际，积极建设流动文化站，配备流动文化车、文体器材箱和流动图书箱。做到救灾物资送到哪里、文化舞台就搭建到哪里、宣传鼓动就跟进到哪里，切实使广大群众时时享受现代文化成果。

三、探索组织管理新方法，在创新基层民政文化建设模式上下功夫

在管理方法上，考核评价与区分层次相结合。文化活动中心和社区俱乐部实行挂牌服务，对其职能作用发挥好坏和服务质

量优劣进行定期考评，特色文艺分队实行星级评比，从三星到五星，每晋一级都要经过综合考评和群众评议，并进行公示，确保文艺分队建设标准不降、水平不减。

在组织形式上，专业团体与特色分队相结合。专业团体注重抓好文艺演出队建设，积极打出文化“名片”，每年从艺术院校特招一批文艺尖子充实到队伍中，充分发挥文艺骨干梯次衔接、素质过硬的优势，常年开展作品创作、节目编排、晚会巡演、民乐演奏等活动，不断提高影响力和知名度。特色分队应坚持全面打造特色亮点，社区可以结合自身实际，组建威风锣鼓队、狮子龙灯队、旱船秧歌队、安塞腰鼓队、相声快板队、琵琶二胡队、长号长笛队和篮球排球队等，广泛开展各种群众性文化活动。

在活动样式上，集中组织与自主开展相结合。逢重大节日、重要时期和重大任务，通过举办大型专题文艺演出、季度文艺会演等形式，推出一批内涵深刻、艺术精湛、形式精美，反映社区生活、体现民政特色、展现民政人风采的文学艺术作品，进一步升华主题教育成效，实现文化育人。广泛开展“节队文化”“点位文化”“岗位文化”等小型多样的文化活动，组建书法、摄影、诗歌、电脑等各类兴趣小组，积极开展学习成才活动。同时，开展故事会、猜灯谜、读书演讲等与干部职工兴趣接近、易于组织的文化活动，实现“文化娱人”。

四、建立长效发展新机制，在开辟基层民政文化建设新天地上做文章

一是要坚持文化格局多元化、系列化，坚持用文艺形式传播党的声音。节日文化应坚持干部职工同乐、上下同心，每逢重要

节日和纪念日，除了组织传统文化活动外，应组织诸如“双人三脚”“手足情深”和“同心协力向前冲”等文体节目，展示青年人的青春活力。广场文化采取基层自办、机关指导的方式，举办广场文艺晚会，形成亮点、扩大影响，提升基层整体文化水平。双拥文化应坚持服务官兵、保障民生，通过工作岗位悬挂双拥标语、社区橱窗灯箱张挂双拥图板、社队站设置“双拥风采录”、开发对抗益智软件游戏、制作双拥精神扑克、举办双拥歌曲擂台赛等，营造浓厚的双拥氛围。共建文化应坚持贴近群众、贴近生活，注重在交流中展现民政文化强大魅力，积极把优秀文艺晚会和节目送到社区，送到军营，扩大民政文化的影响力。

二是要抓住创新这个首要任务。紧扣时代发展脉搏，着眼形势任务需要，弘扬主旋律、提倡多样化，建好民史馆和市、区、街道荣誉室，构建三级民史教育基地；开设“名家讲坛”，每月邀请知名专家教授进行授课；每年举办诸如“感动民政十大人物”颁奖大会等，走出一条具有基层特色的文化建设创新之路。

三是要抓住激励这个关键环节。鼓励干部职工自学成才，为其办理图书馆借阅证，选送优秀文艺骨干到军地专业艺术院校和团体学习深造。对文化建设成绩突出的基层单位，在落实《关于加快建设首都大民政文化的意见》检查评比中给予加分，在评选先进基层单位时统一衡量；对特长突出、贡献明显的文艺骨干，在立功受奖、入党评选、职务调整等方面优先考虑，真正让大家自觉投身到基层民政文化建设大潮中。

四是要抓住熏陶这个基础工程。树立“大文化”理念，把社区环境建设作为民政文化建设的重要组成部分，在社区设立党的四代领导核心对民政建设的题词、讲话等；建立名人名言、历史典故、世界伟人、民族英雄文化走廊；设置政治性、哲理性强的名言警句灯箱；悬挂英模画像；建立音乐喷泉、雕塑、凉亭等各种绿化、美化景点，大力营造健康向上的基层民政文化氛围。

五是要抓住优化这个核心要素。本着厉行节约、突出民政特色、体现文化底蕴的原则，对办公楼公共区域、会议室及各办公室的软装饰进行布置，力求美观、经济、实用，与现有景观有机融合。打造文化长廊，在办公楼各层的走廊挂置以凸显民政精神为主题的书画作品，包括经典诗词、格言警句等，以体现浓厚的文化氛围和崇高的民政精神、民政理念。美化楼梯间环境，在每层楼的楼梯间分别挂置1~2幅统一规格尺寸的摄影作品。打造富有地方民政特色的会议室，以向社会征集富有地方特色的会议室装饰设计方案的方式，选取其中优秀的设计方案进行装饰，以展示本地民政工作风貌。通过营造浓厚的民政文化环境，使身处其间的民政人无时无刻不受到文化的熏陶，切实提升民政文化素养。

（载于2014年第1期《京民文苑》、2015年1月17日《中国社会报》，该文被收入《新时期民政工作研究与探索》一书）

“红色基因”构筑“精神高地”

——北京市殡仪服务中心保护历史文化资源开发生态殡葬的探索

北京市殡仪服务中心（亦称东北义园），是一片红色土地。在这里，干部职工用实际行动和聪明才智播撒红色种子，为建设美丽的义园地宫添砖加瓦，用勤劳的双手托起“海撒梦”。为了有效地保留历史文化特色，形成和发展新的殡葬文化内涵，中心始终把文化保护开发利用摆在重中之重的位置，大力树立殡葬文化品牌，提升殡葬文化形象，积极开发利用园里历史资源，构建起以义园、史集、遗物陈列、烈士事迹展览、老园区遗址为主体的特色历史陈列体系，为推进首都民政文化建设发挥了有力的促进作用，被北京市委宣传部命名为“北京市级爱国主义教育基地”。

一、深化认识坚强领导，不断强化开发利用历史资源的政治责任

市殡仪服务中心承载着北京市骨灰海撒职责，具有悠久历史

与浓厚文化，园内绿树成荫、红瓦蓝天、清波碧水、环境优美，装修一新的服务大厅宽敞明亮，为市民提供舒适的服务环境，形成草坪葬、树葬、花坛葬、景观葬、地下空间立体葬和海葬，是“六位一体”的国内一流综合性生态殡葬示范单位，打造成集爱国主义教育、海撒文化展示、瞻仰纪念、祭祀先人、生命教育为一体的多功能生态殡葬示范园地和综合性陵园。骨灰海撒20年来，先后组织200次骨灰海撒活动，撒放骨灰1万余份。这一生态殡葬方式，逐渐得到越来越多市民的理解和响应。随着经济社会的快速发展，中心不断探索历史文化资源开发利用的新途径新办法，以此张扬文化个性，彰显文化魅力。一个烈士骨灰盒，就是一本教育活教材，就是一个教育基地。有关部门多次强调，要充分发挥历史资源以史鉴今、资政育人的作用。必须认真贯彻落实这一重要指示，中心始终以高度的责任感，积极推进东北义园骨灰回迁工作和历史资源的开发利用，展现了历史的特殊事件，增强了瞻仰纪念的直接效果，提升了义园的整体形象。

一是思想认识到位。英雄乘风去，精神昭后人。及时指导各级原原本本学习党的领导核心有关党史历史重要论述，学习党中央关于加强和改进新形势下党史历史工作的一系列决策部署，引导大家把抓好历史资源开发利用、加强历史工作当作一项功在当代、利在千秋的崇高事业来认识，学史明理、不辱使命。充分发挥其育人功能，将理想信念教育基地历史资料制成视频“搬”到网上，打造“永不褪色的红色课堂”，将其当作一项抢占思想阵地、争夺接班人的政治责任来担当，不断强化责任感使命感，牢树“建一园立起一座精神碑”的理念，把红色基因融入血脉灵魂。

二是领导责任到位。普遍成立由党政主官挂帅、党政副职领导牵头、业务部门参与的领导小组，各组由主官领导负责的办公室，把好方向、把握政策，搞好动员部署，加大推进力度，及时研究解决重大问题。具体抓好史料征集、编史建馆（园）、检查指导等工作，形成党组织统揽、行政副职分管、机关合力、上下联动的工作格局。

三是谋划督导到位。按照市民政局机关党委的部署要求，研究制订了党支部《"一对一"结对实施方案》。通过深入基层、互帮互学、以党建带队建，推动了双方党建工作和业务工作的深入开展。坚持每季度召开座谈会、每次工作检查讲评例会制度，围绕史料征集、内容完善、作用发挥等提出改进意见方案，研究解决矛盾问题，推动工作落实，始终保持建设的正确方向。

二、多措并举深入挖潜，不断创造开发利用历史资源的良好条件

历史工作面临着没有专项经费、场地紧张、专业人才缺乏等实际困难，中心立足现实，不等不靠，积极作为，创造条件，保证了骨灰回迁、更换骨灰盒、整修骨灰存放室和墓园环境等历史陈列工作的顺利开展。

第一，高起点选训，保证建设有人才。结合干部调整分配，从机关和基层抽调文史、信息工程、建筑设计等专业，且文字功底扎实、作风严谨细致的干部参与集中办公，有计划安排到首都博物馆、抗日战争纪念馆、军史馆等单位学习取经，返聘老领导、老干部和院校史学教授担任顾问，邀请军地博物馆专家参与设计布展，培养出一批见识广、能干事的业务骨干。

第二，创建新文化，保证资源再开发。该中心每年制定年度预算，都从家底中预留部分经费，专门保障开掘历史资源工作运

转。利用上级检查工作、军地走访慰问等时机，邀请军地领导参观史馆荣誉室，宣传光辉历史和英模精神，争取上级党委机关和地方党政企业支持帮助。近年来，中心坚持把美化义园环境作为营造教育环境、提升园区服务档次的基础性工作来抓，先后协调筹资3万余元，用于史书编纂修订、大殿地下室场馆新建改建和园区绿化，绿化覆盖率达40%，可谓翠竹成林、松柏成行、鲜花成海、绿草成片。在园中建造了“玉树迎晖”“角亭春色”“雕栏玉砌”“叶亭叠翠”“云栖竹径”“三阳开泰”等多处景观，在文化浸润中创造新的文化。3座大殿均采用传统的结构建造，整体建筑庄严肃穆，气势宏伟，令人肃然起敬。还利用发现的历史遗产，深度挖掘的历史痕迹，在园区里打造恢复原貌景点，通过历史资料展陈进行爱国主义教育。幽雅的园区环境，随处可见的历史痕迹，彰显了东北义园的磅礴气势，较好地解决了经费不足问题。

第三，全方位统筹，保证建设有场地。该中心始终坚持把爱国主义教育及历史文化摆在重要位置，多方筹资，整合资源，积极动员社会力量，加大基础设施建设力度，把基础配套纳入园区新建、搬迁和扩建方案，采取建一点、腾一块、扩一片等办法，实施规划新建和升级改造，逐步解决场地不够用、布局不合理、面积不达标等问题。先后建成以地宫、角亭、大殿为主的基础设施和以叶亭、河泽园为主的配套景观。地宫占地8300余平方米，地上部分仿造天坛圜丘建造，共3层；地下部分为2层。整体结构外圆内方，突出展现了中国传统文化的精髓。地宫内，共展示图片资料数百幅，文字资料上万字。铜质人像、墙壁浮雕、橱窗灯箱一应俱全，极大地丰富了教育内涵。完善的纪念设施和大量的图片、文字资料、浮雕以及实物，吸引了社会各界人士前来瞻仰参观。人们走进义园，感觉到这真是一个好地方，包括它的地理位置、环境、规划布局、建筑、绿化、人文景观等，都令人赞叹。因为义园的特色植根于多年的建设积淀，植根于区域文化的鲜明特点，植根于资源的优势，所以它具有旺盛的生命力。

三、注重特色系统整合，不断提高开发利用历史资源的标准质量

民政历史资源贵在有民政特色。因为只有具有民政特色，才能贴近民政人，进入脑海、触动心灵。中心以历史发展脉络和肩负任务为主线，着力构建真实再现民政历史全貌、具有民政特色的军史陈列体系。

一是搞好史料挖掘。为了进一步挖掘、搜集和整理张学良以及东北军一些知名人士的史料，更好地体现义园的历史文化，向世人介绍中国人民抗战史，该中心深入社区旧址遗址、重大任务一线、重要活动现场，搜寻历史印迹；制作了介绍东北义园的画册数千份，定制了多个灯箱，设计了多幅墙面浮雕，塑造名人塑像、数百幅展板及实物，充分展示了东北军艰辛的抗战历史，让更多的民众了解这段艰辛的抗日历程，让青少年时刻铭记这段屈辱而悲壮的历史。累计收集有价值的实物3000多套件、图片数千万张、音视频70余分钟，掌握了大批翔实、准确、权威的原始资料。自地宫建成以来，共接待参观宾客数十次，举行爱国主义专题教育7场次，参加者300多人。

二是规范建园制度。为发挥爱国主义教育基地功能，他们重视抓好自身建设，从人员、制度、服务质量等方面不断改进。一方面，注重制度落实。制定了《爱国主义教育基地工作制度》《教育基地免费参展制度》《工作绩效考核办法》以及《参观须知》

等规约，规范了参观者和工作人员的言行。另一方面，加大教育投入。不断完善教育所需的各类器材、书籍、资料、实物等硬件资源，安排讲解人员定期外出参观学习，集中培训，开阔眼界，提高接待质量。再则，聘请老党员、老干部、老军人等为义务讲解员，以发挥他们的优势和长处，充实讲解员队伍，提升服务水平。以文字和数据为主，记述历史发展沿革的史集；以实景和旧址为主，见证组建初期老一辈艰辛创业的遗址，立体浓缩民政建设的光辉历程，生动诠释历代先烈的精神品质。

三是提升品位内涵。普遍运用文字图表、电子影集、沙盘雕塑等展陈形式，配以触屏感应、数字影像、LED等信息技术，鲜活展现历史故事和风采，增强了历史陈列的吸引力震撼力；注重结合地域和任务特点，追根溯源，拓展内容，把大民政建设成果展与史馆融为一体布建，形成特色和优势，增强了历史厚重感和现实感染力。

四是修建园史陈列室。历史文化积淀和优美环境，都是义园历史文化的重要资源。因此，应进一步开发义园历史文化资源，进一步完善园史陈列室，要用文字图画声像去装点义园时空，让每一个室场、每一处墙壁、每一张桌椅、让义园的每一寸土地都散发出浓厚的历史文化气息，在发扬光大昨天的历史辉煌的同时，要让义园不断地创造出新的历史，让大家在耳濡目染之中感受历史。

五是要搭建网络平台。建立义园历史资料网站，网络不仅是历史文化资源共享的手段，而且它本身就是一座具有巨大发展潜力的历史文化资源库。从技术层面上讲，网络技术的发展开始在很大程度上使得文化资源，特别是素材性资源的广泛交流和共享成为可能。和单位相关的影视、录音、录像类资料也开始在网上流传，如视频一般能真实生动地再现单位某段历史，刻画某些历史人物，是重点利用的历史文化资源，有益于大家从不同角度观察和感受历史，增强他们的理解能力。

六是发挥功能作用。始终把殡仪服务中心、资政育人作为历史开发利用的出发点和落脚点，积极借鉴吸收外单位先进经验，加强对义园教育设施的扩建和完善，不断充实实物、图片、文字等方面的资料，使之更贴近历史；利用现有资源，每年结合清明节、“五四”青年节、党的生日、建军节、国庆节以及“七七”“九一八”等纪念日和民政部门的重大日子，组织学校、军队、兄弟单位、祭扫家属等群众开展重温抗日历史，缅怀革命先烈、敬献花圈花篮、系黄丝带等爱国主义教育活动；利用新兵下连、老兵退伍、入队宣誓、重大节日庆典、执行急难险重任务等时机，组织参观史馆、进行国旗下讲话、知识竞赛、演讲比赛、有奖征文等活动，举办军史宣讲和英模典型事迹报告会，让学生和群众从中感受到中华民族不畏艰难、不怕牺牲、百折不挠的爱国主义精神，使其在潜移默化中接受传统熏陶、净化思想灵魂。该中心地下陈列体系建成开放以来，先后迎接军地领导和党员群众参观10万多人次，极大地鼓舞和激励了广大干部职工、师生和官兵工作学习的扎实底气、攻坚锐气和英雄豪气。

这些细微之处，只要有利于殡仪服务中心发展，长期坚持下来，那就是文化。人类在几千年的历史长河中，创造和积累了许多宝贵的文化财产及精神财富，给后人留下一片极为丰厚的人文历史文化资源和浓墨重彩的一笔。对于这样一件利在当代、功在千秋的事，各方人士寄予了厚望。

（载于2014年第4期《八宝山》，2015年第2期《北京民政》，与王德东合作）

用思想光芒照亮前行之路

——刍议新时代首都民政工作的新气象新作为

党的十九大胜利召开，标志着我们从此瞄准了新目标，走进了新时代，踏上了新征程。新思想引领新时代，新使命开启新征程。新时代的号角已经吹响，新征程的旗帜猎猎飘扬。从总书记的报告中深切地感受到，党的初心、情怀和使命是人民。其中民生问题是报告的重点，也是首都民政人所关注的重中之重。

一、认清中国航船方位 拧紧履职担当螺丝

新时代提出新思想，新理论引领新实践。学习贯彻十九大精神，最重要的是学习领会习近平新时代中国特色社会主义思想，用党的创新理论武装头脑，引领实践，焕发精神，在民政各项工作中全面贯彻落实，使之成为推动民政事业发展的强大思想武器和行动指南。

一切伟大的实践，都需要思想的引领。自觉向习总书记看齐，向党中央看齐，向党的路线方针政策看齐，向党中央决策部

署看齐。矢志不渝地坚持和依靠党的统一领导，确保北京3.4万家登记备案社会组织、6000多个城乡社区、500家慈善机构、140余家军休所、近400万名民政服务对象对报告精神实质和丰富内涵的深刻领悟。要紧扣“民本、民生、民心”，找准民政工作结合点和着力点，抓住困难群众日益增长的美好生活需求与民政工作发展不平衡、保障群众关注点不充分之间的矛盾，看准发力方向，尽早动手谋划，确定来年工作思路和重点任务。自愿把十九大精神融入民政工作实践中去，着力提高在民政人中找到最大公约数、画好最大同心圆的能力和水平，让民政服务对象走进更美好的生活。

昂扬起航新时代，乘风破浪正当时。把民政服务对象生活幸福指数作为民政工作的新目标，肩负起历史的重任，踏上民生保障新征程。对照党的十九大描绘的宏伟蓝图，尤其是民政民生方面的重要内容，认真谋划研究布置好今后的工作，要以最坚决的态度、最迅速的行动、最有力的措施，全力落实，迎难而上，动真碰硬。针对民政工作“点多线长面广、任务重责任大”的特点，在抓重点上求突破、求实效，对照年初确定的工作任务，补阙拾遗，加快节奏，严格考评考核。把完成年度目标任务结合起来，按照兜底线、织密网、建机制要求，扎实推进民政重点任务的完成，完善社会救助、社会福利、社会组织、基层政权、殡葬管理、慈善事业、优抚安置、军休工作等，提升保障和改善民生水平，加强和创新社会治理，强化基层组织建设，坚持全面从严治党。对那些不为者、无为者、乱为者下猛药、出重拳，促使他们将责任放在心上、抓在手上、扛在肩上，在履职尽责中奋发有为。为敢想的人“开绿灯”，为敢干的人“兜住底”，营造“为担当者担当，为干事者撑腰”的良好环境。

二、扎实践行为民主张 强劲托举百姓幸福

作为首都民政人，要更加体会到民生问题是事关人民群众生存发展的根本问题。要永远把群众对美好生活的向往作为民政工作的奋斗目标，以永不懈怠的精神状态和一往无前的奋斗姿态一路前行，保障民政服务对象在共享共建中有满满的获得感。

民政每一项业务工作，都与群众的切身利益密切相关，首要责任是托住社会的底线，托起每个人和家庭的希望，让每名困难群众贫有所扶、困有所助、急有所救，促进社会公平正义。需要民政工作者在尽力而为的同时，也要量力而行。一是要有一件事情接着一件事情干的章法。要有系统性整体性协调性，上下一致，形成合力，定能不断使民政服务对象幸福感更加强烈、更有保障、更可持续，让更多生活于斯、奋斗于斯的人感受到民生温度。二是要有一件事情接着一件事情干的韧劲。民政领域难题还有不少，有些相互交织、盘根错节，要不畏困难，把雷厉风行与久久为功有机结合，保障和改善民生。从民政服务对象最关心最直接的现实利益问题抓起，把好事办实、把实事办好，让群众获得感更加强烈，幸福感不断提升，开创民政事业发展新时代。三是以新作为满足群众迈向美好生活的新期待。要瞄准新标的，着力破解社会主要矛盾，特别关爱生活困难的流浪乞讨人员、残疾人、困境儿童、失能失智老人等社会特殊群体。这些困难群众既是全面建成小康社会的重点，也是短板和薄弱环节，确保困难群众在小康路上一个不少、一户不落。四是高扬新时代思想大旗，走好新征途。必须高举旗帜，使之成为照耀新时代指引新征程的明亮灯塔。坚持需求导向，动员群众参与，打通政策落地“最后

一公里”，把党和政府惠民利民政策落实到老百姓的身边；把养老服务、社区服务、救灾救济等民政民生设施建在老百姓的周围；把精准救助等民政服务延伸到老百姓的附近，真正让群众看得见、摸得着，增强听党话跟党走的行动自觉和思想自觉。五是深刻领会“两步走”，确保困难群众同步实现小康。我们的党向人民作出庄严承诺，分两步走建成社会主义现代化强国的新目标，为人民担当提出了党的建设新要求。首都率先全面建成小康社会是市委、市政府对全市人民最温情的承诺。民政部门承担着全面小康的兜底保障职责，我们必须按照倒排工期的要求，与首都率先全面建成小康社会对标对表，在学懂弄通做实上下功夫，对症施策见真效。

思深方益远，谋定而后动。对困难群众救助帮扶的机制、标准、内容等进行制度安排，形成硬指标、硬约束，定能将以人民为中心的理念在民政工作中落到实处。建设大国首都、国际一流和谐宜居之都，民政人必须不忘初心再出发，勇担重任立潮头，俯下身子倾听群众呼声，了解群众困难，把服务工作抓在手上，放在心上，落实在行动上。要拿出实实在在的举措，一个时间节点一个时间节点往前推进，实现党群一心，努力在新时代砥砺奋进中展示首都民政人的新形象、作出新贡献，使老百姓的日子越来越好，生活越来越幸福，快乐越来越多，让民政服务对象充分分享改革发展的红利，确保困难群众彻底脱贫，同步小康。

三、满足群众多元需求 深化改革温暖民心

党的十九大报告强调在民生改革发展中，“必须始终把人民利益摆在至高无上的地位，让改革发展成果更多更公平惠及全体

人民”，“带领人民创造美好生活，是我们党始终不渝的奋斗目标”，“必须多谋民生之利、多解民生之忧”……

我们必须树立强烈的问题意识，在发现、分析和解决瓶颈问题中推动首都民政改革发展。必须撸起袖子时刻准备搬石清障，勠力同心，勇攀高峰，以大改革求得大惠民，让普惠服务触手可及。北京坚持为民办实事制度，每年筛选60多件重点突破，集中解决群众在社会救助工作中最关心最迫切解决的问题，市财政对民生事业支出的比例每年都在提高，民生福利向适度普惠加快发展，完善城乡社会救助制度，确保困难群体基本生活无忧，织密兜牢基本民生的底线。

步入新时代，民政服务对象的需求呈现多元化个性化，对传统民政供给方式提出了挑战。但只要始终把增进群众福祉视为依归，深化民政改革和担当使命就能迎难而上，推动改革就能凝聚力量。第一，推进民政体制机制改革。敢于向积存多年的民政习惯与自管自办、大包大揽的顽症痼疾开刀，坚持发挥市场在资源配置中的决定作用和更好发挥政府作用相结合，促进民政改革。以殡葬管理体制改革、社会福利机构社会化转型改革、福彩管销体制改革和福利企业集约化经营改革为重点，加快推进职能处室、事业单位和企业之间在人事、财务、资产等方面全盘分开，独立规范运作。第二，推进民政实现方式改革。坚持存量和增量两手发力，加快推进民政社会化、产业化、体系化、信息化改革，发展让渡空间，调动社会力量，优化民政供给，满足人的多维度需求；推进“一门式、一网站”服务模式，充分利用“互联网+”、云计算和大数据等现代科技资源，探索容缺受理和信任审批，构建24小时自助服务系统，加速信息化建设打造数字政府，实现民政业务全城跨区通办，搭建连心桥，为民政服务对象送上更加便捷、更加智能化的服务，提高办事效率和服务百姓满意度。第三，推进民政评价标准改革。以满足人的需求和期盼为动力，突破利益固化的藩篱和不合时宜的思想观念，坚持眼睛向下，重心下移，把民政服务对象满意度作为根本的评价标准，确保每项改革措施接地气有底气出实效，群众得实惠。

群众利益无小事，这更是民政人应牢记的大事。凡涉及群众切身利益和实际困难的事情，再小也不含糊，要竭尽全力去办，唯有如此，才能凝聚民心。这些年，随着出台的500多项适用管用的惠民举措落地实施，办成了民政部门多年想办而没办成的大事，解决了百姓多年想解决而不能解决的难题，通过释放改革红利，老百姓的幸福感、满足度显著增强。民政改革含金量连着困难群众的获得感，聚焦百姓呼声，推出能叫得响、立得住、群众认可的改革硬招实招，让百姓生活得更有质量更有尊严，让人们看在眼里暖在心里。

征程万里风正劲，重任千钧再扬鞭。美好前景充满希冀，新的奋斗让人热血沸腾，民政人一锤接着一锤敲、一个问题一个问题地解决，不松动、不停步、再出发，以实际行动争创佳绩，以干促学，推动民政工作到位。把学习感悟和体会运用于实际、指导实践，自觉强化使命担当，铁心向党，敢于作为，为增进民生幸福尽一份责、出一份力。用钉钉子精神做实做细做好工作，以优异成绩促进学习贯彻党的十九大精神走向深入，以全新的精神面貌、更加奋发的状态和优秀的品格，昂首阔步迈向新时代。

（载于2017年12月22日《北京社区报》）

民政干部要有坚决彻底的革命精神

民政工作服务民生、连接民心，是为民之政、和谐之基，是党和政府立党为公、执政为民的重要体现。那么，民政干部应该具备什么样的品行？笔者认为，首先要有坚决彻底的革命精神。

毛主席曾说，民政工作是做人的工作，不要怕麻烦。在不久前召开的全军政治工作会议上，中共中央总书记、国家主席、中央军委主席习近平重提毛主席关于革命性的著名论断是有深意的。民政干部坚决彻底的革命性，集中表现为政治性、原则性、斗争性，包括坚定的理想信念、坚定的党性原则、昂扬的革命精神、严明的组织纪律、过硬的思想作风，必须始终坚持党的原则第一、党的事业第一、人民利益第一，要爱党、忧党、护党、兴党，对损害民政事业的行为，民政干部绝不能容半点含糊、半点马虎，必须坚决地予以抵制和斗争。

革故鼎新，猛药治疴。民政工作必须是革命的民政工作，没有民政工作的革命性，党的群众路线就难以称之为民政工作的生命线。革命战争年代，革命的民政工作，保证了我军始终是党绝对领导下的革命军队，为我军战胜强大敌人和艰难险阻提供了不竭动力。我军要实现党在新形势下的强军目标，也必须实行革命的民政工作。

不论是反对形式主义、官僚主义、享乐主义和奢靡之风等“四风”，深入推进反腐败斗争，还是习近平总书记等七常委在2015年全国“两会”期间的民生民政新语：持之以恒做好民生工作、创新社会治理激活基层活力、下大力气整治基层不良风气、加快形成军民融合深度发展格局等问题，都需要用革命的精神和方法去解决，没有革命的精神和方法，是难以取得真正实效的。

民政机关和民政干部是民政工作的主体力量。民政干部开展民政工作，必须紧紧围绕保障和改善民生、加强和创新社会管理服务来开展，做好兜底工作，保好底线民生，切实增强革命性、战斗性。要牢牢把握服务大局的方向，在中央“四个全面”战略布局的大背景下做好各项民政工作。要始终坚持把群众路线当作自身工作生命线来抓，培养干部把目光下移到服务对象身上、把情感投放在百姓冷暖上、把工作重心放到为群众服务的舞台上，锻造民政干部与人民群众的血肉联系。民政在保障基本民生、增进人民福祉、维护人民权益、支持国防和军队建设、促进社会和谐稳定等方面发挥了重要的骨干作用，有力地推动了社会发展和文明进步。从现实情况看，还有一些地方表现得不尽如人意。比如，面对新的形势和艰巨任务，有的不作为、不担当；面对不良倾向和错误问题，有的奉行好人主义，不敢较真碰硬，甚至同流合污、听之任之。这些现象不消除，久而久之，必然弱化民政工作服务保证作用，损害民政干部的良好形象。

“作风定成败，作风系兴衰”。民政工作是党和政府工作的重要窗口，民政干部作风直接关系到党和政府在人民群众心目中的形象。应把群众满意度、坚决反对和克服好人主义及其庸俗化倾向作为检验民政干部作风的一把标尺。民政干部要继承优良传统，弘扬革命精神，视革命理想高于天、党的事业重于山，不断强化政治意识、使命意识、大局意识，在贯彻执行上级的决策指示、坚持重大原则问题立场、完成急难险重任务等问题上，绝不能含糊松软，以身作则、模范带头、坚持原则、敢于担当、真抓实干、埋头苦干，唯有如此，才能确保各项民政工作有效落实，才能把民政工作的作用充分发挥。

（载于2015年4月10日《北京社区报》）

用忠诚品格迎接政治大考

——浅谈让看齐成为自觉和常态

习近平总书记在中央政治局“三严三实”专题民主生活会上强调，必须有很强的看齐意识，要以主动看齐的思想自觉、经常看齐的责任清醒、坚决看齐的担当勇气，时刻向党中央看齐，向党的理论和路线方针政策看齐，向党中央重大决策部署看齐，必须做到思想上同心、政治上同向、行动上同步。强化在政治、思想、行动和担当上的看齐意识，这不只是一个口号，而是一个重大的政治原则，是对我党思想上建党的优良传统的发扬光大，是党员干部为政修身成事的基本遵循准则和精神引领。

——政治上坚定是看齐的关键。政治上的高度坚定，就是要站稳政治立场，遵守政治纪律，严守政治规矩，维护中央权威和党的团结统一，坚持正确的政治思想和政治认知，增强政治鉴别力和政治敏锐性，在大是大非面前保持清醒头脑，在关键时刻不迷失方向，坚守党性原则，坚定政治信念，始终做政治上的明白人，使政治清醒与行动自觉有机结合，让忠诚之心在遵规守纪、成事有为中得到体现和检验。心有所畏、言有所戒、行有所止，始终同党中央保持高度一致，慎独慎微，把好小节，时刻保持警惕、警觉、警醒，严防一念之差、一时糊涂，把对党绝对忠诚作为根本政治要求和最重要的政治纪律。须知，只有保持政治上的高度坚定，才能在多元中立主导，在多样中谋共识，在多变中把方向。主动融入大局、自觉服从大局、积极服务大局，坚持用党性原则和纪律规矩来约束规范言行，始终做到心中有党、心中有民、心中有责、心中有戒，确保在个人利益面前立场坚定，永葆政治本色。必须服从中央和市委决策部署，自觉与中央和市委思想上同心、政治上同向、行动上同步，要有过硬的思想定力、战略定力、道德定力。只有讲政治、紧跟党旗走，才不会办出格的事，甚至犯错误；只有讲规矩，才不会在迷雾中失去方向，才能时刻不偏向。把中央和市委部署要求转化为民生保障的工作实践，加快改革转型升级，不断提升适度普惠凸显公平的民政社会治理能力，保障基本民生，实现民政工作由注重管理向管理服务并重转变。切实发挥民政在民生保障和社会治理中的骨干作用，努力推进民政社会治理现代化，在促进京津冀民政协同发展中，实现首都民政事业转型升级和重大跨越。

——思想上清醒是看齐的基础。行动上的忠诚来自理论上的认同。用忠诚淬炼时代大考，首要的是坚定信仰、铸牢信念，把贯彻习近平总书记系列重要讲话精神作为重要政治任务。要有高尚的追求和崇高的信仰，不断加强理论学习，不断给理论素养“充电”。要保持思想上的高度清醒，就必须要用科学理论武装头脑，坚决防止和排除各种错误思想、排除各种干扰，打通顺利推进各项改革的思想通道。要根据新形势新任务及时整队看齐。要把学习教育贯彻始终，认真学原文、读原著，系统掌握基本理论并将其作为看家本领，抓好中央、市委重要会议精神、重大决策部署的学习理解和贯彻执行。要将看齐的口令传达到底到角到边。全面准确掌握基本理论及其精神实质，始终坚持用马克思主义立场、观点、方法认识问题、分析问题、解决问题；深入学习党章党规、系列讲话和党的路线方针政策，要结合整个单位发展和自己工作的实际，把上级的精神吃准吃透，而且要内化于心，外化于行，学思践悟，强筋壮骨，做合格党员，增强党的意识，筑牢理想信念“主心骨”，把牢思想和行动“金钥匙”，使贯彻落实中央精神成为自觉行动。对民政党员干部来讲，应着力在学深、抓实、找准上下功夫，强化党性锻炼，切实把好“总开关”，让看齐跟上成为自觉遵循的价值追求和行为规范。学习的过程就是看齐的过程。看齐，不仅是对民政党员干部的要求，也是对民政系统党组织的重要检验标准。党员干部只有坚持不懈地加强学习，不断为自己补充精神营养，提高履职水平，才能够始终保持共产党人的先进性和纯洁性，努力塑造良好形象，用知恩感恩报恩的心态干事业，凝聚意志、会合起民政改革的磅礴力量，朝着共同富裕的方向目标齐步迈进。

——行动上的整队是看齐的基准。在实践中做到看齐跟上，既表现在思想认识、精神状态上，更体现在行动中，跟上时代的要求，踩实看齐的步伐，不拖后腿。面对民政改革这场时代大考，刷新的是观念，冲击的是利益，考验的是忠诚。行动比表态重要，落实比口号实在。随着民政改革的深入推进，撤并降改、进退去留等考验现实地摆在干群面前，广大干群必须经常主动看齐，做到心往一处想、劲往一处使、力往一处用，形成一股无坚不摧的合力、产生效力，将所有心思和资源配置向民生改善聚焦，把功夫下足，把汗水流够，把职责尽到，让看齐在保障和改善民生中落地生根、开花结果。做好看齐动作，领导干部要主动到队列中去，不能只下口令不抓落实，要拿出确保看齐的具体措施和办法，若有偏离方向和违反规矩的就要立即坚决改正，符合各方面要求的要继续做好。否则，如果各行其是，各自为政，就会一盘散沙，一团乱麻，做起事来就会“不严不实”，在实际工作中就会方向错乱。作为普通党员，就应把看齐意识变成自觉行动，在想办法、做事情中时刻以大局为重，主动融入，自觉服从，积极服务于中心工作和中央的决策部署。自觉担当起完成中心工作任务的担子，只要上级有要求有部署，就坚决保持一致，第一时间按照决策部署抓好各项工作的落实，绝不讲条件、打折扣、搞变通，深入持久地跟不会看齐、不愿看齐现象作斗争。作为一名民政党员干部，必须树立正确的权力观，时刻牢记自己手中的权力是党和人民赋予的，只能为民所用，绝不能假公济私，更不能以权谋私；必须带头不折不扣地遵守党的纪律和规矩，时刻把自己置于党和人民群众的监督下，强化党性修养，严格自我约束，树立好人民公仆形象。要坚持以民为本、为民服务理念，大力宣传党和政府的基本民生保障政策、全民共建共享举措，让受灾人员、低保人口、孤老孤儿、生活无着落流浪乞讨人员和残疾人、优抚对象具有更多获得感，让人民群众更多地享受到基本公共服务。

——担当上重任是看齐的品格。担当是一种境界，是做好民政工作的根本标准。抓住了民政干部做人做事的根本，明确了干事创业的准则，划定了民政工作的红线，为党员干部加强修养、改进作风、健康成长指明了方向。必须砥砺民政干部敢于担当民生改善重任的政治品格和忠诚之心，坚定为民办实事的政治追求。只有胸怀挚爱忠诚，才会担当重任。没有高度的责任心和担当精神，再好的经也会念歪。看齐需要担当，民政党员干部讲看齐，就是要带头贯彻习近平总书记党的十八大以来发表的系列关于民生保障的重要讲话和战略部署，忠实拥护改革，自觉服从改革，坚决落实改革，当改革的促进派和实干家。带头贯彻习近平总书记用深情的话语展现新一届党中央的民生情怀，人民对美好生活的向往，就是我们的奋斗目标。切实把看齐的动作做好做实，班子成员要互相提醒，各级党组织是一个单位的领导核心，不仅要求“班长”要立好标杆、做好示范，班子其他成员也要树好形象、当好楷模，这样才能形成强大的引领力量，以形成层层看齐、层层作表率的领导局面。班子成员之间要主动拉袖子，不让任何一个人出格掉队。各级要自觉把中央决策部署和民政工作实际结合起来，求创新、求突破，圆满完成党和人民赋予民政部门的历史使命和职能任务。

今天，在新的历史条件下，“十三五”已经起步，首都民政迈上了全面深化改革、加快转型升级的新征程。面对新形势、新挑战，北京民政工作将贯彻落实中央和市委相关决策部署，立足首都“四个中心”新定位和建设国际一流和谐宜居之都的新目标，民政党员干部必须站准自己的位置，知道自己的岗位职责，主动作为、主动衔接服务，用心抓好民政社会化、产业化、信息化和体系化改革。只有不断“强化政治意识、大局意识、核心意识、看齐意识”，才会用心想事、用智谋事、用力干事，才能成就一番大事业，交出一份满意的答卷，坚决完成党和人民交给的各项任务。

（载于2016年3月4日《北京社区报》）

正是扬鞭奋进时

——谈新常态下推进民政社会治理现代化构建大民生格局

人勤春来早，实干正当时。全面深化民生领域改革，2015年是攻坚年也是关键之年。新常态下新年度民政工作抓得怎么样，能不能做好保基本兜底线，对于起好步、开好局意义重大。在春节前召开的北京市民政工作会议上，突出“一个主题”、深化“四项改革”、推进“五大工程”、强化“四项保障”等多项改革举措均已推出。新的一年刚刚启程，正是立足新起点、开启新航行，扬鞭奋进之时。可以说，首都民政新的一轮深度破冰大潮已经起势。各地、各部门都制定了改革的任务书、路线图和时间表，要落实全国和全市民政工作会议精神，主动适应新常态，抢抓新机遇，把工作精力聚焦到发展上，把发展的任务目标落实到每个项目上，迅速分解任务，细化具体措施，卡紧时间节点，强力推进落实，聚力攻坚战，下好一盘棋，以项目建设实效论英雄，为实现全年目标任务打下坚实基础，推动首都民政事业转型升级。

回望2014年，中央全面深化改革领导小组八次会议上强调，气可鼓而不可泄，要巩固改革良好势头，再接再厉、趁热打铁、乘势而上，推动全面深化改革不断取得新成效。过去一年，改革大潮强劲激荡，节奏却踔疾步稳。正是在坚持问题导向、问题倒逼、问题归零中求真务实，在倾听人民呼声中真抓实干，一条条利好政策的出台，一项项深度改革的推进，是一种掷地有声的永恒，是一种无须伸张的厚实，是一种并不陡峭的高度。北京养老服务改革、“三社”联动改革、社会组织管理改革、婚登和殡葬改革等一些重点领域和关键环节的改革深度破冰，赢得群众的信任，凝聚了民心。站在新起点上回看，民生领域突出的矛盾和难题，成为改革攻坚的目标，要适应新常态发展必须要转型：转变职能，管好该管的事。针对民政业务的特点，对性质任务接近、工作关联度高的业务进行了梳理，跳出“单打独斗”“零打碎敲”的工作模式，找出共同属性和内在联系，整合相关职能、资源、信息和队伍，加强体系构建和工作融合，提升工作的整体效能。在政策制定实施、人才培养、财力保障、基础设施建设、工作绩效考核等方面，加强区县互动衔接，构建上下联动、步调一致、运转高效的工作格局。简政放权，该放的放到位。打破过去大包大揽、自管自办的模式，民政事业中凡是市场能干的，都交给市场；凡是社会能办的，全部让社会去办，不断提高民政服务的社会投资和市场化比重。发挥政府主导作用，通过制定行业标准、出台扶持政策、提供资金支持等方式，引导更多社会力量参与提供社会服务。

新年再出发，所有单位、部门和个人都迎来了新的春光和起点，唯有发扬“蛮拼精神”，确保节后收心静心归位，迅速找回工作状态，更要专心用心，从手中每一件具体事情做起，从眼前每一个实际问题解决起，在民政改革建设上才能形成上下联动、主动作为的强大合力。要拿出敢为人先的魄力和不达目的不罢休的韧劲，抓紧落实不走样，不见成效不回头；要坚持一环紧扣一环地去抓，换土断根解决问题，让“问题归零”成为新常态。要增强深化改革的思想自觉，增强迎难而上、攻坚克难的昂扬斗志，增强食不甘味、寝不安席的责任担当，增强一心为民的公仆情怀，保持干事创业的进取心、精气神和实在劲，加快形成你追我赶、竞相发展的生动局面。改革要冲破观念障碍和利益藩篱落地生根，务必打破各种“中梗阻”，绝不容忍用消极的方法不认真工作，在工作中出现怠工、消极、敷衍等情绪和行为，从而形成了“为官不为”的不良局面。唯有继续前行，加快推进，发扬“钉子精神”，善于挤和钻，奋力实现“开门红”。在这种精神的支撑下不断探索，不要被任何困难所吓倒。在面对任何困难和问题时，只要我们抱着迎难而上的决心，认真去做、用心去做、努力去做，再大的困难都会迎刃而解。

——及早谋划改革。早谋划、早行动、早部署，开展新一年的工作，是抢抓机遇的关键。一年之计在于春，抓早抓实强根基。春天充满希望，也充满挑战。在第一季度抓好改革事项的开工和运行调度，努力实现全年重点工作高位开局，对保障全年经济平稳较快增长具有关键性意义。只有早起步、早安排、早着手，动起来、干起来、忙起来，尽快传达精神、分解任务、组织工作，确保将工作的主动权牢牢抓在手里。对可能出现的困难问题，未雨绸缪早分析、早准备预案或措施，这样才能遇忙不乱、有条不紊；遇难心中不慌、沉着应对，力争赢得开年红、开年稳，亮出新气象。

——紧扣时间节拍。当前和今后一个时期，全市民政系统必须坚持以适应新常态、抢抓先机、实现新跨越为主旋律，踏准节拍，把握节奏，以上率下，落实求效。要做到明确具体项目、明确责任领导、责任单位和责任人、明确落实时间节点，做到抓重点、抓开工、抓进度，实现及时协调、及时报告、及时通报。把各项工作多往前抓一抓，进度多往前赶一赶，锁定目标，扭住不放，一项一项抓，一锤一锤敲，确保干一件好一件，干一件成一件，干一件带一串。努力形成落地一批、开工一批、建成一批、投产一批的良性局面。

——重行动抓落实。把工作抓实，按照“重实干，不作秀”的要求，不流于形式，不脱离客观实际；更不能急于求成，盲目决策，做一些于民无利的事。多做打基础、利长远的实事，多办惠民生、解民忧的好事。要按事先的计划，心无旁骛，专心致志，量化每日工作，谨记拖延是最狠毒的事业杀手；在实际操作中，通过寻找新的切入点、结合点、突破点，总结经验、以点带面，创造性开展工作，从而全面抓好落实。要根据本单位、本部门实际，细化、深化全市民政工作会议精神的落实，进一步改进思想作风和工作作风。要加力使劲、一抓到底、久久为功，确保政令畅通、政策落地，实实在在拿出符合发展实际、切实可行的措施，做到各项工作快推进、见成效，件件百姓得实惠。只有行动了、奋斗了、见效了、真正落实了，那才叫真。不抓政策落实，再好的蓝图也是水中月；只有抓好落实，促成民政产业化、社会化，改革才能有成效，最后才能形成“大民生”格局，我们的民政事业才能生机无限。

（载于2015年3月25日《中国社会报》、2015年3月6日《北京社区报》）

铸就精神丰碑　增添为民力量

金秋时节，我们首都民政50名学员怀着无比崇敬的心情，走进中国革命的摇篮井冈山。在这里，采取现场教学、访谈教学、激情教学、体验教学、情景教学和专题教学等方法，比较系统地了解了中国革命的历史，深刻感悟和理解了井冈山精神，感慨良多，受益匪浅。

教育活动中，大家聆听井冈山斗争与井冈山精神的专题教学；追溯革命先烈的足迹，重走朱毛红军挑粮小道，再现革命先辈的无畏，汲取创业力量的精华；和红军后代互动访谈、领会老一辈无产阶级革命家的宽阔胸襟和动人事迹；观看大型实景演出《印象 · 井冈山》，重温黄洋界保卫战、十送红军等井冈山峥嵘岁月；参观八角楼、黄洋界哨口、主席故居、渼陂古村、曾志同志墓、红军医院旧址、“二七”会议旧址等，瞻仰烈士陵园、纪念碑、雕塑园、碑林等，回顾革命斗争的历史，使大家心灵接受洗礼，情感受到震撼，灵魂得以升华。还领略了那里山、水的秀丽风光，重要的是跨越历史时空，井冈山精神已成为中国革命精神之链上一座不朽的精神丰碑，我们感触到了我国第一个革命根据地建立时的艰辛和不易，用脚步丈量了信仰的旅程，体验了这片红色土地所承载的史书和厚重，感受了来自井冈山的无穷力量，倍加珍惜今日的美好生活。

一路走来，一路感动，一路见证。汗水几乎湿透了背上的红军服，不知不觉地被带入那段令人难忘的时刻，仿佛耳闻目睹了那惨烈的战斗场面，了解到我们党内存在的激烈思想交锋和斗争生活；懂得了毛泽东等红军将帅卓越的雄才大略，他们指挥中国工农红军，依靠根据地人民的无私支持，取得了一个个军事斗争的胜利；了解了红军和根据地人民对抗敌人封锁所面临的缺衣少粮等困难，革命先烈们不畏强敌、不屈不挠，以惊人的毅力战胜折磨和考验，练就了一种特别能吃苦、特别能战斗和特别能奉献的本领。大家沿着历史的足迹，身穿红军服、脚踏红军路、唱响红军歌、观看战斗史、聆听英雄事，随着讲解员的讲解，追忆井冈山革命先烈英勇抗敌、顽强斗争的感人历史，缅怀一代伟人的丰功伟绩，感触革命先驱抛头颅、洒热血的崇高精神。

学员们每到一处参观和瞻仰，都是一次教育、一次熏陶、一次震撼；每一处风物，都令人流连；每一道美食，都让人回味；每一张面孔，都使人感动。感叹的是井冈山真实的生活、红色的文化和红色的情怀。这里的一砖一瓦、一草一木、一声一息，都蕴含着革命的因子，跳动着革命的音符，见证着那段艰苦的革命岁月。在红米饭里咀嚼历史，在南瓜汤里味蕾斗争，感怀着那烽火年代里的豪情。印记最深的是由无数革命先烈用鲜血和生命铸就的瑰宝——井冈山精神。大家的学习生活虽然紧张，但被无数英烈的灵魂所感染，仿佛感觉自己被一种强大的精神力量推动着。正是因为有了这一点，我们党才能做到一心为群众，一切依靠群众，发扬民主，勇往直前，夺取革命的最后胜利。

井冈山是一个大熔炉、大学堂。井冈山精神是宝贵财富，取之不尽用之不竭，让人终生难忘，激发我们不改初衷，珍惜前辈用鲜血换来的成果。把井冈山精神发扬光大，绽放时代光芒，使其成为引导党员干部传承红色基因，自觉担当起新时代保障民生使命任务的伟大力量。在以后的工作中，必须把革命优良传统和实际工作结合起来，胸怀理想、坚定信念，实事求是、敢闯新路，艰苦奋斗、勇于胜利，相信群众、依靠群众，以更高的标准严格要求自己，做好本职工作，牢树和践行“民政为民、民政爱民”工作理念，以忠诚、担当、务实、高效的工作作风，履职尽责；以更加优异的成绩，回报在井冈山革命斗争中为国捐躯的先辈和英烈；给他们一方净土，让他们安息。

教育活动结束时，大家普遍认为，学习内容丰富多彩、形式生动活泼，来到井冈山干部学院学习不虚此行，也给大家的工作带来许多有益的启示。

通过红色之旅活动，加深了对革命圣地的理解和认识。认为巍巍井冈山，不愧是革命的摇篮和圣山。在这片红色土地上，以毛泽东为代表的中国共产党人点燃了革命的星星之火，为中国革命开辟出一条成功之路，培育出薪火相传的井冈山精神。在这里，我们深刻地体会了革命斗争中壮烈牺牲的烈士们的光辉业绩和无私奉献精神，真实地再现了老一辈无产阶级革命家在最艰苦的年月，面对敌人层层封锁却坚持到胜利的大无畏精神。更加深刻地教育我们要继承革命传统，争取更大光荣。如今我们重走他们走过的路，学习先辈们的人格品性和党性修养，永葆党员干部的蓬勃朝气、昂扬锐气和浩然正气，固根守魂，让井冈山精神在新时代绽放新的光芒。要珍惜岗位，以感恩之心面对组织，用报恩之情履行职责；要在岗尽责，把工作当事业干，把岗位当战位看，不辱使命，有所作为，有大作为。

通过情景体验教育，我们加深了对井冈山精神的了解和认知。百闻不如一见。通过现场实地参观、情景化体验模式，身临其境、设身处地，听讲解员介绍老一辈革命家和红军战士的英雄事迹，给我们带来了强烈的心灵冲击，效果远非单纯读书学习所能达到的。行程万里，不忘初心。井冈山的山间小路，是通往民族复兴的康庄大道；八角楼的灯光，映照共产党人的奋斗征程。通过多种教学方式，进一步了解在生活条件极其艰难的时期，革命先驱那种坚定的理想信念，密切联系群众的作风，是我们党战胜各种困难和风险、不断取得事业成功的根本保证。紧紧依靠人民群众，诚心诚意为人民谋利益，才能从人民群众中汲取前进的不竭力量。反之，脱离群众，人民群众就会与党离心离德，党的事业就会受挫，甚至倒退。

通过与革命后代的访谈，加深了我们对革命先烈英雄事迹的崇敬。在访谈式教学环节，王佐的曾孙王华生、曾志的嫡孙蔡军分别讲述了家中先辈的英雄事迹，追忆了先辈们的革命情怀。他们真切、悲伤而又乐观地诉说，话语浸润和熏陶着每一位学员，大家为袁文才和王佐两位烈士被错杀而惋惜，更为老红军曾志为了革命事业舍弃孩子的动人故事所感动。对每一次讲述，同志们都报以雷鸣般的掌声。一股浩然正气在教室中流动，大家都沉浸在无比激动和更深入的思考之中。

作为新时代首都民政工作者，要对党忠诚，服务人民，就是要把信仰的根脉深扎于理想的沃土，把忠诚的基因厚植于历史的血脉。要牢记习近平总书记“北京民政要在全国干得最好”的嘱托，用大爱之心、爱民之心做民政工作；发扬马上就办、真抓实干的优良作风，带着使命、责任和感情，多办利民之事，多解民生难事，真正把“以人民为中心”的发展思想落实到工作实践中；积极适应新时代要求，坚守初心和使命，为建设人民满意的民政、规范高效的民政、安全廉洁的民政、充满活力的民政贡献正能量。

（载于2018年12月14日《中国社会报》、2018年第10期《北京民政》）

道是无境胜有境

——赏评《北京民政》杂志

创办一份首都民政人自己的刊物，这是市民政局几届领导班子和几代民政人的夙愿。这缘于对期刊在精神文明建设和思想政治建设中地位作用的深刻认识，也缘于广大群众身居国际大都市对各种信息的无限渴望。经过无数次的论证、斡旋，终于让愿望变成了现实，从市局领导到基层群众，多少人为之一夜无眠。《北京民政》的创刊注定将成为首都民政发展史上的一个里程碑，实现了从无到有、从小到大、从稚嫩到成熟的改制跨越发展，由此赢得了上级机关到出版部门、从各级领导到基层群众的高度赞誉。

每一个刊物都有自己的特色。这种特色是办刊理念、宣传主旨、读者定位的综合体现。特色反映境界，特色彰显质量，特色决定影响。《北京民政》从创刊开始便秉承“突出民生、面向基层、贴近群众、注重特色”的理念，注重研究形成“特色”的办法和对策。为了浓厚“民政味”，策划开辟《视点聚焦》《政策法规》《经验之谈》《文化广角》《理论研究》《人物剪影》《真情故事》等十几个栏目，每个栏目都洋溢着浓浓的“民味”“民语”“民情”，反映首都民政转型发展和改革创新的建设成就，展现民政人的精神风貌，深受读者喜爱。

北京市民政局是一个具有60多年历史且文化底蕴深厚的老局，民政系统是政府组成部门中体系最庞大、人员众多、结构最复杂的系统之一，倘若连一个文化信息交流的渠道和平台都没有，科学发展无从谈起。只知道前些年有份《民政之声》，每次见到都会一字不落从头看到尾。2014年，改版的《北京民政》杂志诞生后，它一直与我为伴，我是它的忠实读者和作者，无论是在办公室还是住宅的书柜里，瞧见保存完整无缺的它便分外亲切，只要有空就信手翻一翻，也让他人一并分享，争相传阅。阅读每篇文章，使我这个民政工作者能够时时饱览首都民政建设发展波澜壮阔的画卷，品味首都民政人绚丽的生活和博大无私的情怀。其中不少文章承载着深邃的思想，闪烁着直抵心灵的光芒，弥漫着温馨的情感，激荡着撼人的力量，使我干涸的心田得到了春雨般的滋润。遇到自己喜欢的作品，我反复阅读，犹如品尝美酒如痴如醉，把它比作自己的良师益友、“精神后花园”。每当看到面貌一新的《北京民政》四封及中心彩页，像是找到了与阔别多年的知音重逢的感觉，自是分外激动，于是不揣浅陋，想对其品头论足一番。缓缓翻开这本杂志，细细品读，并试着将它与其他刊物相比，感觉爱不释手，它既有众多刊物共性的特点，也有属于自身独一无二、独具魅力的一面。

赏心悦目，印制精美。彩页全部采用国际流行的大16开本，装帧设计大气，封面清新雅致，版式疏密得当、科学实用、活泼有趣，铜版纸四色印刷精良，内文版面安排得生动，色彩调配得鲜艳明快，装潢加工得典雅大方，冷暖相宜，视觉感极佳，让人赏心悦目。以各期封面人和景为例，全都是与民政相关的人和景物登台亮相，精彩纷呈，人与景生动真实。观赏着美不胜收的风景，让人恍入世外仙境，满怀激情，边赏美景、边叙友谊，在惊叹大自然的鬼斧神工、感悟山水之间的天地灵气的同时，能够相互了解得更多，心贴得更近，感情也更深。在每一幅图片的选择上，讲究色彩、角度、构图和谐搭配，相得益彰，实现了新闻性和艺术性的完美结合。

图文并茂，内容丰富。彩页图片说明言简意赅，切中要旨，美图美文，给读者留下了深刻的印象。所有组照内容和行文重在宣传民政工作转型发展、文化建设和精神文明建设等涌现出来的先进集体和先进个人；报道改革开放以来不断增强社会管理和公共服务功能，发挥民政工作在构建和谐社会中的基础及兜底保障作用，宣传《首都民政事业改革发展纲要》中确立的"社会化、产业化、信息化、体系化""四化"改革目标，及其民政体制机制、干部人事制度、养老服务社会化产业化、社会组织管理体制、基层社会管理体制、适度普惠民生福利制度等13个方面的改革框架内容；弘扬首都民政工作改革取得的新突破，事业发展迈上的新台阶，民政人思想观念、体制机制、发展模式发生的重大变化，一些创新举措、重要领域、瓶颈和深层次问题开始寻求突破，绝大多数工作走在了全国前列。如第1期封面和封底等精品景致，图文结合，全面生动地展示了惠民政策让群众过上了好日子的场景，内容丰富，形象生动。与单纯的文字或图片相比，图文结合更让人喜闻乐见，更容易吸引读者的眼球，给读者留下更深的印象，留下想象的空间，让读者去深思，从而为广大读者所青睐和欢迎。

民味十足，品位高雅。彩页中无论是摄影作品还是新闻图片，镜头大量地聚焦基层，版面绝大部分留给了基层群众，多角度多侧面地反映群众生活，突出民味，成为联系机关与基层的桥梁纽带，成为广大群众的知音密友。以第1期中心页《跃马扬鞭启新程——市民政局职工新春大联欢》照片为例，反映了民政人孜孜以求的进取之心和不屈不挠的奉献精神。在这幅组图中，在中华民族最喜庆的节日里，献上一曲曲乐器演奏、创意表演、歌曲舞蹈、相声小品等精彩节目，确实也是对民政春晚节目形式的一个极大突破。这个突破，犹如给春晚精致的中国菜上了一道新式甜点，起到了很好的调味作用。开场舞《雪域欢歌》图片，展现了民政人喜迎新春的无限魅力，演绎了一年又一年的精彩人生，勾勒了一幅唯美的瑰丽画卷，给人以深深的回味。欣赏这些剧照，帮助大家卸去劳累疲惫，丰富了精神生活，为民味十足的刊物增添了几分雅趣。

突出趣味，耐人咀嚼。以看图说话、连环画册、讲述故事的形式报道群众生活，形式生动活泼，令人过目难忘。如第1期中心页情景剧《爱的港湾》彩图，讲的是习总书记走访慰问四季青敬老院老人的故事。管理人员为了让老人过上更加幸福的晚年，不分昼夜、含辛茹苦、默默无闻地为养老事业奉献力量。为迅捷及时地传播总书记的殷切关怀，更好地为广大爱心人士搭起一座尊老敬老的新桥梁，剧作者精心构思故事情节，创作了生动的情景剧。剧本人物形象鲜明，语言朴实感人，矛盾冲突强烈，生活气息浓郁，充满了哲理思考和人生感悟，凝聚起对养老工作和民政工作的强大力量，故事传递正能量，具有较强的穿透性、真实性和完整性，给人以震撼和深思。它是一部理论与实践紧密结合的优秀作品，具有较强的思想指向、理论意义和实践价值。图文真实再现，场景令人难忘，融观赏性、思想性、趣味性于一体，让观众回味无穷。此外，编辑的独具匠心还表现在色彩调节上，文中的图片均采用彩虹色调，突出故事性，增强了历史厚重感和纵深感。总的来看，无论是新闻类图片还是语言类作品的选择，编辑都力图不虚浮、求平实，不媚俗、求真切，形成了自身的风格。

作为北京市民政局党委机关的刊物，《北京民政》在艰辛探索发展中，承载着一种厚重责任扬帆起航，以自己独特的境界和情怀一路高歌向太阳。衷心祝愿《北京民政》杂志每一步都能收获盈枝的果实，越办越好、绚丽多彩！

（载于2014年第2期《北京民政》）

民本思想篇

2011 年 10 月 24 日由民政干部职工表演的大型文体健身舞《相亲相爱》

疫情下办理结婚登记业务

耄耋之年学电脑操作与上网一丝不苟

领略内乡县衙的官署文化和悠久历史

作者（前排中）与同事交流学习心得体会

如何让爱情通过疫情“考验”

新冠肺炎疫情防控工作不仅是对国家治理体系和治理能力的一次大考，也是对构建幸福婚姻、美满家庭、和谐社会的一次重大检验。随着经济发展、科技进步和文化思潮的激荡，人们对婚姻质量、感情需求和爱情期望值增高，不想维持未完全破裂的婚姻，一时冲动就离婚，导致不少夫妻劳燕分飞，离婚率持续走高飙升。

一、离婚原因分析

近些年，一些人受到西方思想的影响，认为离婚是追求自我解放，合者来，不合者散；有的视情感为玩笑，草率结婚，轻率离婚，造成婚姻家庭不稳定。一些看上去并不大的家庭矛盾引发离婚冲动明显增多，各种奇葩的离婚原因层出不穷。从某地2020年1月至5月登记数据来看，结婚36250对，离婚21387对，离婚增长率创5年间新高，且呈逐年上升趋势。究其原因，主要有以下几点。

其一，手机网络成为“婚姻杀手”。移动时代，手机网络给大家的生活带来方便的同时，也带来一些负面影响。有的家庭中，丈夫平日里工作忙，没时间照顾家庭，更谈不上料理家务，可休息时却也是饭来张口，衣来伸手，有点时间就倒在沙发上摆弄手机，为此夫妻矛盾升级，诱发离异危机。现在的年轻夫妻白天忙于工作，晚上又各自拿着手机，交流的时间少，通过网络，有的人有了网恋、一夜情等问题。一位男士喜欢打游戏，妻子生病时也不放下手机，漠不关心的态度让妻子觉得他可有可无，导致婚姻出现问题。某男士整天对着手机全神贯注，去厕所、行走、吃饭都带着，下班后仍机不离手，直到睡觉都不会与妻子有任何交谈，甚至夜里抱着手机睡，妻子问话也心不在焉、敷衍了事，以至于影响到婚姻。网上的社交平台遍地开花，“抖音”也成分手刺客，一位妻子常在直播上浓妆艳抹、言语污秽，声称能通过收“礼物”赚钱。一天晚上丈夫回到家看到妻子还在直播，一气之下把手机摔在地上，导致二人矛盾激化，随之而来的是语言上的争辩，乃至争吵，最后不欢而散。

其二，政策性离婚寻求利益。所谓政策性离婚，是指那些因为规避各类政策而作出的离婚选择，以达到避税、获取优惠房贷利率等目的。这类离婚与感情破裂、家庭矛盾无关，又被称为“假离婚”。为了得到买房、上学、落户、房屋拆迁、征地补偿等政策优惠，办理了假离婚手续。这种钻政策空子的现象，成离婚率攀升新推手。为结婚买房，又为买房离婚，目的是为了能多获拆迁安置房补偿面积。由于购房、入户、入学等政策规定与婚姻挂钩的利益凸显，婚姻在一定程度上开始褪去原先神圣的外衣，在经济利益驱动下，成为不少家庭获利的工具。

其三，感情基础薄弱难以维系婚姻。疫情之下，人们被禁足在家，从早到晚全天候守在一起，身上的毛病都表现出来，很容易相互挑剔，彼此互不顺眼，因家庭琐事引发矛盾和感情风波，造成婚姻破裂。一方面，婚前两个人缺乏了解，仓促结婚导致婚后才发现生活习惯、兴趣爱好和性格特点的差异；另一方面，对对方缺乏忍耐之心和宽容之情，自尊心都很强，总是喜欢以自我为中心，不易接受他人意见；再则，没有责任感，不能控制自己贪玩的心，一旦玩起来就是一整天。因此居家期间，双方缺点更是充分暴露，“窝里斗”的频率越来越高，矛盾点也越来越多。之前夫妻吵架后，通过跟社会、外界接触，把负能量发泄出去，从而能在一定程度上缓和矛盾，而因疫情缘故出不了门，只能在相互厌烦的状态下共同居家生活，使原本存在的矛盾进一步激化。有的人把婚姻当成个人利益的“桥梁”，一旦目标达成或另有“高枝”出现，就马上“过河拆桥”，要求离婚；有的是双方经中间人介绍，相互见面机会少，定亲彩礼数额也相当可观，婚前男方父母东拼西凑把彩礼凑齐，婚后生活拮据，难以忍受生活的负债和压力，选择了离婚。其实，疫情并没制造新的问题，只是暴露了之前感情基础不牢的问题。

其四，男方懒惰、自以为是，无法继续。这次疫情，让人认清了另一半。以前总是自我安慰，认为老公工作忙成天不着家，一人带孩子好无聊，眼巴巴地等其回家，可一回来就洗澡睡觉了，一怒之下就将其拖起大吵。忍受不了的是，说话一脸不耐烦的样子，大男子主义重，说什么都不服气，一句一抬杠，经常搓麻将不说，好吃懒做脾气大，做事拖拉不靠谱，无所事事，不思进取，更不会陪孩子，不听劝阻，到外面人模人样地显摆，是个不折不扣的“啃老族”。个人不仅需照顾小孩和生活，还要奔忙打拼，生活开销全由自己来负担。家里的事即使喊对方，对方也不愿意去做，总是持一副大不了这日子不过了的态度，无论再怎么努力去经营，也会感到特别的疲倦。人穷点不可怕，可怕的是不勤奋、不务正业，不懂得赚钱养家。生活久了，夫妻矛盾日积月累，竟然萌生了分离念头。

其五，婆媳关系差，和谐相处成难题。长假期间，婆媳朝夕相处，双方因为生活中琐事，难免产生摩擦。丈夫是平衡婆媳关系的砝码，如果丈夫无法从中有效调节，就易形成难以和解的局面，最终导致二人分道扬镳。因婆媳观念和习惯不同就会有代沟，老人相信流传下来的老传统，媳妇认可现代科学知识。婆媳各有道理，冲突难以避免。再者也有爱的争夺，婆婆看到自己含辛茹苦养大的儿子结婚后去照顾呵护别的女人，内心深处对媳妇有些嫉妒。还有就是因为孩子的教育，女方容易和婆婆产生矛盾。其实，只要把握好相处的分寸，婆媳矛盾自然迎刃而解。

有人说，疫情成了婚姻破裂的导火索。疫情不是妖，是照妖镜，既照见人间冷暖、人心和本性，也照出婚姻好坏，让一些被忽视的问题得以重新被考量。某婚姻登记机构披露了离婚的各种奇葩现象：有上午领证，下午离婚的；有领了婚姻证明，仅一个星期或两三个月就来离婚或复婚的；有为了挣钱外出打工两地分居或第三者插足而分开的；有在谁家过年发生争执而升级为离婚的；更罕见的是，因为发现前一天锅碗没洗就闹离婚的现象。婚姻关系和睦与社会稳定息息相关，鉴于此，应采取相应措施，以期改变这种现状。

二、对策建议探讨

第一，要学会合理利用手机，养成良好的生活作息习惯。

时下，有些人无论走到哪里、什么场合，只要有空余时间，便开始拿起手机不停地翻看、刷屏，这就是随处可见的低头族。在遇到这类问题时，要直面网络对婚姻生活的影响，双方多加以沟通和交流，女方应帮助男方走出“泥沼”，莫让手机成为婚姻杀手，毕竟婚姻不单单是两个人的事。从此刻起，为家庭生活设置手机时间段，不要过度沉迷于玩手机，找点事情去做，不让自己闲下来，减少下意识看手机的次数。夫妻俩可以规定时间作为无手机时段，逐步养成习惯。不妨培养共同的兴趣爱好，比如看书、聊天、散步、跳舞等，陪伴爱人度过一个个美好的夜晚。

第二，加强思想道德教育和《民法典》宣传。要牢树正确的婚姻家庭观念和法治理念，提高精准运用《民法典》做好工作、维护合法权益的能力水平。同时，也要曝光假离婚引发的悲剧，给那些盲目追求物质享受，把婚姻当作儿戏者敲响警钟。教育人们尽夫妻、抚养子女和赡养老人的义务，以巩固和加强婚姻家庭关系。要把《民法典》纳入婚登业务工作者培训内容，使婚登人员熟悉法条，领会精髓，严格依照《民法典》和婚姻登记规定进行登记，及时发现和处理假离婚现象。对申请协议离婚当事人设立一定期限的考虑期，给一个冷静反思和自我审查机会，以免意气用事。要通过制度建设，修改完善相关政策法规，防止催生政策性离婚。

第三，加大调解联动机制与指导帮扶力度。充分发挥村级（社区）基层群众自治组织、婚姻心理辅导员和工会、妇联等群团组织的作用，坚持“能调尽调”的原则，多做双方的教育疏导工作。对婚姻纠纷，做到及时发现，及时介入，及时调处，最大限度地将婚姻家庭矛盾降级。避免用强硬口气说尖酸刻薄的话，试用商量口吻代替强制性要求；不要把自己的想法强加于对方，两个人应心平气和地说出心里的真实想法，而非猜测对方心思，妄下结论；勿把长辈亲属牵扯进来，更不要指责对方的错处；要学会接受、包容和克制，多回忆曾经的甜蜜光阴等。对严重影响婚姻家庭稳定的现象，实行“过错责任”追究制，以减少因婚外不忠行为产生的离婚举动。

第四，用奉献之心要求自我以积极心态面对生活。现实中，仍不乏因父母的宠爱、舒适的环境，而安于现状、不愿拼搏、畏惧困难、害怕吃苦的人。要有敢负责的勇气、敢担当的精神、敢作为的劲头，不要心态疲疲沓沓，姿态懒懒散散，状态拖拖拉拉，惯于推诿扯皮，遇事不推不动，万事皆蹉跎的状态；增强干好工作是本职、干不好工作是失职的危机感和紧迫感。把心思和精力用在事业家庭上，做好该做的事情，真正做到责任上身、工作上心，使生活质量得到改善，为社会创造更大的价值。

第五，善于通过爱来启迪感化，使其握手言和。不妨经常给婆婆揉揉肩、捏捏背，哄一哄，让老人感到有家人陪伴，感受温暖和关爱，关系自然就会和睦。多以赞赏的口吻给予表扬鼓励，像朋友那样倾听老人的诉说，让老人不觉孤独。作为媳妇，不应动辄去反驳和冲撞，在适当的时候让公婆展现自己的优点，让人感到存在的价值。作为长辈，应学会体谅和包容儿媳的缺点，多夸奖儿媳孝顺能干，用一颗大度之心去化解矛盾，给小夫妻一些私密空间，别事事都插手和过问。矛盾产生后，无论谁对错，都应主动给一个台阶下。但愿每一个人都可以遇见一个懂你、容你、一路相陪的爱人，能经得起波折、无惧风雨往前走。

（载于2020年6月19日《北京社区报》头题、2020年6月21日腾讯网）

敢于担当就要有为民情怀

——也谈民政在服务群众中大力践行“三严三实”要求

“三严三实”要求广大党员干部切实树立“权为民所赋”意识，严以用权、谋事为民，切实做到“权为民所用、情为民所系、利为民所谋”，把人民群众的根本利益维护好、实现好、发展好。为此，各级领导干部必须真正把谋事担当烙印在心里、落实在行动上，使担当成为一种风气、一种习惯和推动工作的强大动力。

敢担当务必谋事要实

谋事是做事的开始、成事的前提。民政部门作为党委、政府的重要职能部门，敢于担当最为关键的就是“谋事要实”、以“实”谋事，从实际出发谋划事业和工作，使点子、政策、方案符合实际情况、符合客观规律、符合科学精神，不断提高做好新常态下民政工作的能力和水平，推动首都经济社会的健康发展。

当前，民政面临应对贫富差距拉大、兜好基本民生保障底线、满足多元化服务需求、实现自身转型发展等重任。要完成这些重大任务，就要勇于担当，脚踏实地真抓实干。同时，民政工作很多涉及群众切身利益，如果政策落实不到位、服务工作不细致，将直接影响群众生活，如果落实不力，为民服务、菩萨事业也就都无从谈起。谋事要实、创业要实、做人要实，归根到底是作风要实。要自觉站在群众立场上想问题、作决策、办事情，不能凭空想象，去搞那些华而不实、劳民伤财的形象工程。要善于和群众打交道，与群众一块干，凝聚起干事创业的磅礴力量。要时常将温暖和服务送达群众“家门口”，将关爱和热忱送入百姓心中。千方百计畅通服务群众“最后一公里”，以踏踏实实的工作态度，雷厉风行的工作状态对待每一件实事。要放下架子、深入民间，以情融情拉近与人民群众的距离，用心倾听民生疾苦，开展送项目、送资金、送信息、送法律、送科技等服务活动，帮助基层组织、困难企业解决实际困难。要把群众当亲人，对待上门办事的群众，态度要热情、服务要周全、办事要细致，尽心尽力帮群众把事情办好，用真心、诚心、耐心赢得人民群众的信任。

敢担当务必主动尽责

当前，首都民政事业驶入健康平稳发展快车道，实施京津冀协同发展战略，要求党员干部必须站准自己的位置，知道自己的岗位职责，主动作为、主动担当。只有增强责任心，才会用心想事、用心干事，才能成就一番大事业、交出一份满意的答卷。

《京津冀协同发展规划纲要》（以下简称《纲要》）中涉及民政业务的工作就有近30项，涵盖养老服务、行政区划、社会组织管理、救灾救助等多个领域。有些是直接要求，有些是间接相关，这些内容都需要一项一项地研究，一件一件地落地实施。要做好超前谋划和设计，把该纲要的新部署、新要求融入民政规划和政策制定，拿出具体执行方案，积极部署、主动实施，在推进京津冀协同发展中充分发挥民政部门的重要作用。要全力抓好承担市政府重要实事、市政府重点工作项目及市民政重点工作项目等102项重点任务的落实，下力抓好城市管理体制、社会组织、养老机构体制、殡葬等重点改革的落实，竭力抓好民政“十三五”规划编制、基础设施建设规划实施等发展规划的落实，使民政事业发展的思路更加明晰、抓手更加具体、成效更加明显，为强化产业支撑、实现民政转型跨越发展打下坚实基础。

民政意味着敢于担当，敢于担当体现的是对党的事业的坚定忠诚，对人民利益的高度负责，对崇高使命的执着坚守。民政工作是“菩萨”事业，做“菩萨”事业就得怀着菩萨之心、大爱之心、爱民之心去做。习近平总书记提出的至理名言，寄托着对民政人的高度信任和殷切期望。要履职尽责勇担当，无论在日常工作中还是在基层社会治理前沿，都要用实际行动来证明忠诚和信仰；要遵纪守法讲规矩，做到令行禁止、一切行动听党指挥。

主动尽责，离不开各级党委领导的率先垂范和大力引导。对那些不讲原则、不负责任、不作为担当的干部，不仅不能提拔任用，还要及时调整下来，绝不能让“和稀泥”得好、“老好人”高升。应该做的事，顶着压力也要干；必须负的责，迎着风险也要担。要有“逢山开路、遇水架桥”的胆识，大刀阔斧的魄力，经受非议、冲破阻力的决心才是改革创新最终成功的关键。敢于担当是好干部的一条重要标准，各级党委机关要进一步端正选人用人导向，把那些矛盾面前不低头、敢碰硬、坚持原则，困难面前不绕道、敢迎难而上、敢闯敢试，有锐气、勇作为、敢担当的干部用起来，立好选人用人的“风向标”，让敢于担当在民政干部队伍中形成风气。不让坚持原则的干部吃亏，不让到处讨好的人得心。

特别是推动民政转型升级，提升基本民生水平，给经济社会发展带来的新气象、新常态，让首都民政人产生了强烈的“坐不住”的使命感、“等不起”的责任感、“慢不得”的紧迫感。于是，内生出一种强大的意志和信念，这就是要以深化改革为总驱动，把首都民政工作推向一个更高的发展层次，并持续不断地推动民政事业打造“转型版”“升级版”。

敢担当务必直面矛盾解决问题

敢于担当，一个重要的标志就是体现在处理矛盾和解决问题上。在现实生活和工作中，一旦有矛盾和问题出现，就要挺身而出、冲锋在前，只有在矛盾面前不回避、问题面前不推诿、挫折面前不退步，做到敢抓敢管、敢于碰硬、攻坚克难，才能真正担负起人民的重托，担负起历史的大任。

首先要发现问题、正视问题。领导干部必须练就一双洞察问题的慧眼，像中央领导同志所要求的那样，有发现问题的敏锐、正视问题的清醒。不仅怀有问题意识，更要坚持问题导向，瞄着问题去，追着问题走，把化解矛盾、破解难题作为履职尽责的第一要务。应以解决问题为己任，勇于担当，敢于直面社会矛盾，敢于面对问题，敢于担当解决问题，在解决问题中集聚民政事业发展的正能量。

市民政局立足首都民政发展所处的阶段和需要，坚持问题导向，着力解决根本问题。当前民政系统存在的主要问题是：工作缺乏统筹，部门单干多，协同配合少；有的干部工作主次不分，零敲碎打，没有章法；一些主责部门不主动担责，配合部门敷衍了事、不主动作为等。对于这些问题，必须从严管理，强化监督，坚决纠正不作为、慢作为行为，确保各项决策部署落到实处。敢担当，就是面对民政改革发展深层次矛盾问题要迎难而上、攻坚克难；面对急难险重任务要豁得出来、顶得上去。党员干部必须具备敢于担责、直面矛盾的魄力，把推进“四个全面”的大事要事时刻记在心中、抓在手上、扛在肩上。

其次要有解决问题的能力。没有解决问题的能力担当，只会事与愿违，甚至酿成错误、埋下祸患。练就金刚不坏之身，提升勇于担当的本领，方能促进党员干部事不避难、奋勇向前。领导干部必须牢记“指挥员”的第一身份，心中时刻将立党为公、执政为民作为第一标准，自觉摒弃功劳都是自己的，失误都是别人的思想。增强问题意识，重要的是把思想变为行动，把问题意识转化为问题导向，增强责任担当。要瞄着问题去，追着问题走，把化解矛盾、破解难题作为履职尽责的重要任务。困难再大，任务再重，必须要有坚强的决心和“破冰”的勇气，变压力为动力，化挑战为机遇，敢啃硬骨头，勇于闯难关。要发扬钉钉子的精神，有咬定青山不放松的耐心和恒心。只要敢于负责，就能承担更重要的任务，作出更大的贡献。

善于担当、有效担当，就是要为民谋良策，体现在为民服务上。要善于和群众打交道，与群众一块干，在不断修正中提升服务群众的水平，特别是要抓住“三严三实”教育活动这个有利时机，把征求意见和自查自纠相结合，与开展“规范管理建设年”有机结合，聚焦到“四风”上，坚持边学边改、边查边改，落实到工作上，做到立说立行、马上就办，一项一项地抓，一件一件地办，说到明处，落到实处，推动各项民政重点工作任务快速、高效地落实。

（载于2015年8月19日《中国社会报》、2015年8月14日《北京社区报》、2015年第7期《北京民政》）

关于进一步推进首都养老事业创新发展的研究

养老问题既是民生问题也是发展问题，在很大程度上还是影响和关系社会和谐稳定大局的战略问题。随着人口老龄化趋势的日益严峻，老年人的养老问题已经越来越受到人们的关注。在我国现阶段社会保障制度还不够健全、不够完善的情况下，社会养老问题必将成为保障民生的重要内容。近年来，北京市按照各级党委政府的要求，采取多种措施，积极支持全社会多视角多元化多层次养老事业发展，取得了明显成效，同时还有些亟待解决的问题。

一、北京养老事业发展面临的形势和现状

截至2014年底北京市户籍老年人口中，65岁及以上老年人口200万，80岁及以上老年人口51.6万，90岁及以上老年人口3.6万，百岁以上老年人口643人。农村“五保”（保吃、保穿、保住、保医、保葬）老人3323人，老年人口占全市总人口的比重为21%。

自1990年步入老龄化社会以来，北京市人口老龄化加速发展。截至2014年底，全市常住老年人口321.6万，占常住人口总数的14.9%；户籍老年人口296.7万，占户籍人口总数的22.3%，且每日还在以400人的速度增长，而需要护理照顾的老年人口在60万左右。本市人口老龄化水平受到了人口迁移的显著影响，由于大量劳动年龄外来人口进入北京成为常住人口，常住人口老龄化程度远远低于户籍人口老龄化程度。当前，本市户籍老年人口正以每天410人、每年15万人的规模和年均6%的速度高速增长。预计到2020年，户籍老年人口将超过380万，占户籍人口的25%，每4个人中将有1人是老年人。同时，高龄化、失能化、空巢化并存，80岁及以上高龄老年人口占老年人口的16.2%；完全失能老年人口占老年人口的5.5%；空巢老年人口占老年人口的一半左右。

当今中国人口老龄化形势日益严峻，呈现增长速度快、高龄化显著、空巢化加剧等特点，特别是独生子女父母将逐渐成为新增老年人群的主体。全市现有养老照料中心和养老服务机构446家，在214家公办养老机构中，已有47%实现公办民营，近8成养老机构在五环外，确保养老服务老年人看得见、感受得到。目前，围绕就近养老的三边（身边、床边、周边）四级（市级组织、区级指导、街道乡镇、社区）养老服务体系基本建立，以居家为基础、社区为依托、机构为补充、医养相结合的养老服务体系初步形成。社会办养老机构一次性建设补助由每床0.8万~1.6万元提高到4万~5万元。实行养老服务“券变卡”“卡变卡”“证变卡”改革，到2017年底，将全面实现全市老年人今天退休，明天领卡，精准管理、精准服务，不断提高养老服务水平。

二、当前北京养老事业发展取得的工作成效

面对全市人口老龄化的现实，北京市委、市政府和各级党政领导高度重视老龄事业发展，坚持“政策引导、政府扶持、社会参与、市场推动、老人受益”的工作思路，努力构建“以居家养老为基础、以社区服务为依托、以机构养老为支撑”的养老服务体系，着力提高老年人生活水平和生活质量，在推进养老服务社会化的目标上取得较大成效。

第一，构建社会养老服务体系。全面落实居家养老（助残）服务“九养”政策，建立养老（助残）券服务制度，每年向近50万名高龄老年人和重度残疾人发放养老（助残）券共计5亿元左右，发挥了多种社会服务催化效能，拉动了内需，激活了市场。发展养老服务单位1.7万家，为老年人提供生活照料、家政服务、康复护理、精神慰藉、老年教育和其他共六大类110项服务。自2011年起设立北京市“养老（助残）服务事业发展专项资金”5.2亿元，专项用于支持养老（助残）服务事业发展。建立了养老餐桌4240个，托老所4363个，有效地缓解了老年人吃饭难、社区托养难的问题。聘用养老（助残）员，配备使用“小帮手”电子服务器近20万台。率先出台低保家庭生活不能完全自理老年人入住定点社会福利机构补助办法。积极完善养老设施用地供应方式，2013年在全国率先实现将养老设施用地单独纳入国有建设用地供应计划，连续两年供地共计200公顷。全市共有养老机构446所、床位12.6万张，平均每千名老人有床位35张。社会办养老机构一次性建设补助由每床0.8万~1.6万元提高到4万~5万元。培育了一支5000人的机构养老护理员队伍，持证上岗率达85%。

第二，推进养老服务社会化产业化改革。为积极应对首都

人口老龄化，加快推进首都养老服务业发展，北京市主动调整思路，国务院发布《关于加快养老服务业发展的若干意见》（以下简称《意见》）后，率先推出了《关于加快推进养老服务业发展的意见》《关于加快本市养老机构建设的实施办法》《支持居家养老服务发展十条政策》，制定老年餐饮服务体系建设办法、医养结合等一批制度文件，对北京养老服务业发展进行了统筹谋划和顶层设计，从政府职责、社会作用、市场作为和环境营造方面，四管齐下，施策养老服务事业和产业，全力推进养老服务社会化、产业化改革，使居家养老政策体系更加精准完善。北京市《意见》突出了三个重点：一是强化政府责任，政府的主导作用体现在对发展养老服务进行顶层设计。二是促进均衡布局，从以往侧重发展养老事业，转向养老事业和养老产业共同发展。三是转变发展方式，从政府直接办服务，向政府重点购买服务、引导市场服务、激活社会服务转变；从单纯培育发展，向建管并重转变。《意见》内容具体分解成为80项重点任务，每一项都明确了责任单位、完成时限，当下都在抓紧推进。

第三，完善老年人精神文化服务网络。2008年，在生活服务、文体休闲、医疗保健、养老扶助和维权服务等方面出台了优待政策，受到老年人的普遍欢迎。2013年落实《中华人民共和国老年人权益保障法》，对常住在本市行政区域内的外埠老年人给予同等优待。目前，共为65周岁以上的215万名本市老年人和8.7万外埠老年人办理了优待卡，老年人持卡免费乘坐市域内地面公交车，500多家市、区（县）属公园、景区、博物馆、公共文化和体育场所等为老年人提供免费或优惠服务。全市A级旅游景区和市属公园免票接待老年人年均6000万人次，优惠接待老年人年均1000万人次。引导和推动老年文化、教育、体育活动的蓬勃开展，开发各种面向老年人群的培训课程和讲座活动。连续5年开展万名“孝星”和千家为老服务示范单位命名活动，弘扬孝亲敬老传统美德。签约成立35家市级精神关怀定点服务单位。市、区老年心理咨询热线96156为老年人提供免费心理咨询服务。根据老年人的特点组织开展“银龄行动”，为基层老年人送医疗、送科技、送文化。

三、北京发展养老事业存在的主要问题及其原因

随着人口老龄化形势的日益严峻，养老问题已成为事关改革发展稳定大局、事关人民幸福安康的重大社会问题。市委、市政府高度重视养老工作，把积极应对人口老龄化作为重要战略任务，推动养老服务业科学发展。根据老年人的实际需求，结合经济社会发展水平，确立实施“9064”养老模式（90%的老年人居家养老、6%的老年人在社区养老、4%的老年人集中养老）。加大基本养老服务投入，积极推进基本养老服务均等化，夯实了养老服务事业基础。加快政府职能转变，鼓励和扶持社会资本进入养老服务领域，努力发挥市场配置资源的基础性作用，不断丰富养老服务内容和老年产品供给。

目前，北京市养老床位缺口近5万张，养老机构入住率却仅为40%，出现资源短缺与资源浪费并存的怪象。养老服务工作虽然实现了长足的发展，但与人口老龄化形势、老龄事业发展要求、人民群众的期待相比还有很大距离。福利养老事业尽管有了长足发展，但这还不能适应迅速增长的社会养老需求。主要表现是：一是现有居家养老服务单位多数是家政公司、饭店等商家，专业的居家养老服务商缺乏，老年人急需的护理康复、精神关怀

等服务供应不足。二是社区养老服务设施建设落后，社区养老服务土地房屋供应不足，社区小型养老机构、日间照料中心、老年活动站等设施紧缺。各部门的基层设施分列分散情况突出，缺乏综合管理服务平台，整体效能不突出。社会力量进入社区养老服务领域房屋租金攀升，经营难度大。三是养老服务政策制度和标准体系有待完善，行业自律和监管也较为薄弱，养老服务发展规范化程度不高。四是护养型机构床位严重不足，社区居家养老服务重照料轻医疗，多数社区托养机构提供的是简单的生活护理和家政服务，而老年人迫切需要的医疗保健服务和精神慰藉服务严重不足。五是社会养老服务队伍有待加强。养老服务人员队伍薄弱，从业人员社会地位低，养老护理没有成为一种体面职业，养老服务人才增量不足，人才队伍发展滞后。现已在养老机构和居家养老岗位上从事养老护理工作的人员严重不足，该部分人员中外来务工人员比例高，基本没有接受过社会养老服务的专业培训，只能对老年人进行最基本的生活照料，难于提供康复护理、医疗保健、精神慰藉等专业化的养老服务，高素质的老年人社会管理人才和专业化服务人才严重不足。后继乏人，一方面由于老年人护理工作既脏又累，且责任大，一般人不愿从事这个职业；另一方面，目前社会养老服务人员待遇总体偏低，致使社会养老服务机构进人难、留住专业人员更难。

四、对北京创新发展社会养老事业的思考和建议

造成以上问题的主要原因是促进社会福利事业社会化发展的法规政策体系不够完善，造成国办公营、集体办公营和民办民营福利机构三者生存、发展的环境和条件差别过大，阻碍了社会资

本向福利事业的转移和民办民营福利机构的良性发展。人口老龄化是我国在21世纪面临的一个重大的社会问题，对此应有充分认识和深刻把握，必须创新发展养老事业，实现老有所养目标。

一是要制定发展型家庭养老支持政策，让老人尽可能在家养老。在宜居环境方面，应当出台鼓励子女与父母就近居住或共同居住的支持政策，并对在家养老的家庭在购买住房的贷款利息、贷款首付或契税上给予优惠。

二是要加大经费投入保障力度，提高供养老人生活水平。在明确农村福利机构事业单位性质后，建议上级民政部门大幅提高五保老人的供养水平，并对各福利机构工作人员的工资及工作经费给予一定保障。在此基础上，各地方财政对各福利机构给予一定补助，通过各级共同努力，提高供养对象的生活水平，提高从业人员的福利待遇，吸引更多的专业人才投身于养老事业，促进养老事业健康发展。

三是要大力支持社会力量兴办养老机构，缓解养老供需矛盾。通过床位补贴、运营补贴和购买服务等方式，鼓励社会力量利用机关、学校、企事业单位和农村集体组织闲置土地、场所、设施等，开办各种模式的养老院、老年公寓、托老所等养老服务机构。并进一步落实养老服务机构税收减免政策，在民营养老机构的建设过程中，在用地及规费减免等方面给予一定优惠。

四是要积极推进社区（村）居家养老服务，逐步建立居家养老服务体系。首先，进一步加强城乡居家养老服务网点建设。在城镇社区，将居家养老服务网点建设纳入社区公共设施配套内容，结合社区建设，完善居家养老服务配套措施，增强生活照料、医疗护理等功能；对具有一定规模（1000户左右）的居民住宅小区，采取新建、改建、租用等多种方法设置居家养老服务站，提高养老服务水平。其次，大力开展农村互助养老中心建设。在农村社区将农村互助式养老中心与新农村建设相结合，选取居住较为集中的地点，将面积不低于120平方米的农村文化中心户闲置房产加以改建，做到老年人互助照料中心场地、设施、人员、经费、牌子“五落实”，力争50%的行政村建有1个及以上老年人互助照料活动中心，有效地解决农村空巢老人无人照料的难题。

五是要小圈子抱团吃大锅饭，让老年人过上后现代生活已成新趋势。养老靠子女成为一种奢求，为了不影响子女工作生活，可以找一帮志同道合者，大家在一起生活、一起玩、一起为理想而陶醉。为避免日常生活中发生小分歧，做好分工：大家轮流做饭，伙食费AA制，不做饭的就负责刷碗、收拾屋子擦地，每天做什么菜式也是民主商量。为了消除子女们最担心的健康意外问题，约定集体户人数不能少于4人，生病了大家一起照顾，重病送医院。即使子女不在身边，大家也可以相互照应。所以，“抱团养老”不失为在无可奈何中可选择的一种养老方式，起码能让中老年朋友们体验到老有所养、老有所为、老有所学、老有所乐。

破解养老难题，刻不容缓。北京市在推进构建社会化养老服务体系的进程中，任务艰巨，任重道远。民政部门将进一步增强责任意识，不断创新工作方式，努力实现老年福利制度逐步从传统的补缺型向适度的普惠型转变，推动北京养老福利事业又好又快的发展，在推进以改善民生为重点的社会建设中蓄劲加力，使广大老年人共享经济社会发展成果。

（载于2015年11月27日《北京社区报》、2015年第12期《北京民政》，收入2018年出版的《新时代民政工作理论研究与实际探索》一书）

用民政文化引领工会工作社会化的实践与探索

民政文化作为一种“软实力”，是民政事业发展的灵魂，是根据精神文化、内在动力、环境、氛围等要素通过内部作用来改造外部，通过自身素质的提高来推进民政工作，渗透于民政工会事业的各个层面之中。工会工作社会化要实现整体跨越和再提升，取决于核心文化、人的思想精神状态、制度法规、设施和物质形态，在于精神文化创新、思想观念改变和融入社会生活。拓宽社会活动领域，树立开门办会意识，努力借助社会资源，加大社会参与力度，进一步扩大工会工作的社会影响力。

近年来，首都人民在民政文化的牵引和激励下，全力推进以保障和改善民生为重点的社会建设，使北京民政事业进入全方位大改革时期，驶上科学发展的快车道，中央领导和北京市委、市政府领导都对大民政建设给予充分肯定和高度关注。在多姿多彩的北京社区里，文化“软实力”日益凸显，文化建设成为一张张亮丽的名片，展示着干群的精神面貌、品位素养和内在的价值尺度与理想追求。随着社会转型加速和社会管理创新，社会矛盾、社会问题表现得更加明显和突出，民政文化给工会工作带来了整体合力和效益的提升。本文就是结合当前我国社会处于快速转型和城市化进程中这一宏观背景，对民政文化引领工会工作社会化出现的成因、特点、现状及其思考作一深入的研讨与探索。

一、民政业务亟须大整合为工会工作赋予新的时代内涵

民政业务工作内容繁杂、领域宽泛，而且各业务相对独立性较强。近年来，为提高民政部门的地位和作用，提升民政工作的整体效能，首都民政系统深入探讨具有民政工作自身特点的运行规律，综合统筹各方面的资源和功能，不断推动民政工作创新发展。一方面注重整体推进，逐步从各项业务条线式的纵向推进、单位突破，向整合互动、综合协调推进的方向转变，放大民政工作的能量，形成“联动”并举的效应；另一方面注重体系完善，着眼从社会建设和管理的大局审视民政工作整体，逐步将多元分散的民政业务整合为六大体系，促使各项民政业务工作形成一个有机的整体；再则注重“内外结合”。从原来更多的是“体内运作”发展到更加注重统筹协调、内外结合。通过强化市、区、街、居层面的系统衔接，强化与其他部门的沟通协作，不断提升民政工作整体社会动员能力，以及不断完善体制机制、基础设施、保障措施等，搭建起基本工作框架，为大民政文化建设格局的初步形成奠定了坚实的基础。

工会组织是党联系职工群众的桥梁和纽带，要使党建带工建成为企业所需要、业主所理解、职工所拥护。工会工作社会化，

就是把工会活动空间向社会领域拓展，同时利用社会力量办工会的一种双向互动过程，是市场经济条件下工会组织在大民政建设中的必然选择。主要包括以下内容。其一，借助社会力量维权，构建社会化维权格局。随着市场经济体制改革不断深化，企业所有制形式呈现多样化，劳动关系中的不和谐因素增多，劳动争议案件数量飙升，侵害职工权益现象复杂。对此，工会应更多地在社会利益协调格局中充分表达职工诉求和意愿，逐步形成党建带工建、工建强党建，“党委领导、行政支持、工会运作、各方配合、职工参与”的社会化维权新格局，使党建和工建工作迈上新台阶。其二，把活动领域向社会拓展，积极参与社会利益关系协调。新形势下，工会在做好企业内劳动关系协调工作的同时，应积极拓展社会活动领域，参与协调社会利益关系；有机融入社会生活，在社会层面上出现波及广大职工群众切身利益的重大问题时，表达职工意愿和工会主张；突破个体维权的局限，更加重视代表和维护较大范围的职工群体利益，积极参与协调社会主义建设者和劳动者之间的利益关系、不同职工群体之间的利益关系，从而更好地发挥工会作为党领导下群众组织的独特作用。其三，适应市场经济条件下工会参与社会活动的要求，培养工会的政治家、劳动关系专家和社会活动家。工会工作必须积极探索自身建设的社会化，建立专兼职结合的社会化工会干部队伍，尝试新建企业和社区工会干部职业化道路，培养工会在劳动法律等方面的专家和有较强活动能力的社会活动家，有效地提高工会工作者社会参与、社会对话的能力；善于利用大众传媒等途径广泛宣传工会，使社会公众全面了解工会的性质、职能和作用，提升工会组织的社会形象，积极参与社会活动，扩大工会组织在社会上的影响力。

二、民政文化必将推动工会工作社会化新的更大的发展

民政文化是大民政建设之魂，是指在大民政建设的过程中，以保障民生、落实民权、维护民利为价值目标，创造出来的物质财富和精神财富的总和，既包含理想信念、思维方式、行为习惯、道德品质、作风面貌，也包含政策法规、体制机制、设备设施等。大民政文化既是对传统民政文化的继承和发展，又是对传统民政文化的重构、拓展和提升。以“民本、务实、平等、奉献”为精神内核的民政文化，初步形成以“民生至上、厚德助人、开放包容、公平正义”为主要内容的首都大民政文化核心理念。大民政又是一项系统工程，其核心内容是大民生，是财政、发改、交通、教育、卫生、社工等多部门形成合力，在民政工作的资金投入、规划设计、项目审批、政策出台、机构建设等方面给予积极配合、大力支持，形成大统筹、大整合全社会资源，激发、引导社会积极参与共办民生事业。由于北京民生事业迅猛发展，广大市民切身享受到前所未有的众多实惠，因此市民政局连续在北京市政风行风民生评议中拔得头筹。

工会工作要做到整体合力和社会化，其内容包括以下方面。一是善于利用社会力量办会。要树立开门办会意识，有系统、分门别类地组建工会专家顾问组织，弥补工会自身力量不足，特别是专业水平的相对欠缺。工会要想有效地维护职工合法权益，就要善于吸纳社会上对职工问题、工会问题有热心且具备相应知识的专家学者，利用其所长为我所用，用其知识和本领为职工服务，为工会服务。二是建立完善社会参与机制。目前，工会组

织在参政议政方面虽然建立了一系列机制、制度，并取得较好效果，但应看到，还需要在建立健全三方协商机制、联席会议等制度的基础上，进一步建立健全工会参与社会的机制，加大社会参与力度。当前迫切的是要进行工会形象设计，建立新闻发言人制度、工会重大事项公开制度、工会重大课题社会招标制度等，特别是要建立一个负责任的社会团体形象，让所属的成员有归属感、自豪感、认同感，从而起到团结动员的作用。三是努力拓宽工会工作的社会空间。工会组织在拓展社会空间方面已作了一些有益探索，包括把工会工作的触角延伸到乡镇、街道、社区、市场等非传统工作领域，不仅在正规部门和正规就业者中组建工会，而且延伸到非正规部门和非正规就业者中。必须深刻认识到，拓展社会空间是工会工作发展的一个潮流，是确保工会生命力之所在，不能把它作为一种权宜之计来消极应付。积极参与社会性活动，介入公众生活，包括一些公益性活动，既可使受益对象得到帮助，取得社会对工会组织的理解和认同，也可使工会工作在必要时能得到社会有关方面的支持与帮助。四是培养造就职业化的工会工作队伍。工会工作社会化要求有一支社会化的专业工作队伍来保证。如果工会工作内容、方式社会化了，而工会工作者本身仍停留在单位化或非社会化状态，这种社会化也是不稳固的，是难以为继的。建立工会工作者人才库和资格证书制度，逐步实行工会工作者职业化，既可提高工会工作者的专业水平和维权能力，又可使其摆脱对所在单位的人身依附，在党的领导下依法独立自主地开展工作，增强其敬业精神和维权勇气。工会工作者不仅可来自党政机关、基层企事业，也可来自高等院校，既可定向培养，也可在一线职工中选拔。五是利用大众传媒宣传职工和工会。宣传企业、宣传员工、宣传工会，尽管现阶段已取得了较大成绩，但是力度还不够。一些职工感到自己社会地位下降了，一些工会工作者或多或少地产生自卑感，原因固然较多，但重要原因就是我们缺乏对职工群众和工会工作有组织地正面宣传，这样难免会引起一些人包括职工本身的疑虑和沮丧。六是建立社会性评价指标体系。一旦把工会工作置于社会化的大环境、大气候之中，就有必要建立一套相应的社会评价指标体系，来衡量工会工作社会化的程度与水平。这包括工会组织是如何参与社会事务的，如何处理与社会有关方面的关系的，在社会生活中发挥了哪些作用，社会有关方面是如何看待和评价工会工作的。因此，衡量工会工作水平，既要看党政部门的满意度，看职工群众的满意度，也要看社会有关方面的满意度。

三、用民政文化引领工会工作社会化需要把握的几个问题

新时期民政事业建设发展的路径是“政府主导，部门协作，社会参与”的工作机制；对民政系统而言，要建立“分级实施，各负其责，上下配合，相互协调”的工作机制；在工作定位上更加注重普惠全民，从为困难群体、特殊群体、优抚群体等民政对象提供基本生活保障，转向为全体社会成员提供福利服务。用民政文化引领民政工作，解决了一大批基层群众普遍关注的民生问题，凝聚广大人民群众的民心。市财政逐年加大对民政民生建设的投入，400余项利民新政陆续出台，各项利民重点工程纷纷相继上马实施并圆满完成。大民政理念和实践逐渐达成社会共识。想要做好用民政文化引领工会工作社会化需要注意解决以下问题。

第一，树立社会化大维护观念，立足源头维权，切实增强工会表达和维护职工权益的能力。在实践中，首先，定期向党委常委会汇报工作，及时反映社情民意，分析影响职工队伍稳定的主要因素，争取党委能帮助解决工会工作碰到的突出问题；其次，注重参与立法与政策法规的制定，为实现和发展职工权益提供坚强的保障；再次，采取人大议案和政协提案等方式，积极表达职工群众的利益诉求，督促政府职能部门尽快解决事关职工生产生活的热点问题；最后，以联席会议为主要形式，加强同政府及其职能部门的沟通，研究解决与职工切身利益相关的问题，强化源头参与。

第二，树立开门办会意识，广泛借助社会资源，努力扩大工会工作的社会影响力和覆盖面。工会工作必须打破自我循环，加强与社会各界的联合，增强工会工作的社会效应。在维护职工权益方面，按照《中华人民共和国劳动法》《中华人民共和国工会法》等法规，纠正企业侵犯劳动者合法权益的违法行为；联合相关部门开展维护劳动者权益法律法规的监督检查工作，对劳动用工、安全卫生、女职工特殊权益保护、农民工工资支付情况等进行专项监督检查。

第三，完善多层次的社会化维权长效机制，为推动工会工作社会化提供重要的制度保证。如针对劳动关系方面具有普遍性的重大问题，各级工会注重建立多层次的劳动关系三方协调机制，并通过这一机制，在政府主导下加强工会与企业方的沟通对话，有效地协调劳资双方利益关系，通过协商，争取使职工的意愿和工会的主张，上升为政策，促进劳动关系和社会秩序的稳定和谐。

第四，充分发挥党工组织的各自优势，把工会组建工作自党地纳入党建带工建工作格局。各级工会坚持以党建指导工建、工建服务党建，紧紧依靠党的领导这一政治优势，努力夯实基础，探索创新工作方式、活动载体，使党建工建有机融合，良性互动，增强实际效果。在工作实践上党建工建一同调研、一同推进；在活动开展上共同参与，人员组织上协调统一；在活动阵地上共同享有，实现力量整合、资源共享。自觉地把工会组建融入大党建格局，形成工会组织与党的组织互相联动、相得益彰的工作局面。

第五，强化工会能力建设，探索工会干部的职业化和社会化。针对北京市民政局服务对象多、工作量大、服务方式特殊、福利企业长期亏损、没有能力聘请人员组织服务，以及基层单位工会干部人手少兼职率较高、年龄老化、服务力量不足等问题，建立一支具有职业化、专业化、社会化高素质的工会助理员队伍，以便更好地为基层服务，为职工服务，全面提升局工会工作的服务水平。

（载于2012年第9期《工会博览》，本文荣获北京市第七届民政理论高级研修班优秀论文奖和北京市工会系统优秀调研成果二等奖，获科学发展理论成果推广工作委员会一等奖，入选北京市委主办的“首都经济体制改革的经验与启示研讨会”论文集，载入《中国工会理论与实践探索》一书）

关于对福利企业特殊群体帮扶工作的实践与探究

当下，全面深化改革进入攻坚阶段，社会矛盾多发多样，发展任务繁重，利益诉求多元，矛盾问题复杂，企事业单位经受着更加严峻的考验。尤其北京市民政具有福利企业多、残困职工多、下岗职工多的行业特点，加之多年积累了一些体制机制上的问题难以在短期内解决，因此解决困难职工基本生活保障问题是各级政府的重要责任。为确保福企有一个稳定的发展环境，工会组织把职工的利益放在心上，积极落实维护职能，重点做好特殊群体的帮扶救助工作，使他们的工作生活有人管、有人问，使企业的改革力度、发展速度与职工的承受程度实现统一，从而推动福利企业和谐稳定发展。

一、北京民政福利企业特殊群体总体情况及帮扶工作开展现状

北京市现有社会福利企业628家，职工28573人（含残疾职工11434人），下岗职工980人，退休职工5030人（含残疾职工

1671人)。其中，局属福利企业35家，职工2837人（含残疾职工2411人)。职工收入水平相当于社会平均工资的一半左右，月均不到2000元，困难职工生活水平多在低保线上下徘徊。市民政局系统还有近百个事业单位，职工因病致困、因灾致贫的情况时有发生。为此，局党委提出要在2011年底前使市属福利企业的职工月工资翻一番，达到平均每月3000元的目标。长期以来，困难职工的帮扶工作一直是民政局工会的一项重要工作。多年来，局工会通过扶盲助哑帮残敬老活动、建立领导干部联系困难户制度、设立“大宝助学金”等帮扶工作，为维护社会稳定、促进福利企业发展、保障困难职工基本生活，发挥了积极作用。

经过多年摸索，市民政福利企业特殊群体帮扶工作取得良好成效，先后两次被中华全国总工会评为工会保障工作先进单位和送温暖工程先进单位。

二、做有为有位工会组织，积极开展以解决生活困难为主要内容的大帮扶救助活动

一是倾心尽力为困难职工排忧解难。自1994年以来，针对局属福利企业困难职工多的特点，局工会积极开展形式多样的送温暖活动，筹措送温暖资金，加大困难职工群体的帮扶力度，成立了由局领导为组长的助困工作领导小组，在全局范围内形成由处以上领导干部共同参与联系困难户并连续20年坚持每年3次走访慰问的大帮扶格局。工会送温暖活动已由最初的单一生活救助向就业帮扶、法律援助、医疗救助、子女助学、人文关怀等多领域扩展，由一年一度的节日送温暖发展成为经常化、制度化和社会化的品牌服务工程，逐步实现了“双节”集中送温暖与日常帮

扶工作的有效结合。既有效地缓解了困难职工的一些困难，又密切了干群关系，促进了领导干部作风的转变。

二是开展以扶盲助哑、帮残敬老为内容的职工贴心人服务队活动。长期以来，局工会一直坚持在节日期间开展为困难职工送食品、送衣被、送慰问金等助困送温暖活动，被群众称为“寒风挡不住的‘暖流’”。该局建立起了300多名处级以上领导干部每人联系一困难户的帮扶模式，连续坚持重大节日对困难职工家访送温暖、询困难、解忧愁；全局50支“贴心人服务队”开展结对子工作，常年开展扶盲助哑、帮残敬老和互助互济义务服务，定期打扫孤残职工住所，扫地、擦玻璃、清理废弃物、撤换脏床单被单、拆洗被褥，有的还从家里拿来衣服和棉被，为残疾职工创造良好的生活环境；连续多年为福利企业残疾职工在校子女发放自筹的“大宝助学金”；每年“三八”节，为特困单亲女职工子女发放助学金；将困难职工慰问金由300元提高到500元，慰问品由每户100元提高到300元，全年每户困难职工得到的帮扶款和物品上万元；为患大病的困难职工报销9种大病自理医药费……采取上下联动方式，对纳入困难职工人员进行全面走访慰问，为在档困难职工送去慰问金，并了解家庭生活状况和帮扶需求。还建立了帮扶应急机制，对突发性事件造成的困难，如火灾、交通事故、重特大病症等，采取应急帮扶的举措，立即派人上门核实困难情况。对家庭遭遇意外灾害导致生活困难的职工、患大病医药费过重导致生活困难的职工、因子女就学学费负担过重导致生活困难的职工，在社会保障制度的基础上再给予专项救助，缓解职工的生活困难，使其得到物质帮助和精神慰藉。

三是完善帮扶管理体系。以往民政局帮扶工作呈现出一定的分散性，作用发挥不明显，工作难以形成合力。通过建立北京民福职工帮扶中心，很好地解决了以往工作的难点问题，建立了健全有效的帮扶体系，形成帮扶合力。为此，制定了帮扶中心生活救助、大病救助、法律援助、帮困助学等一系列办法和规章制度；为提高帮扶工作的质量和效率，委托首信公司针对该局的情况，开发研制了一套服务软件，并有预留口，以便今后与市总工会开发的软件实现对接。对全局职工情况重新进行调查摸底并输入计算机，实现了对困难职工情况动态管理。如今常态化大帮扶管理体系已与市总工会的帮扶管理模式紧密结合，信息化的管理方式使得各单位和各层级的帮扶工作纵向和横向地连为一体，提高了工作预测力和决策的准确性。

四是开展新颖多样的大帮扶活动。目前，主要围绕基本生活帮扶方面给予困难职工更多的实惠。局工会委托民福职工帮扶中心深挖内部资源，经与多家商户洽谈，面向全局8000余名职工推出了“北京民福职工服务卡”。此卡搭载了汽车保险、维修、保养及汽配、洗车、购影票、健身、化妆品、生活用品打折优惠等项目，不断给广大职工在生活上提供便利。为维护职工的健康权益，还委派该中心进行“体质测试站”建设，现已对全局20个模范职工之家的100名职工免费进行价值400元的体质测试，并开具运动处方，指导其科学健身。殡葬系统、福利院和接济中心是对办丧事、智障人、上访人员进行接待和管理的单位，他们面对的群体特殊，心理压力大，工作环境差，对身心健康的影响不言而喻。面对这种现实，局工会积极协调社会心理咨询专家为其进行心理咨询以缓解工作压力。各单位积极开展各种帮扶活动，有的为临时工免费体检并为其建立健康档案；有的为女职工提供高端专项检查；有的为职工送去防暑降温药品、清凉饮料、大型风扇等降温慰问品并讲授夏季卫生防病知识、防暑降温常识以及自救与互救知识和方法，等等。帮扶内容的不断扩大，使更多职工感受到工会组织的温暖，工会受到广大职工的欢迎。

五是为困难企业和困难职工解燃眉之急。为更好地整合全局和社会上的资源，局工会通过社会化渠道，将筹集到的爱心款定为救助困难职工专项资金。为了用好这笔款，工会特制定了《市民政局帮扶救助专项基金使用管理暂行办法》《关于进一步加强局帮扶工作力度完善帮扶工作体制的意见》等规章制度，并做到上墙公布。工会与市捐赠中心物资库的爱心家园对接，吸纳更多的资金和物资帮助特困职工解决燃眉之急。在市总工会的大力支持下，对招聘的工会助理员进行专门培训后才让其上岗从事帮扶工作。以前，困难职工的帮扶只能通过局内部的有限资源，福利企业请不进来走不出去，只能在有限的资源范围内进行帮扶，困难的根源问题一直得不到解决。局工会通过多次调研和座谈，提出了对困难企业“一对一”结对帮扶，与市总工会联合开展调研，摸清全市福利企业的困难，协调全市各优势企业与全市困难福企结对子，进行对口帮扶，从而解决福利企业经营管理、技术信息、产品销路和扶持政策等方面的问题。通过与有爱心的社会慈善家沟通，建立了网络信息化联系平台，使联系形式更加现代化，将全市福利企业的困难和需求整理上网，以寻求国内外慈善人士的支援和帮助。通过充实帮扶资源形式，使工会工作由原来的等待帮扶转变为主动帮扶，体现了工会的主动性和服务性。

三、对建立和完善福利企业帮扶救助机制的思考与建议

第一，必须加强福利企业扶贫帮困工作能力建设，最大限度

地为困难职工谋取利益。作为福利企业扶贫帮困工作的直接执行者，基层工会干部兼职现象比较普遍，不少工会干部身兼数职，没有时间、精力深入研究和思考帮扶工作，只能做一些表面性、应付性的工作，工作质量受到一定影响。为此，要充分发挥工会组织网络健全的优势，配齐工会干部，建立与困难职工家庭联系点制度，将每个帮扶对象的管理和救助责任落实到单位，明确到具体责任人，使帮扶工作层层有人抓、有人管。扶贫帮困工作涉及面广、政策性强，关系到特殊群体的切身利益，因此，要加强工会干部的业务培训工作，组织学习国家有关法律法规，努力掌握其政策要领，用好、用足、用活国家政策，在政策允许的范围内，切实为困难职工家庭谋取最大利益。

第二，必须建立救助长效机制和组织体系，形成大帮扶保障民生和社会发展格局。帮扶工作是政府职责，工会行为，必须依靠政府出台政策和具体措施。工会帮扶困难职工必须与党政各级部门通力合作，齐抓共管。从制度上理顺同劳动、财政、司法等部门的协调关系，建立信息采用、帮扶联动、结果共享，具有可操作性的工作规则。面对各种困难问题，应整合资源构建大帮扶长效机制，由局属拓展到市属福利企业，让残疾困难职工享受公民同等待遇，形成工会系统帮扶工作网络，确保救助渠道畅通，使工会的帮扶救助工作产生质的飞跃。

第三，必须维护职工特殊权益，从根本上实现对困难职工合法权益的维护。从困难职工成因看，深层次的帮扶需要从法律和政策层面上来解决。当前，困难职工面对的养老、医疗和子女上学问题，都需要国家宏观政策支持。因此，工会帮扶工作应从源头参与抓起。凡是涉及职工切身利益的重大决策和事项，工会都要参与进去，充分表达困难职工的愿望，从根本上实现对困难职工合法权益的维护。要大力促进建立与完善各级工会与同级政府及其相关部门联席会议制度，就政策措施出台中涉及职工权益的关键点、职工关注的焦点和热点问题，进行协商沟通、交换意见，反映职工呼声，提出建议和意见，强力推进职工权益的保护。

第四，必须注重困难职工家庭思想帮扶，助其用自己勤劳的双手改变贫困面貌。对困难职工家庭的帮扶，不但要体现在政策、资金的帮扶上，更要体现在思想帮扶上。要充分发挥福利企业工会的教育职能，采取集体座谈、单独谈心等形式，一方面，帮助他们转变观念，树立信心，鼓励他们通过自身努力走出困境，使其认识到只有用自己的双手和智慧来创造劳动价值，才有可能彻底摆脱精神和物质上的贫困。另一方面，要加强感恩教育、伦理教育和励志教育。引导他们拥有一颗感恩之心，理解福利企业，抛弃等、靠、要的思想，树立自强不息、自我保障、自我解困意识，积极展开自救，实现自主创业，用勤劳的双手努力改变贫困面貌，创造自己的美好生活。

第五，必须进一步完善社会救助保障制度，确保就业、医疗、教育、住房等社会保障政策扶持的落实。针对福利企业特殊群体的情况，应免费为其进行就业技能培训，扩大就业空间，增加就业机会。同时，把他们纳入更高层次的社会保障体系，政府或国有单位免费或低价为其提供一些服务。针对特困家庭成员就医难问题，政府应指定有关医院开设特困家庭医疗窗口，减免部分医疗费用。对于那些确实无钱治病者，政府应提供全部医疗救助。针对特困家庭小孩学费难以解决的问题，可视情况部分减免或全部免除其学费。针对特困家庭住房困难这一现实问题，应强化政府住房保障职能，建立和完善廉租住房制度，给予政策上的保障。按照国家有关政策和经济承受能力，以发放租赁住房补贴为主，实物配租和租金减免为辅，让特困家庭走出居住困难的窘况。只有这样，特殊群体问题才能得到根本解决，构建和谐社会的基础才能夯实。

（载于2014年第5期《北京民政》）

对新时期创新工会工作机制的思考

随着经济快速发展和社会转型升级，面对职工思想观念、生活方式和内在需求的多元化，以及工会工作遇到纷繁复杂的新情况和新问题，新时期加强工会工作唯有与时俱进，以创新的观念直面难题，以创新的思维开展工作，才能建设有为工会、法治工会、活力工会、高效工会。针对新形势下民政系统工会工作面临的新问题，在总结工作实践及进行调查分析的基础上，从四个层面提出了创新工会工作机制的对策和建议。

一、北京民政工会组织及工会干部队伍建设总体情况

北京市民政局系统现有干部职工7695人，工会会员7491人，职工入会率达98%；工会组织有101个，工会干部有275人，均分布在2个局机关、67个事业单位、34个企业单位；专职工会主席20人，兼职工会主席81人；企事业单位近200个，涉及门类广，具有福利企业多、残疾职工多、下岗职工多、困难职工多的

特点。职工收入水平低，困难职工帮扶工作一直是局工会的一项重要工作。2012年底，市局直属福利企业在岗职工人均月收入达3000元，实现了此前翻一番的目标。2010年12月，严格按规定程序选举产生了由13人组成的局工会第三届委员会，5人组成的正副主席，同时也选举产生了第三届经费审查委员会主任和委员。

近年来，市民政局工会在市总工会和该局党委的坚强领导下，加大了工会班子和干部队伍的建设力度，通过多次向局党委汇报，利用全局系统班子调整及基层工会换届的机会，进一步充实调整工会干部队伍，调整后的工会干部队伍在知识和年龄结构方面更加优化，90%以上的工会干部具有大学以上学历，平均年龄在48岁以下，并通过抓思想建设、制度建设、作风建设及培训教育，大大提高了工会干部队伍的整体工作能力。同时，工会在促进企事业发展、提高职工素质、维护职工权益、构建和谐劳动关系等方面发挥了重要作用。随着改革开放和市场经济的发展，企事业工会也面临许多新情况新问题。主要表现在：在思想政治工作上，存在着说的多做的少，行政命令多，方法简单粗放，耐心细致不够，凭老经验、老思路做事等问题；在工会干部中，存在业务素质偏低、与工作相适应的专业知识掌握得不够等问题；在工作措施上，存在重点不够突出、特色不够鲜明、服务不够到位等问题。

二、新时期工会干部应该树立的新理念和新追求

为职工代言替行是工会组织应尽的职责，关乎职工切身利益的事就是工会的事。活动中，工会干部要走出机关，坚持直插基

层、直面问题、直接地气、直指人心，为职工谋事干事，工会干得怎么样，由职工来评议，将“四直”熔铸成民政工会干部的一种作风标识。

第一，新时期工会干部须以良好人格形象赢得职工信任。工会要坚持以职工为本，多深入基层，多做面对面、心贴心的工作，问题在一线掌握，面向职工亮承诺。多听一听职工的愿望，多想一想职工的感受，多看一看职工的工作环境，多体会些职工工作生活的艰辛，这样才会发现问题所在，才会了解职工所思所盼，转变作风才能和群众的切身利益结合起来，改进工作才能改到职工的心坎上。

帮助职工运用法治的思维来处理劳动关系的纠纷和权利维护，解决好在劳动就业、收入分配、社会保障、劳动安全卫生等方面的现实问题，协助政府落实好各项民生政策，多做一些稳人心、暖人心的好事实事。市民政局要求工会干部放下架子、扑下身子，每年至少深入基层特别是福利企业、中小企业、困难企业的车间和班组100天；开展城乡“一对一、手拉手”帮扶结对共建活动，倾听职工群众的呼声，感受他们的疾苦，总结经验，汲取智慧，真正做到听实话、察实情、获真知。要加强作风建设，真正地到群众中去，多深入企业特别是困难福利企业开展调查研究，虚心听取职工的意见和要求，真心实意地帮助解决实际困难，加强对困难职工的心理疏导和人文关怀，与职工打成一片，听取意见，在班组与职工同劳动同吃饭同娱乐中，了解职工生产生活环境，必须以群众拥护不拥护、赞成不赞成、高兴不高兴作为出发点和归宿，尊重群众、相信群众、依靠群众是工会必须坚持的标准，确保一线职工的声音“不失真”、意见“不失实”、内容“不跑调”。改进工作，敢于和善于维护职工的合法权益，不断增强工会工作的亲和力、感召力。积极开展“创建学习型工会组织，争做学习型工会干部”活动，通过学习实现自我超越，改善心智模式，建立共同愿景，加强团队学习，不断提高综合素质，使自己成为一个学习型、思考型、创新型的工会工作者。

第二，新时期工会干部须以群众利益无小事的思想凝聚职工。为群众谋利益是工会干部的天职，做不到就是失职。凡涉及群众切身利益和实际困难的事情，再小也要竭尽全力去办，牢牢树立工会工作无虚事的工作观。要时刻把群众的安全冷暖挂在心上，对群众生产生活面临的困难，一定要带着深厚的感情帮助解决。群众利益无小事，民生问题大于天。困难再大，也要努力把民生问题解决好。关注民生、重视民生、保障民生、改善民生，是我们党全心全意为人民服务的宗旨要求，是党和人民政府的基本职责，也是构建社会主义和谐社会的关键所在。心中有民，就是要将心比心，以情换情。工会干部只有始终视群众为亲人，才能真正动真情，办实事。实干为民，实干就要吃苦，要努力使自己的身子沉下去，使为民的作风树起来。工会干部要不争权、不争名、不争利，要讲实话、干实事、求实效，以扎扎实实的工作作风推动各项事业不断向前发展。我们改善民生，尤其要重视改善低收入和困难群众的生活状况，让群众都能住得起房、看得起病、上得起学，每个社会成员的生活水准都能够随着发展得到提升，不断增强人民群众对基本需求的满足感，使党和政府的温暖洒到每一个角落。群众利益无小事，民生问题大于天。困难再大，也要努力把民生问题解决好。每一名工会干部都要在各自的岗位上，守好土、履好职，努力做为民的表率、实干的表率、发展的表率，真正将“情为民所系，权为民所用，利为民所谋”落实到群众的心坎上。通过健全和完善职工互助保险、医疗保险等保障机制，妥善解决职工工作、生活中遇到的困难和问题，同时用好、用活困补经费，真正解决职工的后顾之忧。

第三，新时期工会干部须以中心工作开展文化活动培育职工。按照先进文化建设的要求，加强文化阵地和团队建设，不断创新职工文化的发展思路、活动载体、活动形式和激励机制，丰富并满足职工的精神文化生活。

要把“我劳动、我快乐、我幸福”作为主线贯穿各项活动，广泛开展合唱、舞蹈、书画、摄影、球类赛和展示等活动，活跃职工文化活动形式，丰富文化活动内容，全面展示职工群众健康向上的精神风貌。只有以高度的政治责任感解决职工的困难，紧贴民生创造良好的工作氛围，才能凝聚职工力量，工会在新时期才能不辱使命，务实作为。要把职工文化融入高效率工作、干部职工的休闲娱乐和自我教育之中，建设一支符合时代要求、具有较高素质的干部职工队伍，营造充实、浓厚的工作学习氛围，使优秀人才脱颖而出。通过活动团结凝聚人心，聚集推动首都现代民政事业建设发展的正能量。除此，工会干部还应该具备以下四种能力，即组织协调能力、综合调研能力、参政议政能力和宣讲表达能力。这样，才能适应新形势，适应改革和发展，促进工会工作创新水平踏上新台阶。

三、新时期工会工作机制创新的对策建议

有创新才有作为，有作为才有地位。工会组织作为党领导下的工人阶级的群众组织、维护职工利益的代表，只有确立“跳出工会、认识工会，走出工会、发展工会，立足工会、建设工会”的主导思想，坚持“全覆盖、普惠制，社会化、实名制”的工作

做法，以职工需求为导向，大力开展面向职工的普惠制服务，才能使工会工作更加贴近职工、吸引职工、凝聚职工，使工会工作永远处于主动地位，切实为首都民政各项改革与发展服务。

第一，必须在推行会员普惠制中创新以延伸服务手臂。一是推进服务体系建设实现全覆盖。做到职工有需求能找到工会、工会有服务能联系到职工，推动工会帮扶体系向更大范围拓展，打造“千米帮扶圈”，使工会普惠制更加开放和直接面向职工，困难职工帮扶服务工作做到多层次、多样化，实现工会服务扁平化、服务职工零距离、对小微企业职工和零散人员的全覆盖，让职工群体得到实惠、感受温暖，进一步增强工会组织的吸引力和凝聚力。二是建立职工帮扶（服务）中心让会员得好处。面向全系统职工提供帮扶救助、法律援助、技能培训、心理咨询、民政业务、日常消费、文化、娱乐、健身、通信等十大类一站式、多元化服务，会员持卡均可享受相关服务商提供的各种免费、打折等优惠活动，为职工提供直接、便捷的帮助和服务，引导广大职工群众坚定不移跟党走，汇聚起实现中华民族伟大复兴中国梦的正能量。三是大力推行服务卡，让会员增活力。随着工作的深入，传统服务模式存在工作对象惠及面窄、社会影响力小等问题，为了增强工会服务普惠性，应在全系统推行集会员管理、工会服务、消费优惠等功能于一体的会员服务卡，注重把工会原有的资源、服务项目进行整合，会员持卡就能得到工会提供的爱心互助服务，如汽车、美容美发、家装、养老等指定特约商户享受消费优惠和刷卡消费。会员服务卡主要有三项功能，即会员身份识别、工会各项服务及商业优惠，计划两至三年实现全覆盖。四是引进社会资源参与让会员享实惠。通过与银行协作洽谈，争取到银行全部承担制卡发卡和开放会员信息采集系统的费用，并免费赠送为职工量身定制的保险。向社会广泛征集会员服务卡的优惠商户，得到了许多企业商户的积极响应，企业商户主动上门无偿提供优惠，延长工会服务手臂，让会员受到实实在在的优惠。

第二，必须在提升服务水平中创新服务方式。首先要增强主动服务意识。工会是职工的“娘家人”，它不仅要当好领导的参谋，配合党政领导完成单位的生产任务；更重要的是关心关注职工，维护好职工的具体利益。不仅要广泛深入单位，还要深入职工家庭开展调查研究，认真了解职工的思想认识、经济状况、文化需求及生活工作情况，了解职工的意见、呼声和要求，了解职工关注的热点、难点和焦点问题，以及所需所求、所忧所盼。通过多种形式和渠道向党政反映职工的合理要求，发挥桥梁和纽带作用，竭力帮助他们解决实际困难。其次要增强科学服务意识。在平等协商和集体合同的框架内，工会代表职工参与管理、参与决策，动员和激励职工为单位发展建设作贡献。在处理职工突发事件时，要克服以往等、要、靠、推、拖、扯的作风，能解决的立马解决，暂不能解决的要认真负责地说明情况，对无法解决或要求不合理的，要耐心细致地做好劝导、说服工作，绝不能回避。要充分发挥职代会民主管理、民主监督作用，依法维护职工权益。再者要增强工作机制意识。建立健全为职工服务的各种工作制度、机制、规则和方法手段，即目标管理机制、奖惩机制、引导机制、保障机制和科学规范机制。使之形成有效的激励和约束，以调动职工工作积极性，有利于决策决议更好地贯彻执行，从顶层设计、体制机制上寻找解决办法，为实现各项发展目标提供有力的制度保障。

第三，必须在借鉴管理经验中创新以提升服务能力。一是要创新思维定式。在创新过程中从不合时宜的观念、做法、体制束缚中解脱出来，既要传承前人的成果又要突破陈规，不拘书本知识和已有的经验，努力适应形势变化，把握事物发展的趋势，打破以往的条条框框，探寻解决问题的新思路、新途径、新方法，善于创造，勇于创新，改变过去固有的惯性束缚。考虑党政所需、社会所急，更要考虑职工所求，以新的姿态应对新的挑战。以创新的理论带动观念的创新，以创新的思路促进难题的解决。二是要创新活动形式。搞活动让职工自己“点单”，自主选择希望参加的活动，职工喜欢干什么，工会就配合干什么。要结合工会工作特点，开展富有时代气息，体现时代特色的丰富多彩的活动，如技能竞赛、专业比武、现场培训等，在活动中使职工受到教育，受到启发，达到提高员工安全意识、综合素质的目的。把一切好的管理方法借鉴过来，组织职工找差距，在差距中教育自己，在事故中教育自己，在科学管理中完善自己。从而达到人人讲安全、个个关心企事业发展的目的，使其基础工作更加扎实，管理水平持续提升，彰显出发展效能的最大化。

第四，必须在提高自主学习中创新技术能力。当下，知识经济发展迅速，产业结构调整步伐加快，职工思想和个性呈现多元化趋势发展。这些都决定了工会干部必须不断地提升自己的学习能力，不断优化自身的知识结构，保持知识的新鲜度才能适应时代的变化、适应工作的需求。一是要多科融合学。作为一名工会干部，不仅要掌握马列主义基本原理，政治上保持敏锐，而且必须具备与承担工作相适应的专业知识、工作能力，熟悉和掌握劳动经济、劳动法律、社会保障等有关知识和相关规定，具有较为丰富的经济、科技、法律、管理等方面的知识技能和领导方法、艺术，不断优化自己的知识结构，及时进行知识更新，适应信息化发展的需要。二是要明确目标学。把学习作为自己的一种精神追求，一种政治责任，一种生活态度，根据自己的知识结构和工作需要，从理论和实践两方面积累知识和经验；掌握广、博、专、精相结合的学习方法，学会学习，学会最迅速、最有效地获取、处理和运用信息的能力，不断提高研究问题、分析问题的能力，解决实际问题，提出科学决策和建议，从而提高为职工群众说话办事的能力。三是要立足岗位学。紧紧围绕加强管理、技术创新、节能降耗等内容，大力开展劳动竞赛、技能培训、技术比武等活动，培育工会干部科技创新能力。依托单位各种技术竞赛，如技术创新大赛、工会组织的各种竞赛、小百家知识论坛等活动，推动大家积极参与到技术创新的活动中来，提高劳动技能，增强创新能力，推动经济增长方式由粗放型向集约型转变，把职工群众中蕴藏的创造活力最大限度地激发出来，形成推动经济社会发展的强大动力。

总之，工会组织要紧扣单位建设发展重点，从保持党同人民群众血肉联系的高度，充分认识新时期、新形势下做好工会工作的重要性，拓宽新视野认识新事物，用新思路解决新问题，不断创新工会工作机制，充分发挥工会组织的职能作用，提高服务科学发展、服务职工群众的能力和水平，在构建和谐社会中发挥工会独特的服务作用。

（载于2016年第5期《北京民政》，收入2017年出版的《新时期民政发展研究与探索》一书）

自觉坚守群众路线　尽忠竭力服务职工

——对深入开展教育实践活动的认识与思考

在党的群众路线教育实践活动中，领导和机关干部应切实转变工作作风，纠治形式主义、官僚主义，做到眼睛向下，情系一线，不断强化“基层至上、职工第一”的理念，自觉为民政职工办实事做好事，并将其作为砥砺党性、锤炼作风的重要举措，在增强主动性、突出针对性、确保长效性上下足功夫。

第一，要做好服务基层深入职工工作，必须在统一思想、深化认识中自觉增强主动性。一应着力强化服务意识。要以党的十八大精神为指导，紧跟大抓基层形势任务要求，在教育实践活动中，除了时事政治理论、法律法规和民政工作基本知识的学习以外，还应通过会议讲、个别谈、工作练等方式，在潜移默化中让干部职工将服务意识内化为自身意识，进一步树牢“机关基层一家人”，服务出政绩、出战斗、出凝聚力的观念，不断增强服务基层服务职工的责任感和紧迫感，自觉做到满腔热情抓基层、一心一意为职工。二应着力提升服务能力。按照“人人精业务、个个会服务”的目标要求，积极开展“争创服务型工会、争当满意度职工”活动，编好用好《服务基层工作手册》，采取集中培训、比武竞赛、结对帮带等方式，组织工会干部围绕发挥服务指导功能、按纲抓建等课题展开研讨交流，不断促进政策水平、业务能力的提升，增强服务的质量效益。三应改进服务作风。始终把职工满意度作为检验服务工作成效的重要标尺，坚持把对下服务与对上负责、满足当前需求与推动长远发展相统一，通过调查研究、谈心交流等方式广泛征求职工意见建议，并结合单位建设发展实际确定服务内容；应以一年抓几件事的狠劲和几年抓一件事的韧劲，坚持沉到一线抓、蹲在基层抓，确保服务工作取得实实在在的成效。

第二，要做好立足基层躬身服务工作，必须在紧贴实际、把握重点中着力突出针对性。一应着眼根本搞好服务，不断强化职工奉献使命的责任意识。民政工作业务面广、涉及环节多、工作难度大、政策性强、社会关注度高。必须着力强化首都民政队伍核心价值观教育，深扎干部职工爱岗乐群、敬业明志的思想根子。应深入开展“坚定信念、铸牢民魂”主题教育活动，大力弘扬以“民本、务实、平等、奉献”为核心的民政精神，准确把握首都民政事业的社会化、产业化、信息化、体系化关系定位的功能作用，使职工更加自觉地强化“一心为民、甘于奉献”的意识，不断激发他们热爱民政、献身民政、建设民政的内在动力。民政职工长期生活饮食无规律、精神劳动高强度，这造成职工睡眠障碍、抑郁、焦虑病症的不断增加，职业倦怠的恶化直接影响着职工身心健康的实际。应为每名干部职工建立健康档案，定期进行体检，及时开展跟进式心理服务，适时组织休假疗养，保证身心健康。应针对民政职工长期从事一种职业、驻地偏远、条件相对艰苦的实际，通过走访慰问职工家属、组建家政服务队等方法，尽力为职工解决后顾之忧。二应着眼基础搞好服务，努力营造拴心留人的良好环境。应紧紧围绕保障民生这个中心，研究探索育才模式，组织晋级考核，开办成才夜校，不断提高职工能保障、会保障的能力素质。应按照“建好急需的、改造滞后的、用好现有的”原则，加大物资经费投入力度，突出抓好车间、班组局域网、健身俱乐部等富有时代特色的硬件建设，连通民政网，完善图书室、学习室，进一步优化基层职工的工作生活环境，实现居住有条件、学习有平台、活动有场所。三应着眼难点搞好服务，倾力解决基层职工的现实问题。职工的现实困难，影响情绪、不利稳定，需要下大力解决。应关注家庭经济较为困难、遭受变故职工的现实问题，采取发放生活救济、帮助就业、及时安排休假等方式予以解决。应针对物价上涨的实际，拿出家底经费为职工改善伙食、发放生活补贴，确保生活水平不降低。应着重解决职工婚恋难题，与军地单位举办青年联谊会，开展搭鹊桥活动，为大龄未婚青年提供更多的择偶机会。应针对涉法涉诉问题增多的实际，积极协调有关部门开展重中之重法律援助，帮助职工解决涉法纠纷。

第三，要做好服务基层心系职工工作，必须在完善机制、持续推进中努力确保常态化。一应坚持立项推进。将为职工办实事解难题纳入年度工作任务，每年初结合工作部署梳理确定年度拟办的实事。成立由主要领导挂帅、机关领导参加的服务工作领导小组，按照业务归口、责任到人的原则，采取公开承诺、挂账销账等方式，为每年做实事定好人员、内容、时限和标准，确保事事有人抓、件件有着落。二应坚持检查督导。应结合帮建基层，每半年召开一次机关、基层参加的服务工作双向讲评会，查找解决倾向性问题，研究部署下一步工作重点，每季度召开一次服务工作协调会，统筹各方，化解矛盾，形成服务合力。坚持常（党）委抓落实制度，定期赴各任务点位，现场倾听职工呼声、查看工作进度，事后向党组织提交专项报告，确保服务工作落到实处。三应坚持奖惩激励。实行问责制，把服务工作成效作为机关部门和干部评先评优、提拔任用的重要依据。结合半年、年终总结对服务工作开展情况作出评估，对服务作风好、成效明显、基层职工满意度高的部门和干部，给予表扬奖励；对指导不力、形象不佳、服务工作未能按时间节点保质保量完成的，视情况予以通报批评，取消评选资格，进一步形成功夫下在基层、政绩出在基层的鲜明导向。

（载于2013年11月15日《北京社区报》）

践行“三严三实”民政干部要敢于担当

“三严三实”要求广大党员干部切实树立“权为民所赋”意识，严以用权、谋事为民，切实做到“权为民所用、情为民所系、利为民所谋”，把人民群众的根本利益维护好、实现好、发展好。为此，各级领导干部必须真正把谋事担当烙印在心里、落实在行动上，使担当成为一种风气、一种习惯和推动工作的强大动力。

敢担当务必谋事要实

谋事是做事的开始、成事的前提。民政部门作为党委、政府的重要职能部门，敢于担当最为关键的就是“谋事要实”、以“实”谋事，从实际出发谋划事业和工作，使点子、政策、方案符合实际情况、符合客观规律、符合科学精神，不断提高做好新常态下民政工作的能力和水平，服务推动首都经济社会健康发展。

当前，民政工作面临应对贫富差距拉大、兜好基本民生保障底线、满足多元化服务需求、实现自身转型发展等重任。要完成这些重大任务，就要敢于担当，脚踏实地真抓实干。同时，民政工作涉及群众切身利益，如果政策落实不到位、服务工作不细致，将直接影响群众生活；如果落实不力，为民服务、“菩萨”事业也就都无从谈起。谋事要实、创业要实、做人要实，归根结底是作风要实。要自觉站在群众立场上想问题、作决策、办事情。不能凭空想象，去搞那些华而不实、劳民伤财的形象工程。要善于和群众打交道，与群众一块干，凝聚起干事创业的磅礴力量。要时常将温暖和服务送达群众“家门口”，将关爱和热忱送入百姓心中。千方百计畅通服务群众“最后一公里”，以踏踏实实的工作态度、雷厉风行的工作状态对待每一件实事。要放下架子、深入民间，以情融情拉近与人民群众的距离，用心倾听民生疾苦，开展送项目、送资金、送信息、送法律、送科技等服务活动，帮助基层组织、困难企业解决实际困难。要把群众当亲人，对待上门办事的群众，态度要热情、服务要周全、办事要细致，尽心尽力帮群众把事情办好，用真心、诚心、耐心赢得人民群众的信任。

敢担当务必主动尽责

当前，首都民政事业驶入了健康平稳发展的快车道，实施京津冀协同发展战略，要求党员干部必须站准自己的位置，知道自己的岗位职责，主动作为、主动担当。有责任心，才会用心想事、用心干事，才能成就一番大事业、交出一份满意的答卷。

《京津冀协同发展规划纲要》（以下简称《纲要》）中涉及民政业务的工作就有近30项，涵盖养老服务、行政区划、社会组织管理、救灾救助等多个领域。有些是直接要求，有些是间接相关，这些内容都需要一项一项研究，一件一件落地实施。要做好超前谋划和设计，把《纲要》的新部署、新要求融入民政规划和政策制定，拿出具体执行方案，积极部署、主动实施，在推进京津冀协同发展中充分发挥民政部门的重要作用。要全力抓好承担市政府重要实事、市政府重点工作项目及市民政重点工作项目等102项重点任务的落实；下力抓好城市管理体制、养老机构体制、社会组织、殡葬管理等改革的落实；竭力抓好民政“十三五”规划编制、基础设施建设规划实施等发展规划的落实，使民政事业发展的思路更加明晰、抓手更加具体、成效更加明显，为强化产业支撑、实现民政转型跨越发展打下坚实基础。

民政干部要敢于担当，敢于担当体现的是对党的事业的坚定忠诚，对人民利益的高度负责，对崇高使命的执着坚守。民政工作是“菩萨”事业，做“菩萨”事业就得怀着菩萨之心、大爱之心、爱民之心。习近平总书记提出的至理名言，寄托着对民政人的高度信任和殷切期望。要履职尽责勇担当，无论在日常工作还是在基层社会治理前沿，都要用实际行动来证明忠诚和信仰；要遵纪守法讲规矩，做到令行禁止、一切行动听党指挥。

主动尽责，离不开各级党委领导的率先垂范和大力引导。对那些不讲原则、不负责任、不作为担当的干部，不仅不能提拔任用，还要及时调整下来，绝不能让“和稀泥”得好、“老好人”超越。应该做的事，顶着压力也要干；必须负的责，迎着风险也要担。要有“逢山开路、遇水架桥”的胆识，大刀阔斧的魄力，经受非议、冲破阻力的决心，这才是改革创新最终成功的关键。敢于担当是好干部的一条重要标准，各级党委机关要进一步端正选人用人导向，把那些矛盾面前不低头、敢碰硬，坚持原则，困难面前不绕道、敢迎难而上，敢闯敢试，有锐气、勇作为、敢担当的干部用起来，立好选人用人的“风向标”，让敢于担当在民政干部队伍中形成风气。不让坚持原则的干部吃亏，不让到处讨好的人抢先。

敢担当务必直面矛盾解决问题

敢于担当，一个重要的标志就是体现在处理矛盾和解决问题上。新形势下，民政工作遇到很多新问题，出现很多新矛盾，一旦有矛盾和问题出现，领导干部就要挺身而出、冲锋在前，只有在矛盾面前不回避、问题面前不推脱、挫折面前不退步，做到敢抓敢管、敢于碰硬、攻坚克难，才能真正担负起人民的重托，担负起历史的大任。

首先要发现问题、正视问题。领导干部必须练就一双洞察问题的慧眼，像中央领导同志所要求的那样，有发现问题的敏锐、正视问题的清醒。不仅怀有问题意识，更要坚持问题导向，瞄着问题去，追着问题走，把化解矛盾、破解难题作为履职尽责的第一要务。应以解决问题为己任，勇于担当，敢于直面社会矛盾，敢于面对问题，敢于担当解决问题，在解决问题中集聚民政事业发展的正能量。

北京市民政局立足首都民政发展所处阶段和需要，坚持问题导向，着力解决根本问题。当前民政系统存在的主要问题是：工作缺乏统筹，部门单干多，协同配合少；有的工作主次不分，零敲碎打，没有章法；一些主责部门不主动担责、配合部门敷衍了事、不主动作为等。对于这些问题，必须从严管理，强化监督，坚决纠正不作为、慢作为行为，确保各项决策部署落到实处。敢担当，就是面对民政改革发展深层次矛盾问题要迎难而上、攻坚克难；面对急难险重任务要豁得出去、顶得上来。特别是推动民政转型升级，提升基本民生水平，给经济社会发展带来的新气象、新常态，让首都民政人产生了强烈的“坐不住”的使命感、“等不起”的责任感、“慢不得”的紧迫感。于是，内生出一种强大的意志和信念，这就是要以深化改革为总驱动，把首都民政工作推向一个更高的发展层次，并持续不断地推动民政事业发展，打造“转型版”“升级版”。由此，党员干部必须具备敢于担责、直面矛盾的魄力，把推进“四个全面”的大事要事时刻记在心中、抓在手上、扛在肩上。

其次要有解决问题的能力。没有解决问题的能力与担当，只会事与愿违，甚至酿成错误、埋下祸患。领导干部只有练就金刚不坏之身，提升勇于担当的本领，方能促进领导干部事不避难、奋勇向前。领导干部必须牢记“指挥员”的第一身份，心中时刻装着立党为公，执政为民，将其作为第一标准，自觉摒弃功劳都是自己的、失误都是别人的这一想法。增强问题意识，重要的是把思想变为行动，把问题意识转化为问题导向，增强责任担当。要瞄着问题去，追着问题走，把化解矛盾、破解难题作为履职尽责的重要任务。困难再大，任务再重，必须要有坚强的决心和“破冰”的勇气，变压力为动力，化挑战为机遇，敢啃硬骨头，勇于闯难关。要发扬钉钉子的精神，有咬定青山不放松的耐心和恒心。只要敢于负责，就能承担更重要的任务，作出更大的贡献。

善于担当、有效担当，就是要为民谋良策，并且体现在为民服务上。要善于和群众打交道，与群众一块干，在不断修正中提升服务群众的水平，特别是要抓住“三严三实”教育活动这个有利时机，把征求意见和自查自纠相结合，与开展“规范管理建设年”有机结合，聚焦到“四风”上，坚持边学边改、边查边改，落实到工作上，做到立说立行、马上就办，一项一项地抓，一件一件地办，说到明处，落到实处，推动各项民政重点工作任务快速、高效地落实。

（载于2015年8月24日《中国社会报》、2015年第12期《北京民政》）

坚守精神高地　争做合格党员

——对民政干部要当“两学一做”表率的实践探索与理性思考

“两学一做”是继党的群众路线教育、“三严三实”教育之后，落实党章关于加强党员教育管理要求、面向全体党员深化党内教育的主要实践，是对每一名党员如何加强修养、践行宗旨、严肃党内政治生活的重要举措，是党的建设的再发力。对于首都民政系统来说，把这一学习教育深入开展下去，就是让民政党员干部切实发挥好先锋模范作用，更好地服务改革、服务民生、服务群众。要确保“学”得深入、“做”得扎实，扭住“改”、体现“促”，就应着重把握好以下几个方面。

突出学习重点　教育有纲有领

“两学一做”，学是前提，学是牵引。民政党员干部要以坚持学习来进一步提高理论素质，学党章、学党规、学讲话，在参加集中学习之外，要主动利用报纸刊物、互联网、微博微信等，见缝插针、渠道多样地学。通过读原著、学原文、悟原理，从而坚定“三个自信”，丰富学习思维，铸牢党性之魂，自觉把党章党规和讲话要求转化为实际行动，做到学而信、学而用、学而行。

北京市民政局党委对学习教育十分重视，已举办3期由450余名处级干部组成的对党章党规党纪进行专题集中学习的培训班；成立了“两学一做”学习教育协调小组，下发了实施方案，明确集中教育阶段的学习内容、学习形式和学习要求，以确保学习教育活动不走过场，取得实效。要求所属各级党组织把学习党章党规、系列讲话作为一条红线贯穿始终，原原本本学、反复持久学、结合实际学。坚持每周组织一次党员集中学习，基层党组织坚持每周集中学习不少于一次，每次学习不少于1小时，要求讨论时间不少于20分钟；持续推进领导干部上讲台制度，领导班子成员到各自联系点为党员干部每年至少讲授1次主题党课，并建立专门的学习笔记，帮助党员主动学起来。通过手抄党章展览、知识竞赛、专题培训、演讲比赛等形式，活跃学习氛围，提升学习效果。党员自学和集中学习要扎实有效，每名党员和各个党支部（党小组）都要做到在党爱党、在党言党、在党忧党、在党为党，补足精神世界的荒芜，强化自律之基，把讲政治的要求植根于灵魂深处，把增强“四个意识”作为学习教育的一个根本要求来贯彻，教育引导民政广大党员对党绝对忠诚，自觉维护党的威信，在思想上、政治上、行动上同党中央和市委保持高度一致，始终做政治上的明白人。无论是学习党章党规、学习系列讲话，还是做合格党员，都要要求自己进一步坚定理想信念、坚定正确政治方向、强化宗旨观念，时刻对照党性修养高标准，坚决严守政治纪律。

要认真学习习近平总书记系列重要讲话精神。开展“两学一做”学习教育，让“两学一做”成为工作常态和行为习惯。每名党员都应常怀感恩之心，心存对党章党规、法律法规的敬畏，真正将“两学一做”学习教育成果落到实处、融进日常工作，而不是嘴上说说、本上记记、会上议议、课上听听。

创新学习形式　突出问题导向

这次“两学一做”学习教育，必须丰富学习载体，创新学习方式，认真抓好集中教育活动，紧紧聚焦“四风”等作风问题，“学”要带着问题、照着“镜子”学，有效克服学习上的形式主义，防止“空对空”，确保学习教育取得群众满意的实效。

顺应大势就要调整自己，创新学习形式的思路方法，习惯在讲学习下干事，在守纪律中把事干好。集中教育不局限于读经典、记笔记、写体会，必须组织广大党员多走多看、多思多想。除坚持集中学习与个人学习相结合外，还可充分利用“两微一端”等网络平台，开发制作微视频、微动漫，利用微信工作群、QQ工作群和局域网等学习资源，“线上”与“线下”结合，发挥传统媒体和新兴媒体的各自优势，上传学习资料，使广大党员便于参与、乐于参与，增强吸引力。利用党员学习日学法规条例、讲话精神，请专家进行业务培训，开办民政党员论坛和民政大讲堂，不同岗位党员加强交流互动，交流爱岗敬业心得；开通“两学一做”学习教育专题网站，设置综合报道、上级精神、基层动态、学研园地、几比几看等栏目，供广大党员点击学习；同时，充分利用综合办公平台，开设“两学一做”学习教育专题专栏，宣传报道学习教育的动态和典型，并把“两学一做”内容作为远程教育集中学习的“主打菜”。通过点播学习、在线学习、流动播放学习等方式，来促进学习，使广大党员随时随地领会精神、学习经验、接受教育。

围绕民政党员关心的热点难点问题，创新方式，讲好党课，切实发挥好党内政治生活的熔炉作用。严格程序，开好组织生活会，拿起批评与自我批评武器，切实达到解决问题、增进团结目的。严格标准，开展民主评议，稳妥慎重处置不合格党员，保持党的先进性和纯洁性。多措并举扩大学习面，做到日常学、主动学、深入学。只有这样才能做到对党员标准不仅知其然，而且知其所以然，做合格党员才能有政治保证和精神动力。各级党组织通过专题学习、中心组学习研讨交流、专题民主生活会和组织生活会的形式，建立定期学习制度。

民政业务繁杂、涉及领域众多，目前，北京民政固定服务对象有423.7万余人，职能事项达30多种，几乎涵盖社会民生保障、社会公共服务、社会建设管理所有领域。在推进民主建设中承担着最基层的任务，在服务社会中具有最贴近的优势，在维护民利中充当着最直接的角色。因此，民政党员干部要带头走群众路线，为百姓排忧解难。通过召开恳谈会和组织生活会等方式，以推动“基层基础建设年”活动为抓手，组织党员干部剖析查找自身与《中国共产党章程》（以下简称《党章》）、《中国共产党廉洁自律准则》（以下简称《准则》）和《中国共产党纪律处分条例》（以下简称《条例》）等党规党纪要求存在的差距，自我反思和解决存在的守纪不严、学纪不深、用纪不熟等问题。各级党组织，特别是基层党支部，都要对照市民政局党委“两学一做”方案中列出的问题、“基层基础建设年”活动方案中要求重点解决的问题、党章党规和《北京市民政局基层党组织工作规范》中的各项标准和要求，认认真真查找问题。同时，还要通过班子民主生活会、支部组织生活会、民主评议党员等党内民主生活形式，发扬批评和自我批评的精神，全面寻找党组织和党员中存在的各类疑惑，努力反映人民群众的新期待、新要求。

落实主体责任　保持压力传导

“两学一做”要以做为关键的原则。做，就是抓，就是干。坚持既学又做、边学边做，做到学、做两重视、互促进、相检验，目的是为了更好地做民政合格党员。不仅要对党的政策理论了然于胸，更要把党章党规、系列讲话落实在行动上、体现在具体工作中。“群众看党员，党员看干部。”只有坚持领导带头、以上率下，一级做给一级看，一级带着一级干，才能凝聚共识，激发合力。每一位党员都是一个标杆，都代表着党的形象，只有广大党员都积极行动起来，才能使党的执政基础更牢固，才能引导社会的风清气正。

民政工作肩负着保障和改善民生的重要使命，民生无小事。每一名民政系统的党员，必须找准定位、明确责任，担负起从严教育管理党员的主体责任；学习理论与实际工作紧密结合，全力做好民政示范点创建、留守儿童救助、精准帮扶与低保救助等各项工作。机关各部门要做好定点联系单位双向对接和向党组织承诺落实等工作，切实反对“四风”，强化“两学一做”教育效果。以此推动民政党员干部思想大解放、作风大转变、效能大提速、服务大提质。

组织党员干部深入对照《准则》和《条例》所规定的自律规范和负责清单，将年度目标任务等重点工作与纪律条规对照，将各项工作置于纪律的约束监督之下，使各项工作严守纪律高压线，党员干部不碰纪律红线，主动在行动上明确底线。要坚持用《准则》和《条例》经常照、天天量，把党规党纪刻印在心上、落实在行动上。同时紧密结合工作实际，针对存在的规则缺失和制度漏洞，认真查找民政项目建设、城乡低保审批和民政资金分配使用等方面存在的问题和不足，做到及时查缺补漏、纠正错误，切实扎紧制度的藩篱，把纪律和规矩严起来、立起来，为落实好民生政策提供坚强的纪律保障。更要做落实主体责任的楷模，不能在政策法规上犯错误，不能在资金管理上存漏洞，不能在作风方面出问题，时刻把党的纪律当作保护党员干部的一道“天然屏障”。

必须结合各单位各部门实际、岗位特点、党风廉政要求，与绩效奖励挂钩，明确规范民政爱心、贴心、真心、放心等服务工作的标准和流程，每名党员亮出月、季度和年度目标。明确党员评先评优的工作标准和考核标准，以及自评、互评、社会监督等方法。利用“七一”对先进党组织、优秀党员、优秀党务工作者进行表彰奖励，提高党员工作积极性和营造广大党员“比、学、赶、超”的学习竞争氛围。作为民政系统的党员，要树立更高的标准，在做合格党员的基础上，力争做优秀党员。在这方面，中央提出的要求是“及格线”，党员干部理应主动提高一档。要“讲大局、讲学习、讲正气”，切实把责任记在心上、抓在手上、扛在肩上、落到实处，为首都民政健康发展和“十三五”高位开局夯实基础。

总之，用心用力、抓细抓实“两学一做”，民政广大党员就会做到学用结合，知行合一，以学促做，以做验学；这样就能够在工作、学习、生产和生活中起先锋模范作用，做到平常时候看得出来，关键时刻冲得上来；就会改变以往一些地方对于党员要求失之于松、失之于软、时紧时松的现象。做到时刻用党员标准要求自己、提高自己，哪有问题哪出拳、哪壶不开提哪壶、哪根弦松紧哪个，抓准问题、精准施策，在解决问题中自觉增强政治意识、大局意识、核心意识、看齐意识，带头严守政治纪律和政治规矩；带头做到信念坚定、为民服务、勤政务实、敢于担当、清正廉洁，以此不断巩固、提升作风建设和学习教育成果，实现同频共振、上下一心，真正做一个忠诚、干净、担当的好党员好干部。

（载于2016年6月24日《北京社区报》）

构建与维护民政劳动关系研判及实践考量

劳动关系和谐是社会和谐的重要基础。没有劳动关系的和谐，就没有职工队伍的稳定，也就没有社会的稳定。民政工会组织作为维护职工队伍稳定和社会稳定的重要力量，在当前劳动关系存在不稳定因素的情况下，应当特别关注各种从业人员的思想状况和不同类型问题的妥善解决，确保民政队伍劳动关系和谐。

一、当前职工队伍内部劳动关系结构现状

（一）职工队伍的主流思想健康向上

北京市民政局现有在职公务员行政编200多人、事业编3000余人、企业编2000多人。这5000多名干部职工有较高的政治觉悟和较强的进取精神，呈现出以下几个特点。

思想信念坚定，爱国主义和集体主义占主导地位，主流政治观体现得较为鲜明，对我国的政治、经济、文化现状感到满意；有着清晰、正确的人生观和价值观，崇尚在推动机关、企事业和社会发展的过程中实现自身价值；对民政改革高度关注，自觉地

把民政事业的发展同自身利益联系在一起，思想上与民政同呼吸、共命运，行动上与企事业同生存、共荣辱，表现出强烈的主人翁意识；忧患和危机意识普遍增强，学习成才的愿望十分强烈；热爱民政工作岗位，并对胜任目前的工作表现出自信的态度。

（二）不同从业人员和单位的主要问题分析

1．公务员队伍存在四个方面的问题

由于竞争压力增大，晋升机会较少，出现了不注重政治理论学习的现象，其结果是观察问题缺乏政治敏锐性和洞察力，对于影响政治稳定、社会安定的苗头性问题，往往嗅觉不灵、反应迟钝，明辨是非的能力较差；有极少数年轻干部不能正确看待和使用手中的权力，过分注重职务升迁，不能把精力放在工作上；少数年轻干部潜滋暗长了贪图安逸、害怕艰苦的思想，把勤劳朴素看作寒酸，把吃苦耐劳当作迂腐，相反却把讲排场、比阔气、摆派头当作荣耀；少数同志因为取得了一些成绩就高估自己，片面强调自己在决策和工作中的作用，滋长了骄傲自满和个人英雄主义思想，违背民主集中制原则，产生了脱离群众的不良倾向。

2．企事业单位存在五个方面的问题

不同群体职工从各自利益出发，诉求与愿望各不相同。事业单位残疾儿童福利院的医护人员期望换岗，殡葬管理职工期望涨工资，福利企业职工期望多卖产品，困难企业职工期望早点退休领取养老金，临时工期望劳动合同保障等。选人用人机制不够完善。人才在单位没有引起足够的重视，用人和分配制度改革比较缓慢，存在着重引进、轻利用现象，缺乏对员工职业生涯的设计，人才机制比较落后，优胜劣汰的用人体制还没有真正建立起来。职工福利待遇不尽合理。事业单位一些老员工整天无所事事却拿着较高工资，而青年职工干同样的工作，甚至工作量更大，工资待遇却较低，这影响了职工队伍的思想稳定。激励制度不到位。企事业单位对职工的激励主要是物质奖励，没有建立全面的激励机制，影响了职工工作积极性和主动性的发挥。职能定位、机构设置、职责分工、运行机制等改革滞后。职责交叉、权责脱节、争权诿责现象依然较多，行政效能不够高，不作为、慢作为、乱作为等现象尚未得到有效遏制。

二、防范队伍建设及人才流失的对策建议

（一）公务员队伍作风建设方面

首先是提高理论修养。从“四个全面”战略布局的高度，自觉践行“两学一做”，抓好公务员队伍理论学习，做到经常抓，反复抓，抓反复。制订学习计划，规范学习内容，改进学习方法，完善学习制度，注重学习实效。通过扎实的理论学习，在政治上保持清醒头脑，在行动上与上级组织保持高度一致，在复杂的形势下始终立场坚定、旗帜鲜明。

其次是强化宗旨意识。一方面，要牢树群众观点，自觉把人民拥护不拥护、赞成不赞成、满意不满意、答应不答应作为自己想问题、办事情的出发点和落脚点。另一方面，要增强公仆意识，正确对待和使用人民赋予的权力，把权力当作更好地为人民服务的手段。再者，要发扬艰苦奋斗的优良传统。在思想上筑起抵御腐朽思想和生活方式侵蚀的坚固防线，顶得住诱惑、管得住小节，做到不正之风不染、不义之财不取、不法之事不干。

再次是锤炼务实作风。一方面，把工作热情与尊重客观规律统一起来。想问题办事情坚持从实际出发，实事求是。另一方面，提倡说实话、鼓实劲、干实事、求实效。坚持深入基层，体

察社情民意，为群众办实事、办好事、解难事，不搞不切实际的高指标，不搞虚假浮夸的假政绩。此外，从小事做起，从自我做起。在一件件“小事”中培养求真务实的作风，培养严于解剖自我的精神。

最后是加大监督力度。建立健全经济责任审计、汇报思想、定期谈话、年终述职等监督制度，把管理监督工作贯穿于公务员干部队伍培养、选拔、任用的全过程。综合运用组织考察、个别座谈、民主评议、公开述职等形式，加强考察监督，做到警钟长鸣，防微杜渐。同时，深入考察监督干部的生活圈、社交圈、休闲圈，对干部实行全方位的监督管理。

（二）防范企事业单位人才流失方面

一要建立具有竞争性的薪酬制度。针对事业单位员工薪酬水平普遍较低的实际，建立竞争性的薪酬制度，使每一位员工进入单位后，感到有希望、有奔头，能够积极地投入工作中，发挥自己的能力水平。

二要建立科学的激励机制。对于干部职工个人的社会期待值和自身的价值取向，用崇高的人生价值终极目标激励自己，显得尤为重要。为他们提供所需的物质及精神需求，满足员工的实际需要，以充分调动员工工作的积极性。

三要加强情感投入，用情感留住人才。加强对人才的关注程度，认真、及时地听取他们的意见和想法，了解他们的思想认识及生活、工作等情况，让其感受到单位的关心和温暖。同时注重对人才的培养，提高他们分析问题和决策的能力。此外，通过制定政策、创新机制、改善环境、提供服务，为有志成才的人提供更多发展机遇和更大发展空间，以事业吸引人才，以单位美好的发展前景凝聚人才。

四要深化民政体制机制改革，带动民政事业新发展。针对民政体系庞大，政事、政社、政企不分的传统惯性，将按照“政府主办基本服务、支持发展公益性服务、开放市场化服务”的思路，下大力气破解民政习惯于自管自办、大包大揽的传统思维，以殡葬管理体制改革、社会福利机构社会化转型改革、福彩管销体制改革和福利企业集约化经营改革为重点，坚持发挥市场配置资源的决定性作用和更好地发挥政府作用相结合，研究新一轮民政改革的总体设计，对五大业务体系进行总体安排，不断深化财务统管、资金统发、工程项目建管分离、福彩管理销售分离等改革，建立健全全过程、全覆盖审计制度，将职能处室、事业单位、社会组织、企业之间在人事、财务、资产等方面完全分开，独立规范运作，确保体制健全、运行顺畅、制度完善、服务落地。

五要加快推进管理体制改革，提供多样便捷为民服务。按照减少管理层级提高管理效率的改革目标，对北京市市属社会福利院、殡葬管理系统和福利企业实施“扁平化”改革，变四级管理体制为三级管理，同步做好管理体制改革过程中的内设部门设立、人员遴选、分流安置和机构职能设置等工作。推进殡葬服务事业单位分类改革，完成经营类单位企业化改制，打造殡葬服务集团，利用市场机制满足群众多元化需求。改善残疾职工待遇水平，研究制订福利企业改革总体方案，通过成立京民资本管理有限公司，推进福利企业重组，努力盘活现有资源，让福利企业发展前景更加广阔。在资源整合中，要把合适的人放置到合适的工作岗位上去，以发挥更大的作用。

三、对构建和谐民政劳动关系的实践与研究

构建和谐民政劳动关系，各级民政工会组织有着不可替代的作用。根据以上分析，笔者就推进中国特色劳动关系和谐运行和发展，充分发挥工会作用问题提出以下几点建议。

第一，积极参与社会管理。民政工会组织要健全职工群体性事件应急处置预案，及时准确掌握和正确研判群体性事件的目的、性质、特点、走向；站在职工的立场主动做工作，疏导职工情绪，防止矛盾激化；保证职工诉求渠道的畅通，及时向党政反映职工的愿望要求；把解决实际问题与解决思想问题结合起来，耐心细致地做好解释和疏导工作，引导职工以理性合法的形式表达利益诉求；积极协助有关方面加强舆论引导，为维护稳定创造良好舆论环境。

第二，坚持维权维稳相统一。要抓住代表和维护职工合法权益这个中心，完善职工诉求表达渠道，促进民政职工队伍团结稳定，有效地化解劳资纠纷，努力使职工群体性事件稳中有降。持续做好《中华人民共和国劳动法》《中华人民共和国工会法》等法律法规的宣传，大力推动实施《北京市集体合同条例》，充分发挥集体协商在减少和化解劳动关系矛盾中的基础性作用。

第三，建立工作联动机制为民政职工服务。仅依靠工会组织的资源和力量，难以真正满足职工多元化的需求，要在实践中形成多个联动机制，比如工会、人社、司法、信访、法院和企联等，形成劳动争议调解六方联动机制，合力推动劳动争议调解工作，形成资源共享、工作联动、优势互补、相互配合的工作格局，建成枢纽型社会组织体系，参与创新社会治理体制，以民政职工队伍稳定促进社会稳定。

第四，突出普惠服务建立信赖感。要在持续推进职工医疗互助互济活动基础上，着力改进服务职工方式，当好职工的娘家人。贯彻落实中央《关于加强和改进党的群团工作的意见》，创新工会组织体制、运行机制和活动方式。坚持用群众方法总揽工会工作，建立健全工会机关全员联系基层、服务职工的长效机制，切实为民政职工真服务、巧解难、多排忧，让职工真正感受到工会干部是最可信赖的娘家人。

第五，深入开展"四季送温暖"活动。把服务网络向基层、向企业、向班组延伸，推动由"职工有困难找工会"向"工会主动找困难职工"转变。扩大"二次医保"的覆盖面，总结推广会员普惠制，扩大工会的吸引力和凝聚力。持续推进节日送温暖这一品牌服务工程，真正形成"四季送温暖"特色。通过这些活动，在整个社会保障体系中发挥拾遗补阙作用，在促进改革发展、稳定大局中发挥正能量。

（载于2016年第11期《北京民政》，收入2018年《新时代民政工作理论研究与实际探索》一书）

后　记

为爱守初心

——写在《行思集》自选集付梓之际

《行思集》生逢在抗击新冠肺炎疫情取得阶段性胜利的时刻，此本心血之作与读者见面了。这是一部自改革开放以来民政工作的历史浓缩，深刻地反映了中国经济、城乡、人文、价值、思想的巨大变化，每个篇章都浸透着个人对特殊群体、平民草根的深厚感情。

本书收录的这些文章，是从自己刊发350篇作品中遴选的代表作，可以说是优中选优，是耗时10年时间，一方面从细节出发，充分了解并践行“民政为民、民政爱民”工作理念基础上，对遇到问题进行理性分析、思考和琢磨提炼出来的；另一方面经过勤奋写作、心织笔耕，写就的春风化雨、春华秋实，最终定稿在60篇28万多字。书中分为民生福祉篇、民心之道篇、民情经纬篇、民政文化篇、民本思想篇共五辑。主要想凭借这方沃土，对民政工作薪火相传、助推民政事业持续健康发展的热切期盼，把一路走来的所见所闻与所思所感，媒体公开发表的实践探索和理论研究精品汇集成册。既是对自己的一次“回头看”，也为大家了解民政工作提供一些有益的史料，给后人留下点亮光。能为民政事业奔走呼号，为自己所喜欢的、所追求的，做点实事，自己再苦再累也值得！

如今，天命之年有余，离开部队也十几个年头，可常常在夜深人静时，思绪仍像骏马一样停留在对军旅生涯的爱恋中。不禁想起在战略导弹部队26年的情景：从“择机发射”到“随机发射”，从“固定发射”到“机动发射”，从“和平环境”到“战场环境”，能够荣幸地多次参加实弹发射训练任务，亲历“大国长剑”飞向太空，准确地命中目标，并在一次次战火淬炼中成长为一名光荣的火箭兵，觉得甚为幸运和骄傲！这些成了记忆中无法抹去的回忆，军旅生活的点点滴滴，清晰如昨，回味无穷，好似电影回放一样，如梦如幻，如泡如影，一幕幕、一场场感人的画面不时在脑海中浮现。转业到民政部门后，心里总在想，在部队撰写军事新闻得心应手，驾轻就熟，难道在地方“写民政民生”会被难倒吗？岗位变了，执笔直言的初衷与热情同行。虽然不是专门负责新闻宣传工作的，但始终不忘初心、守住初心、践行初心，发挥自身特长优势，坚守新闻理想，厚植人民情怀，努力通过新闻的力量，鞭挞丑恶，弘扬正气，服务社会，推动进步。对个人来说，工作是指标任务，而写作则是一种责任。在工作间隙，痴迷文字、钟情缪斯的自己仍然坚守着文学梦，笔耕不辍，潜心创作。而在笔下诞生的一篇篇文章，又在不知不觉间见证着民政工作的发展变化。通过写民生，找到了自己喜爱做的事，并且看到了不一样的风景。在这个过程中，深刻体会到这份职业的成就感与获得感，这是一种美好的精神享受。所以，时刻怀感恩心，做感恩事，以写作感恩，同时也在以写作寻梦。经常心怀感恩，心怀敬畏，牢记自己笔下字字重千钧，履职尽责，忠诚担当，写好文稿，做好新闻，倾情奋笔释放内心磅礴动力，让点滴精彩焕发智慧光芒。

记得15年前，个人出版第一本军旅作品集，得益于身边一大批朋友的关怀和厚爱。十多年过去，弹指一挥间，仍有不少朋友鼓励出书，旨在推进文化融合，其文化象征和精神内涵大于文字的表达意义，于是萌发了念想。当这本集子面世时，发现这些老朋友还在无私地关心帮助，才使我在工作生活中如鱼得水，游刃有余。

从为该书题写书名到作序言乃至书评的撰就，从里到外都是出自民政人之手，他们个个是民政战线上的老兵，是为人的典范、学习的榜样，慎终如始抒写民政之事，咏唱民生赞歌，对推进民政事业改革发展创造了不凡的业绩。可以说，这是一部单纯的清一色的民政人描绘民政事的读物。不论赏还是析，俱感文字浅显，容易理解，字斟句酌，见解扎实。

书中这些文章，从不同角度记录着近年来民政事业发展变化的最新成果，展示着民政系统干部职工爱岗敬业、不怕吃苦的感人事迹。从某种意义上讲，捧读这本书，可以了解到民政工作近段时期的发展历程，也可以领略到民政人淡泊名利、甘于奉献的孺子牛精神。这些文章写得比较感性，侧重于事理叙述，言之有物，言之有理，真实、充实、平实，内容涵盖了民政工作的方方面面，从社区建设到社会福利、从养老服务到社会救助，从提高社会保障救助水平到完善福利基础设施、婚姻殡葬改革、实现基层自治到加强和创新社会管理等，无所不含。如果没有对民政工作全方位政策法规的深入学习和了解，是写不出这些有一定深度、温度和厚度的作品的。

书中收录的每一篇文章，都是自己对生活、对工作中发生和发现的有趣的事和人，经认真思忖后注入笔端的，也都是在主流媒体上发表过的。文中有对与民政业务交往及其民政人性情的记述，也有对其作品的品评。读来时而令人心酸，时而令人振奋，时而令人沉思，时而又令人感动不已，不由得为民政工作者点赞和称道。

既然要出书，就要有个名字。选择行思集这一书名，寓意实践、思考和感悟，是一个践而思、思而悟螺旋式上升，循环往复的过程，永无止境，用笔、用手、用心去把这点点滴滴的精彩记录下来，流传下去，由一篇篇真情实感的文章汇集而成。政府把“以人民为中心”的发展思想贯穿于工作的始终，补齐民生短板，为百姓办实事，是永远不变的情怀。由此认识到，写文章的人尤其要有好的人格和品德。我十分赞赏“文如其人”之说。文品出于人品，人正才能书正。没有涵养的品行和良好的人格，怎能写出给人以启迪、给人以奋进的美文来？诚然，把一些品质好有修养的人视为楷模，取人之长、补己之短，不断完善，共同提高，是个人始终遵循的人格信条。

《行思集》，本心要写到向出版社交稿之日，是一部永远也写不完的史诗。因为这些年，无论从人生旅途的经历感受，还是从新闻和文学创作上，应该说都是一段丰富多彩，有着诸多酸甜苦辣的经历，上千篇文稿都是这期间完成的。然而，写到此下意识到不应再往下写了。也许现在不便写的、不便说的、不想说的、来不及回想的，为以后枕戈待旦。待到泛黄的纸被再次拾起时，红笺小字却已是感情的回味、思想的启迪，甚至文化的传承，留给将来去写为好。

《行思集》，既是对过去民政工作的深情回望，也是对民生作品研究成果的一次集中展示，想必会对进一步宣传、推介和推动民政事业实现科学发展、持续发展，具有一定的现实意义和历史影响。书稿发完之后感觉到有许多不尽如人意之处，而且瑕疵纰漏很多，遣词造句多有不当，希望读者海涵并指正！

最后，真诚感谢一直以来关心本人笔耕的各方朋友！认真写作，好好生活，因为我们仍需拥有梦想，有了梦想，我们才能不断前进！拥有梦想就拥有幸福。让我们舞动双手，一起为爱坚守，为梦起航！

作者

2020年国庆又逢中秋双节于北京东大桥